디지털 시대의 실전 소통 기술

실전 커뮤니케이션

경청과 표현 기술 | 팀워크와 협업 | 디지털 소통 역량

이종연 · 박상훈 · 채민정 · 최 솔 · 김주리 공저

학지사

머리말

커뮤니케이션은 인간의 본능이자, 공동체 속에서 살아가는 데 없어서는 안 될 필수 역량입니다. 우리는 학교나 직장에서 매일 수많은 커뮤니케이션 상황을 마주치지만, 정작 이를 체계적으로 배우고 연습할 기회는 많지 않습니다. 커뮤니케이션은 일상에서 늘 일어나지만, 오해나 갈등, 관계의 단절 등 많은 문제가 여기서 비롯되고는 합니다. 효과적인 소통은 결코 타고나는 능력이 아니라, 이해와 연습 그리고 꾸준한 실천에서 비롯됩니다.

저는 현재 건국대학교 교육공학과 교수로 재직 중이지만, 연구소와 기업 현장을 거치며 의사소통의 어려움과 중요성을 누구보다 절감했던 사람입니다. 한국전자통신연구원과 삼성SDS에서 근무하던 시절, 프로젝트가 성공하느냐 실패하느냐를 가르는 결정적인 요소는 결국 효율적인 커뮤니케이션과 팀워크라는 것을 깨달았습니다. 업무 성과가 아무리 뛰어나더라도 동료와의 신뢰와 협업이 무너지면 결과도 유지되기 어렵고, 갈등과 오해가 커질 수밖에 없다는 사실을 직접 경험했습니다. 그 후, 어떻게 하면 협력적이고 효과적인 커뮤니케이션을 할 수 있을까에 대해 깊이 고민했고, 그것이 저의 교육 철학의 출발점이 되었습니다.

건국대학교에서 '테크니컬 커뮤니케이션' 교양 과목을 15년 가까이 강의해 오면서, 수많은 학생과 소통하며 이 고민을 실제 강의로 풀어내려 했습니다. 이 강의는 매 학기 수강신청이 조기 마감될 만큼 인기 과목이 되었고, 학생들은 이 과목을 '꼭 들어야 할 강의' '커뮤니케이션의 본질을 이해하게 된 강의'로 꼽아 주었습니다. 이 과목 덕분에 대학에서 Best Teacher상도 수상할 수 있었다고 생각합니다. 비록 교양 과목으로 개설된 수업이지만, 전공 과목 이상의 전문성과 실천적 깊이를 담아 운영해 왔다는 점에서 저에게는 더욱 뜻깊은 수업이었습니다.

'테크니컬 커뮤니케이션'을 강의하면서 학생들로부터 교재에 대한 질문을 자주 받았습니다. 사실 시중에 나와 있는 책 중에서 교재를 선택해 보고자 했지만, 이들 대부분이 특정 주제에만 집중하거나 이론 위주로 구성되어 있어 아쉬움이 컸습니다. 그래서 실천적이고 통합적인 커뮤니케이션 교재의 필요성을 절감하며 『실전 커뮤니케이션: 디지털 시대의 실전 소통 기술』을 집필하게 되었습니다.

이 책은 '시대에 구애받지 않는 커뮤니케이션의 기본 기술'과 '디지털 전환기에 요구되는 새로운 소통 방식'을 함께 담고 있습니다. 이론은 꼭 필요한 만큼만 소개하고, 실생활과 업무에 바로 적용할 수 있는 기술과 사례 중심으로 구성했습니다. 대학생뿐 아니라 사회초년생, 직장인, 일반 독자 누구에게나 도움이 되도록 쓰였습니다.

이 책은 저 혼자만의 작업이 아닙니다. 함께 연구하고 가르쳐 온 소중한 제자이자 동료인 박상훈, 채민정, 최솔, 김주리와 함께 집필했습니다. 이들은 모두 교육공학을 전공하고, 커뮤니케이션 분야에서도 전문적인 연구와 강의를 꾸준히 이어 온 역량 있는 교육 전문가들입니다. 각자 바쁜 일정 속에서도 흔쾌히 집필에 함께해 준 이들에게 깊이 감사드립니다.

책은 다음과 같은 네 파트로 구성됩니다.

- PART 1에서는 커뮤니케이션의 개념과 역사, 주요 이론을 통해 소통의 기본을 다집니다(집필: 이종연).
- PART 2에서는 경청, 공감, 말하기, 의사소통과 인간관계, 프레젠테이션, 글쓰기 등 일상과 업무에서 가장 중요한 핵심 소통 기술을 다룹니다(경청, 공감, 말하기, 의사소통과 인간관계 집필: 박상훈 / 프레젠테이션 집필: 이종연 / 글쓰기 집필: 채민정).

- PART 3에서는 토의 · 토론, 팀 프로젝트 수행 전략 등 협업 기반 커뮤니케이션을 구체적으로 제시합니다(집필: 이종연, 최솔).
- PART 4에서는 줌(Zoom), 패들렛(Padlet), 소셜 미디어 등 디지털 도구 활용법과 개인 브랜딩 전략을 통해 디지털 시대에 요구되는 커뮤니케이션 역량을 소개합니다(집필: 김주리).

이 책은 대학의 커뮤니케이션 및 의사소통 관련 교양 수업은 물론, 전공 수업의 부교재로도 적합합니다. 각 장은 핵심 개념의 정의와 함께 실전 사례와 실천 전략을 중심으로 구성되어 있으며, 필요에 따라 실습 활동과 성찰 과제도 포함되어 있습니다. 발표, 토의 · 토론, 팀 프로젝트 등이 이루어지는 수업 현장에서 유연하게 활용할 수 있으며, 독자 스스로 학습하고 실천하는 데에도 무리가 없도록 설계되었습니다.

이 책이 커뮤니케이션을 이론보다는 '실전 기술'로 이해하고 싶은 모든 분께 도움이 되고, 사람과 사람을 잇는 건강한 소통의 다리가 되기를 바랍니다. 또한 진심으로 이 책을 필요로 하는 이들에게 따뜻하고 실용적인 안내서가 되기를 바랍니다.

마지막으로 이 책의 씨앗이 되어 준 수많은 학생과 함께 마음을 모아 집필해 준 공저자 여러분께 깊은 감사를 전합니다.

2025년 8월
건국대학교 교육공학과 교수
이종연

차례

PART 2 기본 커뮤니케이션 기술

PART 1

커뮤니케이션의 개념

PART 1에서는 커뮤니케이션의 본질과 역사를 알아보며, 커뮤니케이션이 인간의 사회적 삶에서 수행하는 역할을 이해하는 데 중점을 둔다. 이를 통해 독자들은 커뮤니케이션의 중요성을 인식하고, 사회적 상호작용에서 커뮤니케이션이 갖는 의미를 깊이 이해할 수 있을 것이다. Chapter 1 '커뮤니케이션의 의미와 역사'에서는 '커뮤니케이션'의 어원과 개념적 정의를 다룬다. '커뮤니케이션'이라는 단어는 라틴어 'communis'에서 유래하였으며, '공통된' '공유하는'이라는 의미를 지닌다. 이는 단순한 정보 전달을 넘어, 인간의 사회적 상호작용과 관계 형성의 본질적인 수단임을 설명한다. 또한 커뮤니케이션의 역사에서는 고대 그리스의 수사학 이론을 시작으로 인쇄술, 대중매체, 디지털 기술 등 기술 혁신이 인간 커뮤니케이션에 미친 영향을 살펴본다.

Chapter 2 '커뮤니케이션 이론과 요소'에서는 다양한 커뮤니케이션 이론과 모델을 탐구한다. 라스웰, 쉐논과 위버, 벌로, 쉐논과 쉬람, 로저스와 킨케이드, 하이벨과 위버가 제안한 주요 커뮤니케이션 모델을 소개하여, 커뮤니케이션의 요소와 과정, 효과적인 메시지 전달 및 수용 과정을 깊이 이해할 수 있도록 돕는다. 이를 통해 독자들은 커뮤니케이션 이론을 실제 의사소통 상황에 적용하는 방법을 익힐 수 있을 것이다.

CHAPTER 1

커뮤니케이션의 의미와 역사

1. 커뮤니케이션의 어원과 특징

1) 어원

‘커뮤니케이션(communication)’이라는 용어는 라틴어 ‘communis’에서 유래하였으며, 이는 ‘공통된’ 혹은 ‘공유하는’의 의미를 지닌다(윤석민, 2007). 오늘날 우리가 사용하는 ‘community(공동체)’라는 단어도 바로 이 communis에서 파생된 말이다. communis라는 어원에서 알 수 있듯이, 커뮤니케이션은 혼자가 아닌 상황에서 이루어지며, 인간으로 하여금 사회적 존재로 살아가게 하는 수단임을 알 수 있다. 다시 말해, 커뮤니케이션은 우리가 공동체 안에서 감정과 의미를 공유하고 관계를 형성하도록 한다. 우리는 커뮤니케이션을 통해 자신의 생각을 표현하고 타인과의 관계를 구축하며, 사회적 유대감을 형성할 수 있다.

2) 인간의 본성으로서 커뮤니케이션

(1) 커뮤니케이션은 커뮤니케이션을 낳는다

“커뮤니케이션은 커뮤니케이션을 낳는다.”라는 말이 있다. 우리에게는 어떤 이야기를 들었을 때 그 이야기를 남에게 전달하고자 하는 본능이 있으며, 그 이야기가 우리의 흥미와 관심을 끄는 내용일 때는 더더욱 시공간을 뛰어넘어 전달되곤 한다. 이 과정에서 이야기는 사실과 달리 화자의 바람이나 의견을 담아 각색되는 경향을 보인다. 이에 대한 예로, 서동요에 얽힌 서동왕자와 선화공주의 사랑 이야기를 들 수 있을 것이다. 이 이야기는 오랜 세월 구전되어 내려오다가, 삼국유사에 실려 오늘날까지 전해지고 있다. 삼국유사에 의하면 결국 두 사람은 혼인하였고, 서동은 후에 백제의 무왕이 되어 백제의 발전과 번영을 이끌었으며, 왕비인 선화공주를 위해 미륵사를 건립하고 석탑을 세웠다고 한다. 그런데 지난 2009년 미륵사지 석탑(국보 11호)을 해체 · 보수하는 과정에서 발견된 유물에서 이 석탑의 건립자는 백제 무왕의 부인인 백제 좌평 사택적덕의 따님이라는 문구가 발견된 것이다(최영수, 2015). 이는 삼국유사에 기록되어 있는 내용과는 큰 차이를 보여 우리를 놀라게 하였으며, 선화공주가 가상의 인물이라는 설까지 나오게 하였다. 아무튼 이야기는 사람에서 사람으로 전달되며, 그 과정에서 화자의 바람과 의견 등이 담기게 되면서 조금씩 각색될 수 있다는 것이다.

[그림 1-1] 타인에게 들은 이야기를 다른 사람들에게 전달하고자 하는 인간의 본능

(2) 캔터베리 효과

캔터베리 효과(Canterbury Effect)는 사람들이 어떤 이야기를 들었을 때 그에 대

한 자신의 생각을 말하고 싶어지는 현상을 의미한다. 예를 들어, 누군가가 특정 주제에 대해 이야기하면, 다른 사람들도 그 주제에 대해 자신의 의견이나 경험을 공유하고 싶어진다는 것이다. 캔터베리 효과라는 말은 중세 영국 최대의 시인, 제프리 초소(Geoffrey Chaucer, 1343~1400)의 『캔터베리 테일즈(The Canterbury tales)』에서 유래하였다(이준웅, 백혜진, 정성은, 2024). 이 작품은 1170년 헨리 2세에게 처형당한 캔터베리 대주교 성 토마스 베켓을 기리는 순례길을 역사적 배경으로 한다. 캔터베리 대성당으로 순례를 떠나는 기사, 방앗간 주인, 여장부, 의사, 수도원 원장, 수도승, 시종 등 다양한 계층의 순례자 31명이 템스 강변의 한 여관에 머물게 된다. 여관 주인의 제안으로, 이들은 순례길에서 각자의 이야기를 나누기 시작한다. 이러한 이야기 교환 과정은 서로에게 영향을 미치고, 새로운 반응을 이끌어 내는 상호작용의 구조를 가진다. 이는 사람들이 다른 이의 이야기를 들으면 자연스럽게 자신의 이야기를 하고 싶어지는 심리적 현상, 즉 캔터베리 효과를 잘 설명한다. 이 효과는 인간이 이야기를 통해 연결되고 공감하려는 본성을 보여 주는 흥미로운 사례이다.

[그림 1-2] 『캔터베리 테일즈』에 등장하는 이야기하는 순례자들

3) 호모 나랜스

호모 나랜스(Homo Narrans)는 라틴어로 '이야기하는 사람'을 의미한다. 이 용어는 1999년 미국 캘리포니아 대학 영문학 교수 존 닐(John D. Niles)의 저서『호모 나랜스: 구술 문학의 시학적 · 인류학적 탐구(Homo Narrans: The Poetics and Anthropology of Oral Literature)』에 처음 등장한 개념으로, 인간이 본능적으로 말하고 이야기를 나누고 싶어 하는 욕구를 지니고 있음을 뜻한다. 호모 나랜스는 인간이 본질적으로 이야기하는 존재라는 점을 강조하며, 이러한 본능은 사회적 연대와 문화적 전통을 형성하는 데 중요한 역할을 한다(한혜원, 2010).

호모 나랜스는 디지털 시대에 더욱 주목받는 개념이다. 사람들은 소셜 미디어, 블로그, 유튜브 등 다양한 디지털 매체를 통해 자신의 이야기를 생산하고 공유한다. 이를 통해 타인과 교감하며 자신의 정체성을 형성하고, 커뮤니티를 구축해 간다. 호모 나랜스는 정보를 수동적으로 전달받기보다 관심 정보를 능동적으로 검색 · 수집하고, 이를 재구성해 자신을 적극적으로 표현하는 데 능숙하다.

이러한 특성은 마케팅과 광고에도 큰 영향을 미치고 있다. 예를 들어, 맥도날드는 인기 상품인 빅맥을 주제로 '빅맥송'을 제작하고, '전국 빅맥송 자랑' 이벤트를 통해 사람들이 빅맥송을 부르는 영상을 공유하도록 유도했다. 이 이벤트는 큰 호응을 얻으며 자연스럽게 브랜드 홍보 효과를 거두었다. 또 다른 사례로, 삼성전자는 '갤럭시 언팩 2023' 이벤트에서 팬들이 갤럭시 제품 사용 경험을 소셜 미디어에 공유하도록 유도했다. 이를 통해 사용자들은 자신의 이야기를 나누며 삼성전자의 브랜드 인지도를 높이는 데 기여했다.

커뮤니케이션은 우리가 사회의 일원으로 살아가기 위해 반드시 필요한 활동이자, 인간이 동물과 구분되는 고유한 본성이다. 그렇지만 커뮤니케이션이 일상적으로 이루어지다 보니 자칫 단순하게 생각하는 오류를 범하기 쉽다. 예를 들어, "내가 말하면 상대방은 내 말을 알아들을 것이다."라고 생각할 수 있다. 하지만 커뮤니케이션 과정에서는 다양한 문제와 의도치 않은 오류가 발생할 수 있으며, 심지어 상대방이 내가 의도했던 것과 전혀 다르게 받아들일 수도 있다. 따라서 커뮤니케이션의 본질을 잘 이해하고, 성공적인 커뮤니케이션을 위해 노력하는 자세가 무엇보다 중요하다.

[그림 1-3] 자신의 이야기를 타인들과 공유하고 싶은 호모 나랜스

2. 커뮤니케이션의 역사

1) 고대의 커뮤니케이션

커뮤니케이션에 대한 관심과 연구는 고대 그리스 시대까지 거슬러 올라간다. 당시 수사학은 인간의 사회적 삶에서 필수적인 기술로 여겨졌다. 아리스토텔레스(Aristotle, BC. 384~BC. 322)는 그의 저서 『수사학(Rhetoric)』에서 수사학을 '특정 상황에서 가장 적절한 설득의 수단을 찾는 능력'으로 정의하였다. 그의 연구는 정치, 법정, 대중 연설 등에서 사람들을 설득하는 방법을 체계적으로 분석하고 정리한 최초의 시도로 평가된다.

아리스토텔레스는 설득의 주요 요소를 에토스(ethos), 파토스(pathos), 로고스(logos)의 세 가지로 구분하였다(Borg, 2013).

- **에토스(ethos)**: 화자의 도덕성, 신뢰성, 권위 등에서 나오는 설득의 힘을 의미한다. 청중이 화자를 신뢰할 때 비로소 설득이 가능하다고 보았다. 예를 들어, 연설자가 도덕적이고 정직하며 지식을 갖춘 사람으로 인식될 때 그 연설은 더 큰 영향력을 갖게 된다.
- **파토스(pathos)**: 청중의 감정을 자극하여 설득하는 방법이다. 아리스토텔레스는 감정이 설득의 중요한 요소라고 강조하며, 슬픔, 기쁨, 두려움, 분노 등의 감정을 활용해 청중의 반응을 유도하면 연설의 효과를 극대화할 수 있다고 보았다.
- **로고스(logos)**: 논리적 근거와 증거를 바탕으로 하는 설득이다. 아리스토텔레스는 연설자가 논리적이고 합리적인 방식으로 주장을 전개해야 한다고 설명하며, 논증, 예시, 비유 등을 통해 청중이 자신의 주장에 동의하도록 유도하는 것이 로고스의 핵심이라고 보았다.

아리스토텔레스는 이러한 세 요소를 조화롭게 활용하는 것이 설득력 있는 연설을 만드는 핵심이라고 주장하였다. 또한 그는 연설의 구조를 체계화하여 서론, 본론, 결론의 세 부분으로 구성할 것을 강조했다.

- **서론**: 청중의 주의를 끌고 관심을 유도한다.
- **본론**: 논점을 논리적으로 전개하고 증명한다.
- **결론**: 주장을 강화하고 청중에게 행동을 촉구한다.

아리스토텔레스의 수사학 이론은 고대 그리스에서 시작되었지만, 오늘날까지도 설득의 원리를 이해하고 활용하는 데 중요한 기초가 되고 있다.

[그림 1-4] 커뮤니케이션에서 설득의 중요성을 강조한 아리스토텔레스

2) 커뮤니케이션 역사(15~20세기)

(1) 매체의 발달과 커뮤니케이션

초기 20세기까지 정보를 널리 전달할 수 있는 커뮤니케이션 수단은 출판으로 매우 제한적이었다. 출판은 1450년경 요하네스 구텐베르크(Johannes Gutenberg)가 독일에서 금속 활자 인쇄술을 발명하면서 가능해졌으며, 16세기부터 유럽 전역으로 확산되었다. 특히 16세기 후반부터는 책의 인쇄와 출판이 점차 상업화되면서 책의 가격이 낮아지고, 접근성이 높아졌다. 17세기와 18세기에는 출판 산업이 크게 성장했고, 독일, 프랑스, 영국 등 유럽 주요 국가에서는 많은 출판사가 설립되었다. 이 시기에는 책뿐만 아니라, 신문과 잡지 등 다양한 인쇄 매체가 등장하며 출판은 대중적인 커뮤니케이션 수단으로 자리 잡았다.

19세기에는 산업 혁명과 함께 인쇄 기술이 더욱 발전하고, 제지 기술과 운송 수단의 발달로 인해 출판물의 생산과 배포가 보다 효율적으로 이루어지게 되었다. 이로 인해 신문과 잡지가 더욱 널리 확산되었고, 대중 문화를 형성하는 중요한 매체로 자리 잡았다. 19세기 후반과 20세기 초반에는 활판 인쇄와 윤전기 기술의 도입으로 대량 출판이 가능해지면서 출판물은 대규모 독자층을 확보하게 되었다.

신문과 잡지 출판이 특히 중요한 역할을 하였으며, 이를 통해 출판은 더 이상 엘리트 계층만을 위한 것이 아니라, 일반 대중에게도 광범위하게 확산되었다.

[그림 1-5] 19세기 후반과 20세기 초반 출판업의 발달

한편, 1837년 전신기(telegraph), 1876년 전화(telephone), 1895년 라디오(radio)와 영화(film), 1927년 텔레비전(television)이 등장하면서 커뮤니케이션의 전파 속도와 범위는 과거와 비교할 수 없을 정도로 확대되었다(이준웅, 백혜진, 정성은, 2024; Crowley & Heyer, 2006).

① **전신기**는 전기 신호를 이용해 장거리로 메시지를 전송하는 장치이다. 1837년, 사무엘 모스(Samuel Morse)와 알프레드 베일(Alfred Vail)이 전신기를 발명하고, 정보 전송을 위해 모스 부호(morse code)를 사용하여 전선을 통해 신호를 전달했다. 1844년에 최초의 공식적인 장거리 전신이 워싱턴 D.C.와 볼티모어 사이에서 성공적으로 이루어졌으며, 당시 정보 전달 속도를 크게 향상시켜 통신의 혁신을 가져왔다.

② **전화**는 1876년 알렉산더 그레이엄 벨(Alexander Graham Bell)에 의해 발명된, 음성 신호를 전기 신호로 변환하여 장거리로 전달할 수 있는 장치이다. 전화

의 등장은 사람들 간의 커뮤니케이션을 혁신적으로 바꾸어 놓았으며, 공간을 초월해서 즉각적인 사람들 간의 음성 통화를 가능하게 하였다.

③ **라디오**는 전파를 이용해 소리(특히 음악, 뉴스, 방송)를 장거리로 전달할 수 있는 무선 통신 장치이다. 1895년, 굴리엘모 마르코니(Guglielmo Marconi)가 무선 전신 기술을 개발하여 최초로 라디오 송신을 성공시켰다. 라디오는 특히 1920년대와 1930년대에 대중에게 널리 보급되며 중요한 대중매체(mass media)로 자리 잡았다.

④ **영화**는 연속적인 이미지를 통해 이야기를 전달하는 매체로, 뤼미에르 형제(Lumière brothers)가 1895년 프랑스 파리에서 최초로 공개 상영을 하면서 대중에게 처음 소개되었다. 영화는 시각적 스토리텔링의 혁신을 가져왔고, 20세기 초부터 전 세계적으로 중요한 문화적 매체가 되었다.

⑤ **텔레비전**은 전자파를 통해 영상과 소리를 동시에 전달할 수 있는 장치로, 1927년 존 로지 베어드(John Logie Baird)가 영국에서 최초로 텔레비전 방송을 성공시켰다. 1930년대에는 미국과 영국을 중심으로 본격적인 방송이 시작되었으며, 1950년대부터는 대중화되어 가정 내 중요한 커뮤니케이션 및 엔터테인먼트 매체로 자리 잡았다.

[그림 1-6] 전기 · 전파 매체들의 등장

(2) 커뮤니케이션에 대한 학술적 연구

20세기 중반, 책과 신문, 잡지뿐만 아니라 라디오, 영화, TV 등 대중매체(mass media)가 널리 확산되면서 커뮤니케이션의 범위와 영향력은 크게 확장되었다. 이에 따라 커뮤니케이션이 사회 전반에 미치는 영향에 대한 관심이 커졌고, 다양한 학문 분야에서 인간의 의사소통을 다각도로 분석하려는 연구가 활발히 진행되었다. 이는 커뮤니케이션이 단순한 정보 전달을 넘어 인간 행동, 사회 구조, 문화 전통 등 여러 요소와 밀접하게 연결되어 있음을 보여 준다(이준웅, 백혜진, 정성은, 2024).

① **심리학(psychology) 분야 연구:** 심리학에서는 커뮤니케이션이 개인의 행동과 심리 상태에 미치는 영향을 중점적으로 연구하였다. 이는 커뮤니케이션이 단순한 정보 교환이 아니라, 인지적·정서적 반응을 유발하고 이를 통해 행동 변화를 일으키는 과정임을 강조한다. 예를 들어, 심리학자들은 설득 이론(Persuasion Theory)을 통해 특정 메시지가 사람들의 태도와 행동을 어떻게 변화시키는지 탐구하였다. 이 연구는 광고, 마케팅, 정치 캠페인 등에서 설득 전략을 개발하는 데 중요한 기초가 되었다.

② **사회인류학(social anthropology) 분야 연구:** 사회인류학에서는 커뮤니케이션을 통해 세대를 거쳐 전달되는 생활 양식과 문화적 전통을 분석하였다. 이는 언어, 관습, 상징 등을 통해 문화적 정체성이 형성되고 유지되는 과정을 이해하려는 시도로, 커뮤니케이션이 과거와 미래를 연결하는 중요한 역할을 한다는 점을 강조한다. 예를 들어, 에드워드 홀(Edward T. Hall)은 비언어적 커뮤니케이션(non-verbal communication) 연구를 통해 각 문화권에서 다른 거리 유지, 몸짓, 표정, 시간 인식 등을 분석하였다. 그의 연구는 문화 간 차이를 이해하고 다문화 환경에서 효과적인 의사소통을 촉진하는 데 기여하였다.

③ **정치학과 경제학 분야 연구:** 정치학과 경제학에서는 커뮤니케이션이 사회적·정치적 권력의 형성과 유지에 미치는 영향을 탐구하였다.

- 정치학: 노엄 촘스키(Noam Chomsky)와 에드워드 허먼(Edward Herman)은 『여론 조작: 매스미디어의 정치경제학(Manufacturing Consent: the political economy of the mass media)』에서 언론이 사회적 통제의 도구로 사용되는 과정을 설명하였다.
- 경제학: 조지 애컬로프(George Akerlof)는 '레몬 시장' 이론을 통해 정보 비대칭성이 소비자와 기업 간 거래에 미치는 영향을 분석하였다. 이 이론은 거래 당사자 간 정보의 양과 질에 차이가 있을 때 발생하는 불완전한 정보 상황에서, 커뮤니케이션이 시장 효율성에 어떤 영향을 미치는지를 보여 준다.

④ **수학적 접근(mathematical approaches):** 수학 분야에서는 커뮤니케이션 과정에서 정보의 질과 양을 정량적으로 측정하고, 정보 전달의 효율성을 분석하였다. 클로드 섀넌(Claude Shannon)의 정보 이론(Information Theory)은 메시지가 코딩, 전송, 디코딩 되는 과정을 설명하며, 정보 손실과 잡음을 줄이는 최적화 방법을 제시하였다. 이는 통신 기술과 데이터 전송에서 중요한 기초가 되었다.

이처럼 20세기 후반에 이르러 커뮤니케이션 연구는 심리학, 사회인류학, 정치학, 경제학, 수학 등 다양한 학문 분야로 확산되었다. 이러한 연구들은 커뮤니케이션이 인간 사회의 모든 측면에서 중요한 역할을 한다는 점을 입증하며, 학제 간 연계를 통해 커뮤니케이션의 본질과 효과를 심도 있게 이해하는 데 기여하고 있다.

(3) 마셜 매클루언의 매체에 대한 시각

마셜 매클루언(Marshall McLuhan, 1911~1980)은 20세기를 대표하는 커뮤니케이션 분야의 선구자로, 매체와 인간 경험의 관계를 심도 있게 탐구한 학자이다. 그의 가장 유명한 주장은 "미디어는 메시지다(The Medium is the Message)."라는 표현이다. 이 주장은 매체 자체가 그 매체를 통해 전달되는 내용보다 더 중요한 영향을 미친다는 의미를 담고 있다. 예를 들어, 연인에게 사랑을 고백할 때 직접 만나 얘기할 수도 있지만, 전화, 손 편지, 이메일, 문자, 카톡 등 다양한 매체를 사용할 수도 있다. 동일한 의도의 메시지라도 사용하는 매체에 따라 상대방이 전달받는 메시지의 느낌이 달라질 수 있다.

매클루언은 매체의 역할을 단순한 정보 전달 도구로 보지 않았다. 그는 매체가 인간의 인식 방식과 사회적 상호작용을 근본적으로 재편성하는 강력한 힘을 가진 존재라고 강조했다. 예를 들어, 인쇄술의 발달은 사람들의 읽기 습관과 지식 축적 방식을 변화시켰고, 전신과 전화는 거리와 시간에 대한 개념을 바꾸었다. 이러한 관점에서 매클루언은 각 매체가 그 자체로 메시지를 포함하며, 매체의 사용 방식에 따라 사회적·문화적 맥락이 변화한다고 보았다.

매클루언의 저서 『미디어는 마사지다(The Medium is the Massage)』(1967)는 그의 대표작 중 하나로, 미디어와 커뮤니케이션에 대한 그의 혁신적인 아이디어를 대중에게 소개하기 위해 쓰였다. 이 책의 제목은 원래 "The Medium is the Message."의 오타에서 비롯되었지만, 매클루언은 이를 고의적으로 유지하여 의미를 강화하였다. 여기서 'Massage'는 인간 감각과 경험을 매체가 어떻게 '마사지하고 변화시키는지'를 나타내는 중의적인 표현이다. 저서의 주요 내용을 살펴보면 다음과 같다(McLuhan & Fiore, 1967).

① **모든 매체가 인간의 감각 기관을 특정 방식으로 확장한다.** 예를 들어, 인쇄 매체는 시각적 경험을 강화하며, 전기 미디어(라디오, 텔레비전 등)는 청각과 시각을 동시에 자극하여 즉각적이고 전방위적인 경험을 만들어 낸다. 이러한 미디어 환경의 변화는 인간의 사고방식, 행동, 사회적 조직 방식까지 변화시킨다.

② **미디어가 사회와 문화를 형성하는 데 결정적인 역할을 한다.** 그는 전기 미디어의 출현으로 인해 세상이 '지구촌(global village)'으로 변모하고 있다고 설명하였다. 이 개념은 전기 미디어가 지리적 경계를 초월해 사람들을 실시간으로 연결하며, 전통적인 사회 구조와 권위에 도전하는 새로운 형태의 사회적 상호작용을 촉진한다는 것을 의미한다.

③『미디어는 마사지다(The Medium is the Massage)』는 **그 내용뿐만 아니라, 시각적 스타일로도 주목받았다.** 매클루언은 책에서 다양한 사진, 그림, 레이아웃, 타이포그래피를 사용하여 독자들에게 매체 자체가 메시지를 전달하는 방식을 경험하게 하였다. 이 시각적 접근은 그의 이론을 더 직관적으로 이해할 수 있도록 돕는 동시에, 책 자체가 '매체로서의 메시지' 역할을 수행하게 만들었다.

④ **새로운 매체는 인간의 기존 감각 구조를 재조정한다.** 인쇄 시대에는 시각이 지배적인 역할을 했지만, 전기 시대에는 청각과 촉각이 더 중요한 역할을 한다고 주장하였다. 이는 새로운 미디어 환경에서 인간의 의사소통과 인식이 어떻게 변화하는지를 보여 준다.

3) 커뮤니케이션 역사(20세기 후반~현재)

20세기 후반부터 현재까지, 디지털 기술의 발전은 커뮤니케이션의 특징을 크게 변화시켰다. 이러한 변화는 디지털화, 상호작용성, 비동시성과 동시성의 공존, 멀티미디어 활용, 글로벌화와 문화 간 커뮤니케이션, 데이터 기반 커뮤니케이션 등으로 요약할 수 있다. 이러한 특징들은 기존의 커뮤니케이션 모델을 재정의하며, 새로운 형태의 연구와 이론적 접근을 요구하고 있다.

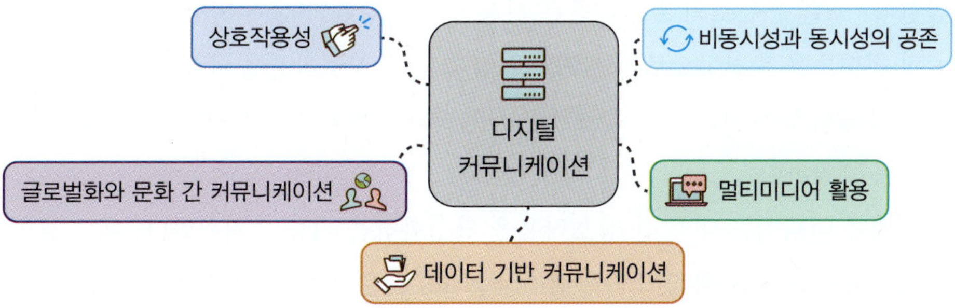

[그림 1-7] 20세기 후반부터 현재까지 커뮤니케이션의 특징

(1) 디지털화(digitalization)

디지털화는 현대 커뮤니케이션의 가장 핵심적인 변화 중 하나이다. 컴퓨터와 인터넷의 발달로 정보가 디지털 형식으로 저장, 전송, 공유될 수 있게 되었다. 이는 커뮤니케이션의 속도와 범위를 전 세계적으로 확대했으며, 정보의 생산과 소비 패턴도 급격히 변모시켰다. 예를 들어, 이메일, 소셜 미디어, 블로그, 비디오 플랫폼 등은 이제 사람들이 서로 소통하고 정보를 교환하는 주요 수단이 되었다.

팬데믹 동안 전 세계가 재택근무로 전환되었을 때, 디지털화된 의사소통 도구인 줌(Zoom)과 팀즈(Microsoft Teams)와 같은 화상 회의 플랫폼이 급격히 확산되었다. 이러한 플랫폼을 통해 사람들은 물리적 거리를 넘어 실시간으로 회의를 하고, 협업하며, 프로젝트를 진행할 수 있었다. 디지털화 덕분에 커뮤니케이션의 속도와 효율성이 높아졌으며, 장소와 시간의 제약이 크게 줄어들었다.

(2) 상호작용성(interactivity)

디지털 환경에서 커뮤니케이션의 상호작용성은 중요한 특징이다. 기존의 일방향적 매스미디어와 달리, 디지털 미디어는 매체와 사용자 간의 상호작용을 가능하게 한다. 예를 들어, 유튜브(YouTube) 동영상은 사용자가 원하는 속도로 시청하고, 중간에 멈추거나 자막을 켜고 끄며, 소리 크기를 조정할 수 있는 기능을 제공한다. 또한 유튜브의 알고리즘은 사용자가 시청한 영상과 반응을 분석하여 맞춤형 콘텐츠를 추천함으로써 매체와 사용자 간의 상호작용을 극대화한다. 마찬가지로 넷플릭스(Netflix) 같은 플랫폼은 사용자의 선택과 선호를 기반으로 개인화된 경험을 제공한다.

디지털 미디어는 대인 간 상호작용을 활성화하는 기능도 지원한다. 예를 들어, 페이스북(Facebook)과 인스타그램(Instagram) 같은 소셜 미디어 플랫폼에서는 사용자들이 댓글, 좋아요, 공유 등을 통해 실시간으로 상호작용하며 자신의 의견을 쉽게 표현할 수 있다. 이러한 상호작용성은 사용자 간의 연결을 강화하고, 송신자와 수신자 간의 관계를 더욱 긴밀하게 만든다.

(3) 비동시성(asynchronicity)과 동시성(synchronicity)의 공존

현대 커뮤니케이션의 중요한 특징 중 하나는 비동시성과 동시성의 공존이다. 디지털 기술과 인터넷의 발달로 인해 사람들은 서로 다른 시간대와 장소에서도 다양한 방식으로 의사소통할 수 있게 되었으며, 이러한 두 형태의 조합은 현대 사회의 커뮤니케이션 양상을 크게 변화시켰다.

① **비동시성**은 송신자와 수신자가 서로 다른 시간에 메시지를 주고받는 커뮤니케이션 형태를 의미한다. 이메일과 온라인 게시판 등이 대표적인 예이다. 이러한 방식은 커뮤니케이션의 유연성을 높여, 송신자는 자신의 편리한 시간에 메시지를 작성하고, 수신자는 자신의 일정에 맞춰 이를 확인할 수 있다. 예를 들어, 온라인 교육에서는 교사가 학습 콘텐츠를 미리 업로드하면, 학생들이 원하는 시간에 이를 수강하고 질의응답 게시판에 질문을 남기는 비동시적 학습이 가능하다. 이러한 커뮤니케이션 방식은 송신자가 자신의 의견을 신중하게 표현할 기회를 제공하며, 수신자에게는 메시지를 해석하고 성찰할 시간을 부여한다.

② **동시성**은 송신자와 수신자가 동일한 시간에 실시간으로 커뮤니케이션을 수행하는 형태를 의미한다. 동시적 커뮤니케이션은 즉각적인 반응으로 활발한 상호작용을 가능하게 하여, 더욱 몰입감 있고 생생한 커뮤니케이션 경험을 제공한다. 전화 통화, 화상 회의, 채팅 등은 동시적 커뮤니케이션의 대표적인 예이다. 코로나19 팬데믹 동안 전 세계적으로 줌(Zoom)과 같은 화상 회의 플랫폼이 폭넓게 사용되었는데, 이러한 도구는 사람들이 물리적으로 떨어져 있어도 실시간으로 회의하고 협업할 수 있도록 한다.

(4) 멀티미디어 활용(multimedia use)

현대 커뮤니케이션은 텍스트뿐만 아니라 이미지, 비디오, 애니메이션 등 다양한 멀티미디어 요소를 포함한다. 멀티미디어는 메시지를 다양한 시각 및 청각 채널을 통해 더욱 생동감 있고 풍부하게 전달하여 커뮤니케이션의 효과를 극대화할 수 있다. 인포그래픽, 동영상 설명서, 밈(Meme) 등은 복잡한 정보를 텍스트는 물론 그래픽, 동영상, 애니메이션 등으로 표현하여 사용자들의 이해를 돕는다. 유튜브는 멀티미디어 커뮤니케이션의 대표적인 예로, 유튜버는 텍스트, 그래픽, 비디오 등 다양한 시청각 정보를 포함한 동영상을 통해 사용자들의 이해를 촉진함으로써 교육, 정보 공유, 광고 등의 소기의 목적을 효과적으로 달성할 수 있다.

(5) 글로벌화와 문화 간 커뮤니케이션(globalization and intercultural communication)

디지털 기술의 발달은 전 세계 사람들을 연결하고, 문화 간 커뮤니케이션의 중요성을 높였다. 글로벌화된 커뮤니케이션 환경에서는 문화적 차이와 맥락을 고려한 커뮤니케이션 전략이 중요하다(Tuleja, 2016).

예를 들어, 다국적 기업들은 각 국가의 문화적 배경에 맞춘 마케팅 전략을 개발하고 있다. 코카콜라(Coca-Cola)는 다양한 국가의 문화적 특성에 맞춘 광고 캠페인을 전개하여, 각각의 시장에서 브랜드 이미지와 메시지를 효과적으로 전달하고 있다. 디지털 기술의 발달은 전 세계를 연결하며 문화 간 커뮤니케이션의 중요성을 높였다.

교육 분야에서도 글로벌화된 플랫폼은 다양한 문화적 맥락을 반영한 콘텐츠를 통해 학습자들의 접근성을 향상시키고 있다. 예를 들어, 코세라(Coursera)는 강의를 여러 언어로 제공하고, 각국의 사례 연구를 포함하여 학습자들이 문화적 차이를 이해할 수 있도록 돕는다. 듀오링고(Duolingo)는 학습자의 언어적 배경을 고려해 맞춤형 학습 경험을 제공한다. 또한 유네스코(UNESCO)는 다문화 교육 콘텐츠를 개발해 전 세계 학습자들에게 보편적인 접근성을 제공하고 있다.

(6) 데이터 기반 커뮤니케이션(data-driven communication)

오늘날 커뮤니케이션 전략은 데이터 분석을 통해 최적화되고 있다. 사용자의 행동, 선호도, 피드백 데이터를 수집하고 분석하여 개인화된 메시지와 콘텐츠를 제공하는 것이 일반적인 방식이다(Allchin, 2021).

예를 들어, 넷플릭스는 사용자의 시청 기록과 취향 데이터를 분석해 맞춤형 추천 시스템을 운영한다. 이를 통해 사용자는 자신의 취향에 맞는 콘텐츠를 쉽게 찾을 수 있고, 넷플릭스는 사용자 참여와 만족도를 높일 수 있다.

또한 AI 디지털 교과서는 학습자의 데이터를 분석해 개인별 학습 수준과 스타일에 맞춘 콘텐츠를 제공한다. 이를 통해 학습자는 자신의 학습 속도에 맞춰 학습을 진행할 수 있으며, 교사는 데이터를 기반으로 학생들의 이해도를 모니터링하고 개별 지도를 강화할 수 있다.

디지털 마케팅에서도 사용자의 클릭 및 구매 데이터를 활용해 개인화된 광고를 제공함으로써 광고 효과를 극대화하고 있다. 이러한 데이터 기반 전략은 기업과 교육 그리고 다양한 커뮤니케이션 분야에서 효율성과 만족도를 동시에 향상시키는 데 중요한 역할을 하고 있다.

2
CHAPTER

커뮤니케이션 이론과 요소

1. 주요 커뮤니케이션 이론

커뮤니케이션 이론은 인간이 정보를 전달하고 수신하며 해석하는 복잡한 과정에 대해 체계적으로 설명함으로써, 커뮤니케이션의 본질, 과정, 구조 그리고 그 결과에 대해 깊이 이해할 수 있도록 돕는다. 이를 통해 커뮤니케이션이 어떻게 작동하고, 어떤 요소들이 상호작용하여 효과적인 정보 교환을 가능하게 하는지에 대한 통찰을 제공한다. 주요 커뮤니케이션 이론들을 탐구함으로써 우리는 효과적인 소통이 이루어지는 방식을 명확히 이해할 수 있으며, 이를 통해 커뮤니케이션의 성공을 위한 실질적인 전략과 유용한 시사점을 얻을 수 있다. 대표적인 커뮤니케이션 이론에는 라스웰의 모형, 쉐논과 위버의 모형, 벌로의 SMCR 모형, 쉐논과 쉬람의 모형, 로저스와 킨케이드의 수렴 모형, 하이벨스와 위버의 커뮤니케이션 모델이 있다.

1) 라스웰의 모형(1948)

해럴드 라스웰(Harold D. Lasswell, 1902~1978)은 미국의 정치학자이자 커뮤니케이션 학자로, 커뮤니케이션 연구와 정치 심리학 분야에서 중요한 기여를 한 인물이다. 그는 시카고 대학교(University of Chicago)에서 정치학과 법학을 공부한 후, 정치와 사회적 과정에서 커뮤니케이션이 갖는 역할에 주목하여 연구를 이어갔다. 특히 매스미디어가 대중의 의견과 행동에 미치는 영향, 정치적 설득과 선전 기술의 효과를 분석하는 방법론을 개발하였다. 제2차 세계대전 기간 동안 라스웰은 미국 정부와 여러 연구소에서 전시 선전 전략과 대중 설득 기술을 분석하는 연구를 수행하였다. 이를 통해 커뮤니케이션이 단순한 정보 전달을 넘어선 복합적인 사회적 과정임을 인식하게 되었다.

라스웰은 커뮤니케이션의 효과성을 체계적으로 분석하기 위해 다섯 가지 주요 질문으로 구성된 모형을 제시하였다. 이 모형은 다음과 같은 질문들로 구성된다(이종연, 2009).

① 누가(who): 메시지를 보내는 사람(송신자)
② 무엇을(says what): 전달되는 메시지의 내용
③ 어떤 채널을 통해(in which channel): 메시지가 전달되는 매체나 경로
④ 누구에게(to whom): 메시지를 받는 대상(수신자)
⑤ 어떤 효과를 얻는가(with what effect)?: 메시지가 수신자에게 미치는 영향

라스웰은 이러한 질문을 통해 커뮤니케이션의 효과성을 분석하고, 메시지가 대중에게 어떻게 전달되고 이해되며, 어떤 결과를 초래하는지 연구하고자 하였다. 그의 모형은 특히 전쟁 시기에 대중 동원과 설득 커뮤니케이션의 전략을 개발하고 평가하는 데 중요한 기초가 되었다. 라스웰은 커뮤니케이션의 목적이 정보 전달뿐 아니라, 특정 행동이나 인식을 유도하는 데 있다는 점을 강조하였다. 이를 통해 정치적, 사회적 맥락에서 커뮤니케이션이 어떻게 사용될 수 있는지를 체계적으로 설명함으로써, 커뮤니케이션 연구의 발전에 크게 기여하였다.

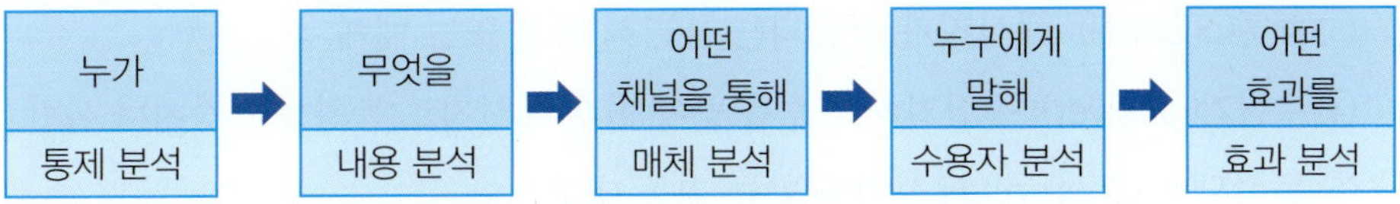

[그림 2-1] 라스웰의 커뮤니케이션 모형

출처: 이종연(2009).

2) 쉐논과 위버의 모형(1949)

클로드 쉐논(Claude E. Shannon, 1916~2001)과 워런 위버(Warren Weaver, 1894~1978)는 정보 이론의 기초를 세우고 커뮤니케이션 과정을 수학적으로 설명하고자 하였다. 쉐논은 벨 연구소(Bell Labs)에서 전기 공학자 및 수학자로 일하면서 통신 시스템의 효율성을 개선하는 문제에 관심을 가지게 되었다. 그는 주로 전기 신호를 통해 정보를 전달하는 통신 시스템의 작동 방식을 분석하고, 정보가 송신자에서 수신자에게 전달되는 동안 발생할 수 있는 문제들을 수학적으로 모델링하였다. 그는 정보의 양과 불확실성(entropy) 개념을 도입하여, 메시지가 불확실성을 줄이는 과정을 설명하였는데, 통신 기술과 데이터 전송에서 효율성을 높이기 위한 수학적 방법을 제공하는 데 중점을 두었다. 한편, 록펠러 재단(Rockefeller Foundation)의 연구원이었던 위버는 쉐논의 연구를 일반 대중이 이해할 수 있는 방식으로 널리 알리고, 이를 인간 커뮤니케이션의 맥락에서도 적용할 수 있도록 돕고자 하였다. 위버는 쉐논의 수학적 모델을 바탕으로 커뮤니케이션 과정을 보다 포괄적인 개념으로 확장하고, 이를 통해 다양한 커뮤니케이션 상황에 적용될 수 있는 이론적 틀을 제시했다(이준웅, 백혜진, 정성은, 2024).

쉐논과 위버의 모형은 커뮤니케이션 과정을 다음과 같은 다섯 가지 주요 요소로 구성한다.

① **정보원(source)**: 메시지를 생성하고 발신하는 사람이나 시스템

② **송신기(transmitter)**: 메시지를 전달 가능한 신호로 변환하는 장치나 사람

③ 채널(channel): 메시지가 전달되는 물리적 경로 또는 매체

④ 수신기(receiver): 송신기의 신호를 받아 원래 메시지로 복원하는 장치나 사람

⑤ 목적지(destination): 메시지를 받는 최종 대상

쉐논과 위버의 모형에서 중요한 개념은 잡음(noise)으로, 이는 메시지가 전달되는 과정에서 발생할 수 있는 모든 형태의 방해 요소를 의미한다. 예를 들어, 물리적 잡음(기계적 잡음)이나 의미적 잡음(언어적 오해)이 있을 수 있으며, 이러한 잡음이 메시지의 정확한 전달을 방해할 수 있다.

이 모델은 주로 선형적이고 기계적인 커뮤니케이션에 적합한 것으로 간주되며, 전기 신호를 통한 데이터 전송과 같은 기술적 커뮤니케이션 상황을 설명하는 데 적합하다. 그러나 커뮤니케이션을 단순한 전송 과정으로 이해하며, 송신자와 수신자 사이의 피드백과 상호작용을 충분히 설명하지 못한다는 한계가 있다. 또한 인간 커뮤니케이션의 복잡한 사회적, 문화적 맥락을 고려하지 않기 때문에, 인간 사이의 비선형적이고 상호작용적인 커뮤니케이션을 설명하는 데는 부족함이 있다.

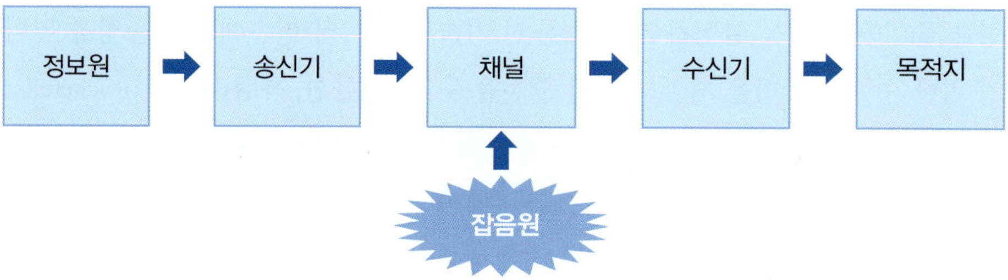

[그림 2-2] 쉐논과 위버의 커뮤니케이션 모형

출처: 오미영, 정인숙(2005).

3) 벌로의 SMCR 모형(1949)

데이비드 벌로(David K. Berlo, 1929~1996)는 미국 미시간 주립대학교(Michigan State University) 커뮤니케이션학 교수로 재직하며, 인간 커뮤니케이션의 구조와 과정을 연구하였다. 그는 SMCR 모형(SMCR model of communication)을 통해 커뮤

니케이션 과정의 기본 요소들을 체계적으로 구분하고, 각 요소가 커뮤니케이션의 효과에 어떻게 영향을 미치는지를 분석하였다. 그는 커뮤니케이션이 사회적 상호작용의 핵심이라는 점에 주목하고, 기존의 단순한 선형적 커뮤니케이션 모델을 확장하여 보다 정교하고 다차원적인 모델을 개발하고자 하였다. 벌로는 커뮤니케이션이 송신자와 수신자 간의 의미를 전달하고 해석하는 과정이라고 보았으며, 이 과정에서 개인의 특성, 환경, 경험이 중요한 역할을 한다고 주장하였다.

벌로의 SMCR 모형은 1960년에 발표된 그의 저서 『커뮤니케이션 과정(The Process of Communication)』에서 처음 제시되었다. 이 모형은 송신자(Sender), 메시지(Message), 채널(Channel), 수신자(Receiver)로 구성되어 있으며, 커뮤니케이션 과정에서 각 요소의 특성과 그 상호작용을 다음과 같이 설명한다(오미영, 정인숙, 2005).

① **송신자(Sender)**: 메시지를 시작하고 전달하는 사람이나 집단. 송신자의 특성(예 의사소통 기술, 태도, 지식수준, 사회적 체계, 문화적 배경)이 커뮤니케이션의 효과에 중요한 영향을 미친다. 벌로는 송신자의 경험, 신념, 가치관 등이 메시지의 구성과 전달 방식에 큰 영향을 미친다고 강조하였다.

② **메시지(Message)**: 전달되는 정보의 내용. 메시지는 여러 구성 요소(예 코드, 내용, 구조)로 나뉘며, 각 구성 요소는 수신자의 해석에 영향을 준다. 벌로는 메시지 자체의 구조뿐 아니라, 메시지가 수신자에게 어떻게 인식되고 해석되는지도 중요하게 보았다.

③ **채널(Channel)**: 메시지가 전달되는 수단이나 경로. 채널은 주로 오감(시각, 청각, 촉각, 후각, 미각)을 통해 이루어지며, 선택된 채널에 따라 메시지의 전달 효과가 달라질 수 있다. 예를 들어, 중요한 정보는 직접 대면하여 전달할 때 더 큰 효과를 가질 수 있다.

④ **수신자(Receiver)**: 메시지를 받아들이는 사람이나 집단. 수신자의 특성(예 의사소통 기술, 태도, 지식수준, 사회적 체계, 문화적 배경)은 메시지를 어떻게 해석하고 반응하는지를 결정짓는 중요한 요소이다. 벌로는 수신자가 송신자와 유사한 배경을 가질수록 메시지의 해석이 일치할 가능성이 높다고 보았다.

벌로의 SMCR 모형은 커뮤니케이션 과정에서 의미의 해석이 중요하다는 점을 강조하였다. 이 모형은 커뮤니케이션이 단순한 메시지의 전달이 아니라, 송신자와 수신자 사이의 복잡한 상호작용이라는 점을 분명히 하였다. 특히 벌로는 "의미는 단어에 있는 것이 아니라 사람에게 있다."라고 주장하며, 메시지가 송신자와 수신자의 경험, 지식, 태도 등에 의해 달라질 수 있음을 지적하였다.

SMCR 모형은 커뮤니케이션 과정을 보다 구조적으로 이해하고 분석할 수 있는 틀을 제공하며, 커뮤니케이션의 각 요소가 어떻게 상호작용하여 메시지의 효과를 결정짓는지에 대한 중요한 통찰을 제공한다. 이 모형은 특히 교육, 마케팅, 조직 커뮤니케이션 등 다양한 분야에서 커뮤니케이션 전략을 개발하고 효과를 평가하는 데 유용하다. 그러나 이 모형은 커뮤니케이션의 비선형적 특성이나 상호 피드백 과정을 충분히 반영하지 않으며, 송신자와 수신자 간의 관계적, 감정적, 상황적 요인을 간과하고 있다. 또한 메시지의 해석이 사회적 맥락에 따라 달라질 수 있다는 점에서, 문화적 요소를 충분히 고려하지 못한다는 비판을 받곤 한다.

[그림 2-3] 벌로의 SMCR 모형

출처: 오미영, 정인숙(2005).

4) 쉐논과 쉬람의 모형(1964)

클로드 쉐논(Claude E. Shannon, 1916~2001)은 벨 연구소(Bell Labs)의 전기 공학자 및 수학자이며, 윌버 쉬람(Wilbur Schramm, 1907~1987)은 일리노이 대학교(University of Illinois)와 스탠퍼드 대학교(Stanford University)에서 커뮤니케이션 연

구를 이끈 학자이다. 쉐논은 정보 이론의 아버지로 불리며, 그의 연구는 커뮤니케이션 과정을 수학적으로 분석하고 설명하는 데 기초를 제공했으며, 쉬람은 이러한 쉐논의 수학적 커뮤니케이션 이론을 바탕으로 피드백 개념을 추가하여 인간 커뮤니케이션에 적합한 쌍방향 모델을 제시하였다. 이렇게 탄생한 쉐논과 쉬람의 모형은 선형적, 일방향적 커뮤니케이션 모델에서 탈피하여 피드백과 상호작용을 강조하는 최초의 쌍방향 커뮤니케이션 모델이라고 할 수 있다.

쉐논과 쉬람의 모형은 다음과 같은 요소를 포함한다.

① **송신자**(sender): 전달하고자 하는 생각이나 정보를 가진 사람으로, 메시지의 출발점이다.

② **부호화**(encoding): 송신자가 자신의 생각이나 감정을 말, 글 이미지 등으로 표현하는 과정이다.

③ **신호**(signal): 송신자의 메시지가 음성, 문자, 영상 등 감각을 통해 전달될 수 있는 구체적인 형태로 표현된 것을 말한다.

④ **해독**(decoding): 수신자가 전달받은 신호를 해석하여 의미를 이해하는 과정이다.

⑤ **수신자**(receiver): 신호를 받아 해독하고 메시지를 이해하며 반응을 생성하는 사람이다.

⑥ **경험의 장**(field of experience): 송신자와 수신자가 각각 가진 지식, 경험, 가치관, 신념, 문화적 배경 등 개인의 삶과 연관된 모든 것을 포함하는 개념이다. 이 경험의 장은 커뮤니케이션 과정에서 송신자와 수신자가 메시지를 이해하고 해석하는 데 중요한 역할을 한다. 커뮤니케이션이 효과적이려면 송신자와 수신자의 경험의 장이 어느 정도 겹쳐야 한다고 보았다. 이러한 겹침이 클수록, 즉 두 사람의 경험과 배경이 유사할수록 메시지를 전달하고 이해하는 데 더 적은 오류가 발생하고, 커뮤니케이션이 성공할 가능성이 높아진다. 경험의 장이 서로 다를 경우, 송신자는 메시지를 수신자의 경험의 장에 맞게 조정해야 한다.

⑦ 피드백(feedback): 수신자가 메시지를 이해하고 이에 대해 송신자에게 응답하는 과정이다. 피드백을 통해 송신자와 수신자 간의 상호작용이 가능해지며, 커뮤니케이션의 오류나 잡음을 조정하고 수정할 수 있게 된다.

⑧ 잡음(noise): 커뮤니케이션 과정에서 발생하는 방해 요소로, 메시지의 명확한 전달을 저해하는 요소를 의미한다.

쉐논과 쉬람의 모형은 쌍방향성과 피드백을 강조하며, 커뮤니케이션을 동적이고 상호작용적인 과정으로 이해하는 데 중요한 기여를 했다. 이 모델은 피드백이 커뮤니케이션의 핵심 요소로 작용하여 송신자와 수신자 간의 지속적인 의미 교환과 수정이 가능하게 한다는 점을 부각시켰다. 따라서 이 모형은 인간 커뮤니케이션의 실제적인 상호작용을 잘 반영한다는 평가를 받는다. 그러나 커뮤니케이션 과정에서 송신자와 수신자 간의 개인적 경험의 차이를 인식하지만, 더 넓은 사회적, 문화적, 정치적 맥락에서 커뮤니케이션이 어떻게 이루어지는지를 충분히 반영하지 못했다는 한계가 있다. 또한 비언어적 커뮤니케이션 요소를 충분히 설명하지 못한다는 점도 비판을 받는다. 그럼에도 불구하고, 쉐논과 쉬람의 모형은 오늘날의 상호작용적 커뮤니케이션 연구에 중요한 기초를 제공하며, 교육, 마케팅, 조직 커뮤니케이션 등에서 광범위하게 활용되고 있다(이종연, 2009).

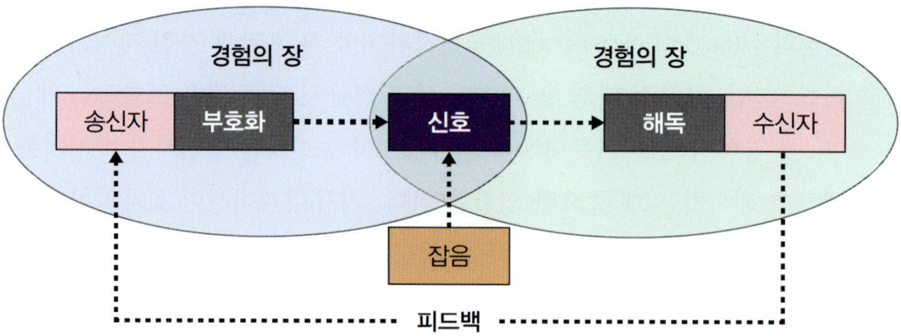

[그림 2-4] 쉐논과 쉬람의 모형

출처: 이종연(2009).

5) 로저스와 킨케이드의 수렴 모형(1981)

에버렛 로저스(Everett M. Rogers, 1931~2004)는 미시간 주립대학교, 스탠퍼드 대학교, 하와이 대학교 등에서 교수로 재직하였으며, '혁신의 확산(Diffusion of Innovations)' 이론으로 유명하다. 커뮤니케이션 연구에서 정보가 어떻게 사회 내에서 확산되고 공유되는지를 연구했다. 로널드 킨케이드(Ronald Kincaid, 1939~2013)는 하와이 대학교 교수로, 로저스와 더불어 커뮤니케이션 네트워크 분석에 초점을 맞추어, 사람들 간의 상호작용이 의미와 이해의 수렴을 어떻게 이끌어 내는지를 탐구하였다.

수렴 모형은 커뮤니케이션이 단순히 일방적인 메시지 전달이 아니라, 반복적인 상호작용을 통해 의미를 공유하고 수렴하는 과정이라고 설명한다.

수렴 모형의 구성 요소는 다음과 같다.

① **참여자 A와 B(participants A and B)**: 커뮤니케이션 과정에 참여하는 두 사람 또는 집단. 이들은 각자 메시지를 보내고 받으며 상호작용한다.

② **상호작용(interaction)**: A와 B가 정보를 교환하고 피드백을 주고받으며, 서로의 의견과 이해를 조정해 나가는 과정. 이때 직접적인 대화뿐 아니라 주변의 매체나 제3의 정보원 등 사회적 환경의 영향을 함께 받는다. 상호작용은 반복될수록 의미의 수렴 가능성이 높아진다.

③ **상호이해(mutual understanding)**: 지속적인 상호작용을 통해 참여자 간에 의미의 공통 기반이 형성된 상태로, 수렴 모형의 궁극적 목표이다.

수렴 모형은 커뮤니케이션을 상호작용적이며 지속적인 과정으로 이해하게 하는 데 기여하였다. 이 모형은 정보의 교환과 상호작용이 반복됨에 따라 의미가 점차 수렴되는 과정을 설명하며, 사회적 네트워크 내에서 커뮤니케이션이 어떻게 작동하는지를 이해하는 데 유용하다. 이 모형은 특히 네트워크 내에서의 협력, 갈등 해결, 혁신 확산 연구에 중요한 틀을 제공한다(이재희, 2023).

수렴 모형은 커뮤니케이션의 상호작용적 특성을 강조하고 정보 공유의 중요성을 부각시키는 데 기여했지만, 메시지가 수렴되지 않고 갈등이 지속되는 경우를 충분히 설명하지 못한다는 한계가 있다. 또한 다양한 문화적 맥락에서의 커뮤니케이션 차이를 충분히 반영하지 못하는 점도 비판을 받는다. 그러나 이 모델은 조직 내 협력과 혁신 확산을 이해하는 데 중요한 도구로 사용되며, 네트워크 기반의 연구와 정책 개발에 큰 영향을 미쳤다.

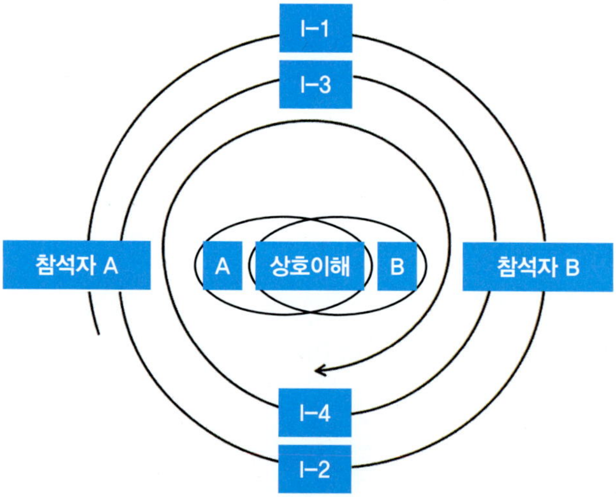

[그림 2-5] 로저스와 킨케이드의 수렴 모형

출처: 이재희(2023).

6) 하이벨스와 위버의 커뮤니케이션 모델(2004)

리처드 하이벨스(Richard Hybels)와 산드라 위버(Sandra Weaver)는 커뮤니케이션 연구에서 기존의 다양한 커뮤니케이션 모델을 통합하고 발전시켰다. 커뮤니케이션 과정의 주요 요소들을 종합적으로 설명하며, 특히 커뮤니케이션의 맥락과 환경적 요인을 강조한다. 하이벨스와 위버 모델의 구성 요소는 다음과 같다.

① 송신자(sender)와 수신자(receiver): 메시지를 보내고 받는 주체로, 각각 메시지 생성과 해석에 중요한 역할을 한다.

② 메시지(message): 전달되는 정보의 내용으로, 언어적 또는 비언어적 신호를 포함한다.

③ 채널(channel): 메시지가 전달되는 매체나 경로로, 예를 들어 음성, 글, 영상 등이 있다.

④ 피드백(feedback): 수신자가 메시지를 받고 이에 대한 반응을 송신자에게 돌려보내는 과정으로, 커뮤니케이션의 쌍방향성을 보장한다.

⑤ 잡음(noise): 메시지 전달 과정에서 발생하는 방해 요소로, 물리적 잡음(예 외부 소음), 심리적 잡음(예 개인의 편견), 의미적 잡음(예 언어적 오해) 등을 포함한다.

⑥ 세팅(setting): 커뮤니케이션이 이루어지는 환경으로, 시간, 장소, 상황 등이 포함되며, 커뮤니케이션의 결과에 중요한 영향을 미친다.

하이벨스와 위버의 모델은 '세팅'을 포함하므로 커뮤니케이션이 이루어지는 맥락적 요소(contextual elements)와 환경적 요인(environmental factors)을 포괄적으로 고려하여 커뮤니케이션 과정을 설명한다. 이 모델은 기존의 다양한 이론적 요소들을 통합하여 보다 현실적인 커뮤니케이션 상황을 반영하고 있으며, 커뮤니케이션이 단순한 메시지 전달이 아니라 복잡한 상호작용이라는 점을 강조한다(이재희, 2023).

하이벨스와 위버의 모델은 커뮤니케이션의 다양한 요소를 포괄적으로 설명함으로써 현대 커뮤니케이션 이론에 중요한 기여를 했지만, 디지털 환경에서의 새로운 커뮤니케이션 형태와 그에 따른 사회적, 문화적 차이를 다루는 데 있어 추가적인 보완이 필요하다고 여겨진다. 그럼에도 불구하고, 이 모델은 교육, 경영, 마케팅, 대인 커뮤니케이션 등 다양한 분야에서 실질적인 커뮤니케이션 전략을 수립하는 데 중요한 지침을 제공하고 있다.

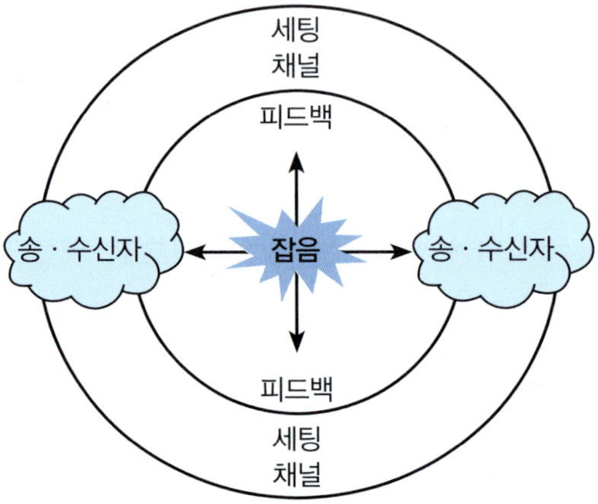

[그림 2-6] 하이벨스와 위버의 커뮤니케이션 모델

출처: 이재희(2023).

2. 커뮤니케이션 요소

앞서 소개한 커뮤니케이션 이론에 기반할 때, 효과적이고 성공적인 커뮤니케이션을 위해 반드시 고려해야 할 주요 요소는 송 · 수신자(sender and receiver), 메시지(message), 채널(channel), 잡음(noise), 세팅(setting)이다. 이들 요소는 각각 독립적이면서도 상호작용하며, 커뮤니케이션의 질과 결과를 결정짓는 핵심 구성 요소이다. 각 요소가 어떻게 작용하는지 이해하고 이를 실질적으로 적용하는 것은 성공적인 커뮤니케이션의 필수 조건이라 할 수 있다(이종연, 2009).

1) 송신자와 수신자

송신자(sender)와 수신자(receiver)는 커뮤니케이션 과정의 핵심이며, 단순한 메시지 전달자와 수신자를 넘어 상호작용과 피드백을 통해 공동의 의미를 창출하는 주체이다.

① 송신자는 메시지를 구성하고 전달하는 주체로, 커뮤니케이션의 출발점이다. 송신자는 다음과 같은 역할을 수행한다.

- **메시지 구성**: 정보를 명확하고 수신자의 맥락에 맞춰 표현한다.
- **상호작용**: 메시지를 전달한 후 피드백을 통해 수신자의 반응을 확인하고 필요한 경우 메시지를 수정한다.
- **교류**: 송신자는 단순한 정보 전달자가 아닌 수신자와 의미를 함께 창출하며 관계와 신뢰를 형성한다.

② 수신자는 송신자의 메시지를 받아들이고 해석하는 주체로, 커뮤니케이션의 완성을 이끈다.

- **메시지 해석**: 자신의 경험과 배경을 기반으로 메시지를 해석하며 의미를 구성한다.
- **피드백 제공**: 언어적 또는 비언어적 반응을 통해 송신자에게 메시지에 대한 이해와 감정을 전달한다.
- **교류**: 단순히 메시지를 수용하는 것을 넘어 송신자와의 상호작용을 통해 커뮤니케이션의 질을 높인다.

2) 메시지

메시지(message)는 송신자가 수신자에게 전달하는 정보, 아이디어, 감정 또는 의미를 담고 있다. 언어적(말, 글) 표현과 비언어적(제스처, 표정) 표현 모두 메시지의 범위에 포함된다. 메시지는 다음 세 가지 구성 요소로 이루어진다.

① **내용(content)**: 메시지의 실제 정보나 아이디어

② **코드(code)**: 메시지가 표현되는 형태(예 언어, 비언어적 신호, 시각적 요소 등)

③ 구조(structure): 메시지가 조직되고 배치되는 방식

효과적인 메시지는 송신자의 의도와 수신자의 이해가 일치할 때 이루어진다.

3) 채널

채널(channel)은 메시지가 송신자에서 수신자로 전달되는 경로 또는 매체를 의미한다. 채널은 커뮤니케이션의 유형과 목적에 따라 다양하게 선택될 수 있으며, 이를 통해 정보가 전달되는 과정에서 감각(시각, 청각, 촉각 등)을 통해 메시지가 수신자에게 도달하게 된다. 주요 채널로는 대면 커뮤니케이션(direct communication), 전자 매체(electronic media), 인쇄 매체(print media) 등이 있다. 라디오, TV, 신문, 잡지와 같은 매스 커뮤니케이션 매체는 대중에게 정보를 전달하는 데 효과적인 채널이고, 이메일, 전화, 화상 회의는 특정 집단이나 개인 간의 실시간 및 비실시간 상호작용을 가능하게 한다. 채널의 선택은 커뮤니케이션의 효과성에 큰 영향을 미치며, 송신자는 목적과 상황에 따라 적절한 채널을 선택해야 한다.

4) 잡음

잡음(noise)은 메시지가 전달되는 과정에서 발생하는 모든 방해 요소를 의미하며, 메시지의 명확한 이해를 저해할 수 있다. 잡음은 물리적, 심리적, 의미적 등의 다양한 형태로 나타날 수 있다.

① 물리적 잡음(physical noise): 환경적 요인(예 소음, 온도, 조명 등)으로 인해 메시지가 명확히 전달되지 못하는 경우

② 심리적 잡음(psychological noise): 개인의 감정, 스트레스, 편견, 선입견 등이 커뮤니케이션 과정에 미치는 부정적 영향

③ 의미적 잡음(semantic noise): 언어적 오해나 불명확한 표현으로 인해 발생하

는 혼란. 예를 들어, 전문 용어나 기술적 용어를 수신자가 이해하지 못할 때 발생할 수 있다.

잡음은 커뮤니케이션의 질을 저하시킬 수 있으며, 송신자는 이를 최소화하기 위해 메시지를 명확하고 간결하게 구성하고, 적절한 채널을 선택하며, 수신자의 특성을 고려한 커뮤니케이션 전략을 사용해야 한다.

5) 세팅

세팅(setting)은 커뮤니케이션이 이루어지는 환경적 요소들을 의미하며, 커뮤니케이션의 결과에 중요한 영향을 미칠 수 있다. 세팅에는 물리적 장소와 시간, 상황적 맥락, 온라인 환경이 포함된다.

① **물리적 환경**: 커뮤니케이션이 발생하는 물리적 공간(예 회의실, 강의실, 거리, 집 등)

② **시간적 요인**: 커뮤니케이션이 이루어지는 시간대와 타이밍(예 아침 회의, 야간 통화 등)

③ **상황적 맥락**: 커뮤니케이션이 일어나는 상황이나 배경(예 공식적 발표, 비공식적 대화 등)

④ **온라인 환경**: 현대의 커뮤니케이션은 디지털 기술의 발전으로 인해 온라인 환경에서의 상호작용이 중요한 부분을 차지하고 있어, 물리적 환경과 더불어 온라인 환경도 포함한다. 온라인 환경도 세 가지로 구분될 수 있는데, 실시간 커뮤니케이션 환경은 즉각적인 피드백과 상호작용이 필요한 상황에 적합하며, 비실시간 커뮤니케이션은 시간적 제약 없이 깊이 있는 논의나 신중한 메시지 전달에 유리하다. 하이브리드 환경은 다양한 커뮤니케이션 요구를 동시에 충족시키는 데 적합하다.

커뮤니케이션의 구성 요소들은 메시지를 명확하고 효과적으로 전달하는 데 그치지 않고, 상호작용을 통해 신뢰를 구축하고 공동의 의미를 창출하는 데 필수적인 역할을 한다. 송신자와 수신자는 각자의 역할을 명확히 이해하며, 메시지와 피드백을 통해 능동적으로 상호작용해야 한다. 동시에, 잡음을 최소화하고 적절한 채널과 세팅을 선택함으로써 커뮤니케이션의 명확성과 효율성을 극대화할 수 있다. 이러한 요소들의 개념과 실천 방안을 깊이 이해하고 적용할 때, 커뮤니케이션은 단순한 정보 전달을 넘어 관계를 형성하고 문제를 해결하며, 창의적 협력을 이끄는 강력한 도구가 될 것이다.

PART 1 참 / 고 / 문 / 헌

오미영, 정인숙(2005). 커뮤니케이션 핵심 이론. 커뮤니케이션북스.

윤석민(2007). 커뮤니케이션의 이해. 커뮤니케이션북스.

이재희(2021). 비즈니스 커뮤니케이션. 한올.

이종연(2009). 교육공학의 이해와 적용(개정판). 원미사.

이준웅, 백혜진, 정성은(2024). 커뮤니케이션 과학의 지평(제2판). 나남.

최영수(2015. 12. 3.). 미륵사지 석탑 부처님 사리 '재봉안'…유물 복제품도 봉안. 연합뉴스.

한혜원(2010). 디지털 시대의 신인류 호모 나랜스. 살림.

Allchin, C. (2021). *Communicating with Data: Making your case with data*. 이한호 역(2022). 데이터로 전문가처럼 말하기. 한빛미디어.

Borg, J. (2013). *Persuasion*. 김한주 역(2022). 설득의 디테일. 현대지성.

Crowley, D., & Heyer, P. (Eds.). (2006). *Communication in History: Technology, Culture, Society* (5th ed). 김지운 역(2012). 인간 커뮤니케이션의 역사: 기술 · 문화 · 사회. 커뮤니케이션북스.

Mcluhan, M., & Fiore, Q. (1967). *The Medium is the Massage*. 김진홍 역(2001). 미디어는 맛사지다. 커뮤니케이션북스.

Tuleja, E. A. (2016). *Intercultural Communication for Global Business: How Leaders Communicate for Success*. 송진순, 김대경 공역(2022). 글로벌 비즈니스를 위한 문화 간 커뮤니케이션. 커뮤니케이션북스.

PART 2

기본 커뮤니케이션 기술

현대사회는 끊임없이 정보가 교환되는 시대이다. 사람들은 직접 만나거나 다양한 매체를 통해 소통하며 생각과 감정을 공유한다. 그러나 진정한 커뮤니케이션은 단순한 정보 전달을 넘어 상대를 이해하고 공감하는 과정에서 이루어진다. 효과적인 소통을 위해서는 경청과 공감뿐만 아니라, 명확한 표현, 설득력 있는 프레젠테이션, 논리적인 글쓰기 능력이 필수적이다. 이 파트에서는 이러한 핵심 기술과 전략을 다룬다.

Chapter 3에서 다루는 '경청'은 상대방의 말을 듣고 그 의미와 감정을 이해하며 반응하는 과정으로, 신뢰 형성과 원만한 인간관계를 위한 핵심 요소이다. 이는 단순히 듣는 것이 아니라 상대방의 입장에서 생각하고 진심 어린 태도를 보이는 것을 포함한다. 이 챕터에서는 경청의 정의와 중요성을 살펴보고, 경청 기술과 올바른 자세를 학습한다. 또한 경청 능력을 향상시키기 위한 실천 전략을 제시하여 독자들이 실생활에서 활용할 수 있도록 한다.

Chapter 4 '공감'은 상대방의 감정을 이해하고 함께 느끼는 능력으로, 인간관계를 깊게 만들고 신뢰를 구축하는 데 필수적이다. 공감 능력이 뛰어난 사람은 타인의 감정을 잘 읽고 적절한 반응을 보이며, 대인관계에서 긍정적인 영향을 미친다. 이 챕터에서는 공감의 정의와 중요성을 탐구하고, 실생활에서 적용할 수 있는 공감 기술과 사례를 제시한다. 더불어, 공감 능력을 효과적으로 향상시키는 방법을 다룬다.

Chapter 5 '말하기'는 단순한 정보 전달이 아니라 설득과 감동을 유발하는 기술로, 연설과 대화의 차이를 이해하고 효과적인 표현 기법을 활용하는 것이 중요하다. 좋은 말하기는 논리적이고 명확한 구조를 갖추며, 화자의 진정성이 반영될 때 더욱 영향력을 갖는다. 또한 '나 전달법(I-Message)'과 같은 기법을 통해 상대방과 긍정적인 관계를 형성할 수 있다. 이 챕터에서는 숨겨진 말하기 기술을 소개하고, 실생활과 직장에서 활용할 수 있는 전략을 제공한다.

Chapter 6은 '의사소통과 인간관계'에 대해 설명한다. 의사소통은 인간관계의 근간이 되며, 존중과 배려, 신뢰와 권한을 바탕으로 원만한 인간관계를 형성하는 데 필수적이다. 상대방을 존중하는 태도와 함께 효과적인 의사소통 전략을 익히는 것은 원활한 관계 유지에 중요한 요소이다. 이 챕터에서는 인격적인 만남의 중요성을 강조하며, '조해리의 창(Johari's Window)'을 통해 자기 인식과 상호작용의 관계를 분석한다. 이를 바탕으로 보다 효과적인 인간관계를 형성하는 실천 전략을 제시한다.

Chapter 7에서 설명하는 '프레젠테이션 기법'은 청중을 설득하고 메시지를 효과적으로 전달하는 기술로, 철저한 준비와 논리적 구성, 시각적 자료 활용이 중요하다. 성공적인 프레젠테이션을 위해서는 명확한 메시지를 설정하고, 청중의 관심을 끌 수 있는 방법을 고민해야 한다. 이 챕터에서는 프레젠테이션의 준비 전략, 내용 구성 방안, 시각화 전략 및 전달 기법을 다양한 사례와 더불어 설명한다. 이를 통해 독자들이 설득력 있는 발표를 할 수 있을 것이다.

Chapter 8 '글쓰기'는 지적 소통의 핵심 도구이며, 논리적 사고력과 표현력을 기르는 데 필수적인 과정으로, 특히 학술적 글쓰기는 대학생의 연구와 학문적 성장에 중요한 역할을 한다. 효과적인 글쓰기를 위해서는 명확한 논점을 설정하고 이를 체계적으로 전개하는 능력이 요구된다. 이 챕터에서는 글쓰기의 기본 개념과 프로세스를 이해하고, 효과적인 보고서 작성법을 학습한다. 이를 통해 독자들은 체계적이고 논리적인 글쓰기를 익히고, 실생활에서 활용할 수 있는 능력을 갖추게 될 것이다.

이 파트는 현대사회에서 필수적인 커뮤니케이션 기술을 익히고 실천할 수 있는 것을 돕기 위해 작성되었다. 독자들은 각 챕터에서 소개하는 개념과 전략을 학습함으로써 효과적인 소통 능력을 함양하고, 이를 바탕으로 인간관계뿐만 아니라 학교 및 직장 생활에서도 성공할 수 있을 것이다.

CHAPTER 3
경청

경청은 단순히 상대방의 말을 듣는 것이 아니라, 그들의 이야기를 진정으로 이해하고 그 속에 담긴 의미를 발견하는 능동적인 과정이다. 이는 대화의 흐름을 주도하지 않고 상대방의 목소리에 귀를 기울이며, 그들이 전하려는 감정과 메시지를 온전히 받아들이는 태도에서 시작된다. 대학생으로서 다양한 관계를 맺고 협력해야 하는 시기에 경청은 소통과 협력의 기반이 되며, 원활한 관계 형성과 성공적인 대화를 이끄는 중요한 기술이다. 특히 경청은 상대방으로 하여금 자신이 존중받고 있다고 느끼게 만들어 신뢰를 구축하는 데 필수적이다. 더 나아가, 이는 서로의 관점을 이해하고 차이를 조화롭게 연결하며 갈등을 예방하거나 해결하는 강력한 도구로 작용한다. 경청의 과정은 단순히 정보를 수용하는 것을 넘어, 상대방이 느끼는 감정과 상황을 공감하며 적절히 반응하는 것을 포함한다. 이는 인간관계의 질을 높이고, 협력적인 분위기를 조성하는 데 중요한 역할을 한다. 이 챕터에서는 경청의 본질을 정의하고, 그것이 인간관계와 소통에서 가지는 의미를 살펴볼 것이다. 또한 경청이 단순한 기술을 넘어 관계를 변화시키는 힘을 어떻게 발휘하는지 탐구하며, 효과적인 경청을 위한 자세와 전략을 구체적으로 다룬다. 경청은 모든 대화의 시작이자, 진정한 소통으로 나아가는 첫 단계이다. 이를 통해 경청의 진정한 가치를 이해하고, 더 나은 대화와 관계를 만들어 가기 위해 필요한 통찰과 방법에 대해서 알아보자.

1. 경청의 정의와 의미

한 연구에서 실험에 참가한 100명의 사람들의 경청 능력을 측정한 결과, 85%가 경청 능력이 부족하고, 5% 미만만이 우수한 수준을 보였다. 효과적인 의사소통은 말하기와 듣기의 균형에서 시작되지만, 대부분의 사람은 말하기에 75%, 듣기에 25%만 집중하는 경향이 있다. 이러한 불균형은 대화에서 오해와 갈등, 신뢰 부족 등의 문제를 초래한다. 경청 능력 부족은 상대방의 메시지를 온전히 이해하지 못하게 하며, 원활한 소통을 방해하는 주요 원인이다. 따라서 의사소통의 균형을 이루기 위해 경청 능력을 강화하는 것이 중요하다.

[그림 3-1] 경청: 의사소통의 핵심역량

경청(傾聽)이란 단순히 상대방의 말을 듣는 것을 넘어서, 말하는 사람의 의도와 감정을 이해하려는 적극적이고 주의 깊은 듣기 방식이다. 경청은 상대방의 말에 집중하고, 그 속에 담긴 의미와 감정을 파악하려는 의도적인 노력을 포함한다. 경청은 상대방에게 관심과 존중을 표현하는 중요한 소통 기술로, 신뢰를 형성하고 더 깊은 인간관계를 구축하는 데 중요한 역할을 한다.

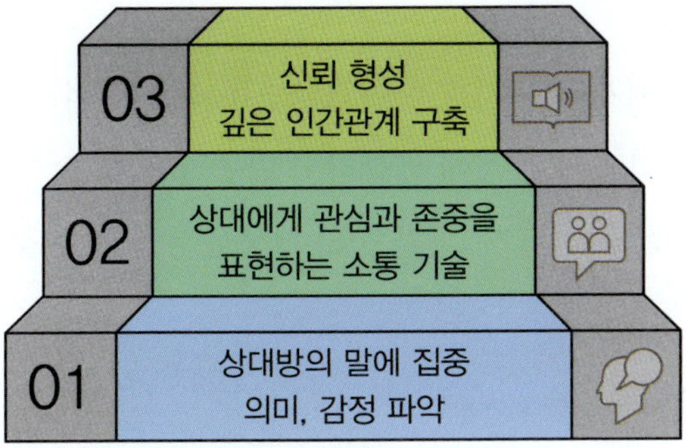

[그림 3-2] 경청의 의미와 역할

경청에 대한 정의를 다양한 관점에서 살펴보면 다음과 같이 확인할 수 있다.

> "경청이란 상대방의 이야기를 귀로만 듣는 것이 아니라, 주의를 기울여 그 말의 뜻과 의도를 깊이 이해하려는 태도를 말한다"(국립국어원, 2024).
>
> "경청은 상대방이 스스로를 이해하고 문제를 해결하도록 돕는 과정에서 가장 중요한 요소이다. 이는 단순히 듣는 것을 넘어, 상대방의 감정을 공감하고 이해하는 적극적인 행위이다"(Rogers & Farson, 1957).
>
> "경청은 단순히 말소리를 인지하는 것이 아니라, 상대방의 말 속에서 정보를 처리하고 해석하며, 그 메시지와 감정을 이해하려는 복합적인 과정이다"(Brownell, 2012).
>
> "경청은 상대방의 관점에서 세상을 바라보는 기술이다. 이는 그들의 감정과 생각을 이해하고, 진정으로 공감하며 반응하는 데서 완성된다"(Covey, 1991).

여러 학자가 얘기하는 경청의 정의를 살펴보면 경청은 단순한 듣기를 넘어 상대방의 감정과 의도를 깊이 이해하려는 태도를 포함하는 것이며, 이는 인간관계의 기초가 되는 중요한 기술임을 이해할 수 있다. 다양한 전문가의 정의에서 유추되는 경청의 핵심 요소를 살펴보고, 이를 수행하기 위한 행동은 무엇인지 살펴보자.

- 경청의 핵심 요소
  - 인지적 요소: 메시지와 정보를 인식하고 이해하는 과정
  - 감정적 요소: 화자의 감정에 공감하고 반응하는 태도
  - 행동적 요소: 질문, 피드백, 요약 등의 행동을 통해 경청을 실질적으로 보여 줌

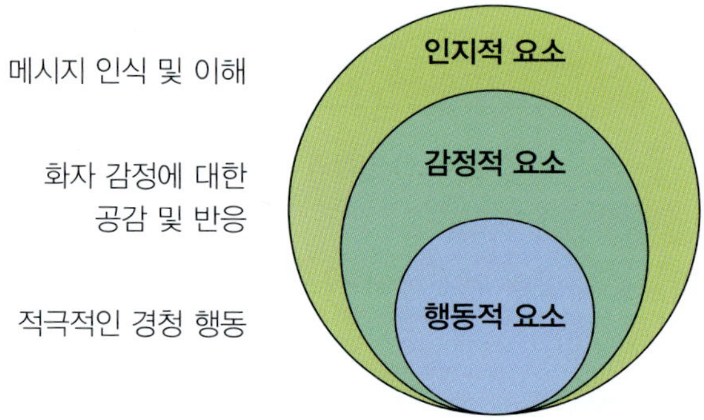

[그림 3-3] 경청 핵심 요소의 단계

경청은 단순히 상대방의 말을 듣는 것을 넘어, 말 속에 담긴 의도와 감정을 이해하려는 능동적인 듣기 행위이다. 듣기(hearing)와 경청(listening)의 차이는 주의와 집중에 있다.

- **듣기**: 소리를 단순히 청각적으로 받아들이는 수동적인 과정
- **경청**: 주의와 집중을 통해 상대방의 말 속에 담긴 의미를 해석하고 이해하려는 능동적인 과정

예를 들어, 친구가 "오늘 너무 힘들어."라고 했을 때, 듣기는 그 말을 듣는 데 그치는 것이고, 경청은 친구가 어떤 상황에서 힘들었는지, 어떤 도움이 필요한지 이해하려는 태도이다. 즉, 말하는 화자의 상황과 맥락을 파악하고 이해하려는 노력이다.

[그림 3-4] 경청의 핵심: 주의와 집중을 통해 상대를 이해하려는 태도

2. 경청의 중요성

경청은 인간관계와 소통에 있어서 매우 중요한 역할을 한다. 경청은 단순히 상대방의 말을 듣는 것이 아니라, 그들의 감정, 생각 그리고 의도를 이해하려는 적극적인 과정이다. 이를 통해 신뢰를 형성하고, 오해를 줄이며, 긍정적인 관계를 유지할 수 있다. 다음의 사례를 통해 경청의 중요성에 대해서 알아보자.

1) 가정에서의 경청

가정은 가장 기본적인 인간관계가 이루어지는 공간이다. 하지만 부모가 아이의 말을 경청하지 않고 지시하거나 충고에만 집중한다면, 아이는 자신의 감정과 생각을 털어놓지 않게 된다.

[그림 3-5] 가정에서의 경청은 감정의 이해에서 시작

어느 날, 아이가 학교에서 돌아와 "더 이상 학교에 가기 싫다."라고 말을 시작했는데, 부모는 아이의 말을 끝까지 듣지 않고 즉시 야단을 쳤다. 아이의 감정을 이해하려는 시도 없이 문제를 해결하려고만 했기 때문에, 아이는 대화에 흥미를 잃고 부모와의 관계가 점점 멀어지게 되었다. 아이들이 자신의 감정을 솔직히 표현하도록 돕기 위해서는 부모가 아이의 이야기를 끝까지 경청하는 태도를 가져야 한다. 부모의 반응이 긍정적일 때, 아이들은 더 편안하게 자신의 이야기를 나누게 된다.

2) 직장에서의 경청

직장에서의 경청은 팀워크와 성과를 높이는 데 중요한 요소이다. 팀장이나 리더가 경청하지 않는다면, 팀원들은 소외감을 느끼고 의사소통이 단절될 수 있다.

[그림 3-6] 직장에서의 경청은 성과를 향상시키는 핵심 기술

A 팀장은 회의 중 항상 자신의 의견만 강조하고 팀원들의 의견을 듣지 않았다. 그 결과, 팀원들의 사기가 저하되고 프로젝트 성과도 저조했다. 하지만 A 팀장이 팀원들의 의견을 경청하고 반영하기 시작하자, 팀원들은 자신이 존중받고 있다고 느꼈고, 이는 자연스럽게 업무에 대한 책임감과 동기부여로 이어졌다. 경청은 팀원들의 사기와 참여도를 높이고, 조직의 성과를 향상시키는 핵심 기술이다.

3) 친구 관계에서의 경청

친구 관계에서 경청은 상대방의 감정을 이해하고 신뢰를 쌓는 데 중요한 역할을 한다. 경청이 부족하면 관계가 소원해질 수 있다.

[그림 3-7] 친구 관계에서 신뢰를 형성시키는 경청의 힘

A는 친구 B의 이야기를 자주 끊고 자신의 경험을 이야기하려 했다. B는 A가 자신의 이야기에 관심이 없다고 느끼며 점점 멀어졌다. 이후 A는 B와의 관계에 문제가 있음을 인식하게 되었고, B의 이야기에 집중하고 경청하기 시작했다. 그러자 B는 다시 자신의 이야기를 편안히 나눌 수 있었고, 두 사람의 관계는 더욱 가까워졌다. 경청은 친구 간의 신뢰를 형성하고 관계를 깊게 만든다.

4) 고객 상담에서의 경청

고객 상담에서 경청은 신뢰를 얻고 긍정적인 고객 경험을 제공하는 데 필수적이다.

[그림 3-8] 고객 상담에서 만족도를 향상시키는 경청의 자세

한 상담원이 고객의 불만을 듣지 않고 절차만 설명하자, 고객은 더 큰 불만을 표현했다. 반면, 다른 상담원은 고객의 말을 끝까지 경청하고 공감하며 해결책을 제시했다. 고객은 자신이 존중받고 있다고 느끼며 문제를 긍정적으로 받아들였다. 경청은 고객의 신뢰를 얻고, 만족도를 높이는 중요한 요소이다.

앞 사례에서 살펴본 것과 같이, 경청은 대인관계와 소통에서 매우 중요한 역할을 한다. 가정, 직장, 친구 관계, 고객 상담 등 다양한 상황에서 경청은 신뢰를 형성하고 관계를 강화하며, 갈등을 줄이는 데 기여한다. 경청은 단순히 듣는 것을 넘어, 상대방의 감정을 이해하고 존중하는 적극적인 과정이다. 이를 실천함으로써 더 나은 관계와 효과적인 소통을 이끌어 낼 수 있다.

3. 경청의 기술

경청은 우리가 일상생활에서 의식적으로 노력하지 않으면 실천하기 어려운 의사소통 기술이다. 상대방의 이야기를 끝까지 귀담아 듣는다는 것은 상대방에 대한 존중의 의미를 담고 있다. 경청의 기술은 생득적인 것이 아니라, 후천적으로 끊임없이 노력하고 연습해야 길러질 수 있는 능력이다. 경청의 기술을 크게 네 가지로 분류하면 다음과 같다.

① **배우자 경청법**: 상대방이 하는 말을 건성으로 들으면서 대화 중간중간 상대방의 말을 가로막는다. 흔히 오래된 부부나 연인 간의 대화에서 발견할 수 있다.

② **거짓 경청법**: 배우자 경청과 같이 상대방의 말을 가로막지는 않지만, 듣는 시늉만 할 뿐 깊은 관심과 공감이 없는 수박 겉 핥기식 듣기이다.

③ **소극적 경청법**: 상대방의 말에 주의를 기울이고 가벼운 공감을 표하며, '저런~' '어떻게 됐어?' 등의 추임새를 사용하여 상대방의 말에 관심과 공감을 표한다.

④ **적극적 경청법**: 상대방의 말뿐만 아니라 의도, 감정, 맥락, 배경까지 헤아리면서 상대방의 말에 귀를 기울이는 적극적인 듣기 기술이다.

[그림 3-9] 경청의 기술 – 좋은 경청과 나쁜 경청

우리는 배우자 경청법이나 거짓 경청법은 지양하고, 소극적 경청법을 생활화하며, 더 나아가 상대방에게 존중의 의미를 담은 적극적 경청법을 실천하도록 노력해야 한다.

4. 경청의 올바른 자세

경청을 실천하기 위해서는 먼저 올바른 자세가 만들어져야 한다. 경청에 필요한 자세는 다음과 같다.

① 상대방을 정면으로 마주하기: 대화를 시작하기 전에 상대방과 눈을 맞추고 정면으로 마주함으로써 대화에 집중할 준비를 한다.

② 개방적인 자세 취하기: 손이나 다리를 꼬지 않고 몸을 개방적으로 하여 상대방에게 편안한 분위기를 전달한다.

③ 상체를 약간 앞으로 기울이기: 상대방을 향해 몸을 기울여 상대방의 말에 집중하고 있다는 신호를 보낸다.

④ 우호적인 눈의 접촉 유지하기: 적절한 눈 맞춤을 통해 상대방에게 관심과 집중을 보여 준다.

⑤ 가벼운 몸짓으로 반응하기: 고개를 끄덕이거나 미소를 지으며 상대방의 이야기에 반응하여 경청하고 있음을 표현한다.

[그림 3-10] 경청의 올바른 자세

이러한 자세는 상대방에게 진지한 관심을 보여 주고, 신뢰와 소통을 강화하는 데 도움이 된다. 경청의 자세는 머리로 인지한다고 해서 익혀지는 것이 아니다. 시간 날 때마다 연습해서 누구와 이야기를 하든지 자연스럽게 경청 자세가 만들어지도록 노력해야 한다. 매일 아침 등교나 출근 전에 거울을 보면서 연습하거나 가족이나 가까운 친구와 함께 연습해 봄으로써 자연스럽게 몸에 익히는 것이 중요하다.

5. 경청 능력 향상을 위한 실천 전략

경청은 상대방의 말과 감정을 이해하고, 이를 바탕으로 신뢰를 쌓으며 소통의 질을 높이는 핵심 기술이다. 효과적인 경청을 위해 실천할 수 있는 전략과 이를 실생활에서 활용한 사례를 구체적으로 살펴보자.

1) 적극적 경청

적극적 경청은 상대방의 말을 주의 깊게 듣고, 이를 바탕으로 적절한 질문이나 피드백을 제공하는 것을 의미한다. 상대방의 이야기를 요약하거나 반복하여 이해했음을 확인하며 대화에 참여한다.

(1) 실천 전략

① 상대방의 핵심 메시지를 요약해 말한다. 예 "네 말은 이런 뜻이야?"

② 상대방의 이야기에 질문을 던져 대화를 확장한다. 예 "그런 상황에서는 어떻게 했어?"

③ 이야기 중간에 끼어들지 않고 끝까지 듣는다.

(2) 실천 사례

친구가 직장에서 어려운 일을 겪었다고 말할 때, 단순히 고개만 끄덕이는 대신 "그 상황에서 상사가 어떤 말을 했어?"라고 질문하며 이야기를 끌어낸다. 친구는 자신의 이야기가 진지하게 받아들여지고 있다고 느끼며 더 많은 이야기를 나눈다.

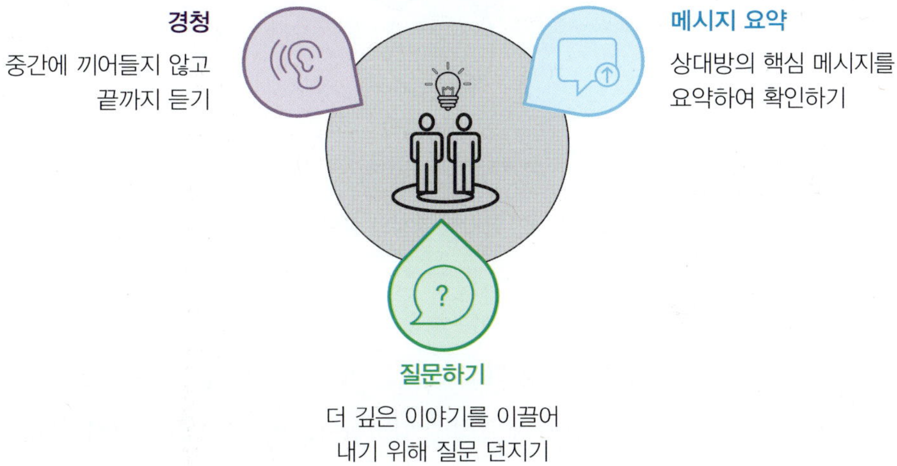

[그림 3-11] 적극적 경청의 실천 전략

2) 공감적 경청

공감적 경청은 상대방의 감정에 초점을 맞추고, 그들의 입장에서 이해하려고 노력하는 것을 뜻한다. 단순히 사실을 듣는 것을 넘어, 감정에 공감하며 적절히 반응한다.

(1) 실천 전략

① 상대방의 감정을 인정한다. 예 "정말 힘들었겠다."

② 상대방의 입장에서 문제를 바라본다. 예 "그런 상황이라면 나도 많이 당황했을 것 같아."

③ 정서적 지지 표현을 덧붙인다.

[그림 3-12] 공감적 경청의 실천 전략

(2) 실천 사례

아이가 "친구가 나랑 놀기 싫대."라고 말했을 때, "그런 말을 들었을 때 정말 속상했겠구나."라고 공감하며 아이의 감정을 인정한다. 아이는 부모가 자신의 감정을 이해한다고 느끼고, 더 편안하게 대화를 이어 나간다.

3) 비언어적 신호 활용

경청은 단순히 귀로만 듣는 것이 아니라, 눈 맞춤, 고개 끄덕임, 적절한 표정과 같은 비언어적 신호를 통해 상대방에게 관심과 주의를 전달하는 것이 중요하다.

(1) 실천 전략

① 상대방과 눈을 맞춘다.
② 고개를 끄덕이거나 미소를 지어 긍정적인 반응을 보인다.
③ 팔짱을 끼거나 몸을 뒤로 젖히지 않는다.

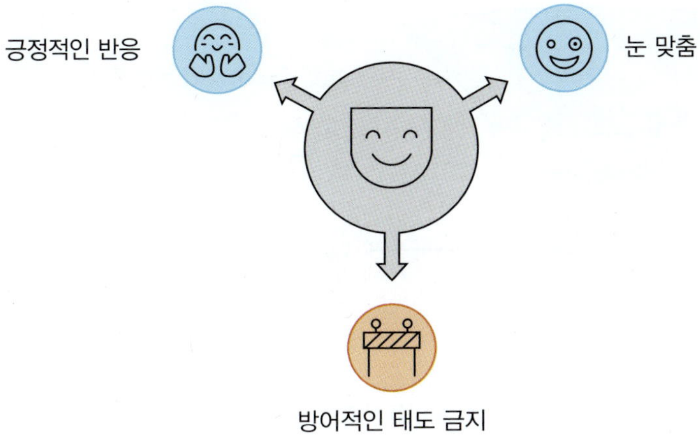

[그림 3-13] 비언어적 소통 전략

(2) 실천 사례

팀장이 회의 중 팀원의 의견을 들을 때 눈을 맞추며 고개를 끄덕이고, "계속 이야기해 봐."라고 말한다. 팀원은 자신의 의견이 중요하게 받아들여진다고 느끼며 더 적극적으로 참여한다.

4) 끼어들지 않고 끝까지 듣기

대화 중 끼어들지 않고 상대방의 말을 끝까지 듣는 태도는 대화의 흐름을 방해하지 않고, 상대방에게 존중받는다는 느낌을 준다.

(1) 실천 전략

① 상대방이 말을 끝낼 때까지 기다린다.
② 생각이 정리될 때까지 침묵을 유지한다.
③ 끼어들고 싶은 순간에는 메모를 활용한다.

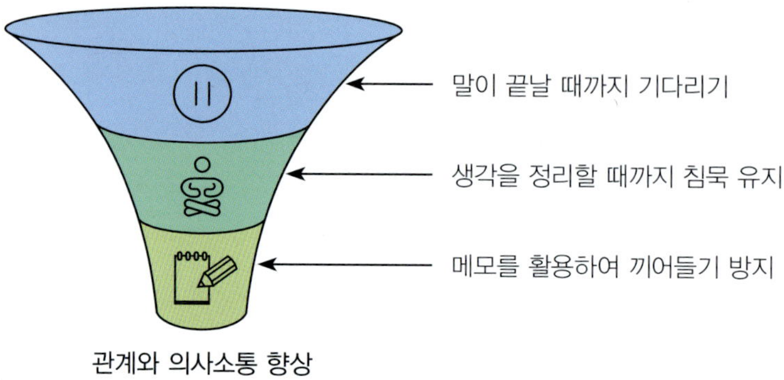

[그림 3-14] 끼어들지 않는 소통 전략

(2) 실천 사례

고객 상담 중 고객이 불만을 털어놓을 때, 상담원이 중간에 끼어들어 문제를 해결하려고 하지 않고, 고객이 충분히 말하도록 기다린다. 이후 고객의 말을 요약하며 해결책을 제시하자, 고객은 자신의 이야기가 충분히 반영되었다고 느끼며 만족감을 표현한다.

5) 판단하지 않고 열린 자세로 듣기

상대방의 말을 들을 때 선입견을 가지거나 판단하지 않고, 열린 자세로 이야기를 받아들이는 것이 경청의 핵심이다.

(1) 실천 전략

① 상대방의 말에 반박하거나 비판하지 않는다.
② 상대방의 관점을 존중하며, 공감하려고 노력한다.

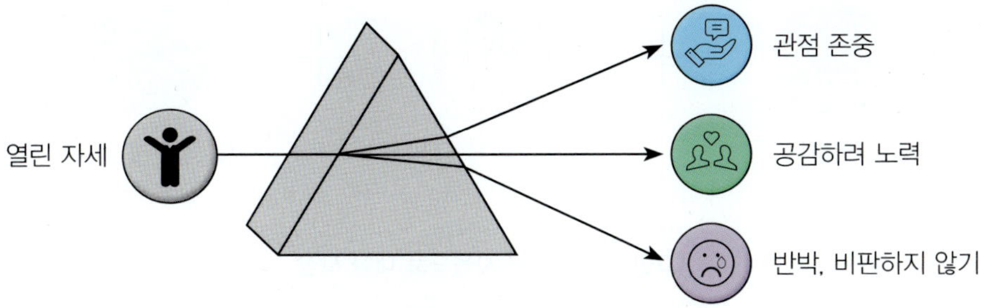

[그림 3-15] 열린 자세로 듣는 소통 전략

(2) 실천 사례

동료가 업무 실수에 대해 변명할 때, "그건 말이 안 돼."라고 판단하기보다, "그런 상황에서 어떤 어려움이 있었는지 말해 줄래?"라고 묻는다. 동료는 자신의 이야기가 받아들여지고 있다고 느끼며, 솔직하게 문제를 공유한다.

6) 질문을 통해 대화 확장하기

적절한 질문은 대화를 깊이 있게 만들고, 상대방이 더 많은 이야기를 나눌 수 있도록 돕는다. 질문은 상대방의 이야기를 더 잘 이해하는 도구로 활용된다.

(1) 실천 전략

① 열린 질문 사용하기 **예** "어떤 점이 가장 힘들었어?"

② 구체적인 질문 던지기 **예** "그때 상사가 뭐라고 했어?"

③ 상대방의 감정을 이끌어 내는 질문하기 **예** "그때 어떤 기분이 들었어?"

[그림 3-16] 질문 사용으로 대화 확장

(2) 실천 사례

친구가 이직 고민을 털어놓을 때, "왜 이직하려는 거야?"라고 묻는 대신, "새로운 직장에서 어떤 걸 기대하고 있어?"라고 질문한다. 친구는 자신의 생각을 더 명확히 표현할 기회를 얻고, 대화는 더 깊이 이어진다.

경청은 상대방의 말과 감정을 이해하며 이를 바탕으로 적절히 반응하는 적극적이고 공감적인 행위이다. 적극적 경청, 공감적 경청, 비언어적 신호 활용, 끝까지 듣기, 판단하지 않기, 질문 활용과 같은 실천 전략을 통해 경청 능력을 강화할 수 있다. 실생활에서 이러한 전략을 적용하면 관계가 개선되고, 소통의 질이 높아지는 효과를 얻을 수 있다.

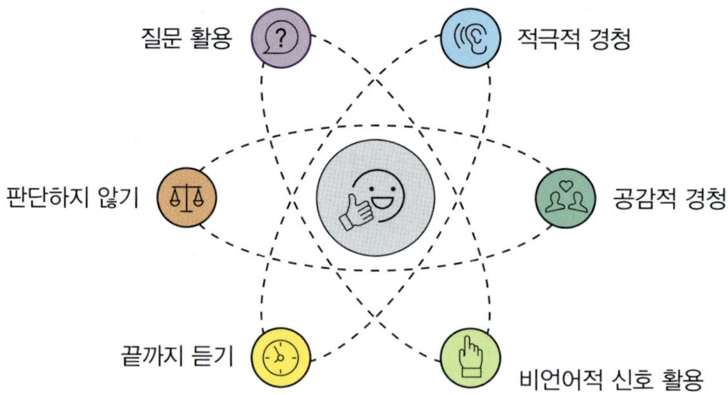

[그림 3-17] 경청 능력 향상을 위한 여섯 가지 실천 전략

〈표 3-1〉 경청 자가 진단 체크리스트

문항		← 그렇지 않다									그렇다 →
		1	2	3	4	5	6	7	8	9	10
1	상대방의 말을 항상 집중해서 듣는다.										
2	상대방의 말에 대한 관심의 표현(미소, 동의의 말, 제스처 등)을 한다.										
3	상대방의 말을 들으면서 필요한 때 메모한다.										
4	상대방의 말을 이해하기 위해 적절할 때 질문하여 확인한다.										
5	상대방의 말을 아무런 선입견 없이 있는 그대로 받아들인다.										
6	상대방과 눈을 맞추려고 노력한다.										
7	상대방의 입장이 되어 들으려고 노력한다.										
8	상대방에게 충분한 피드백을 제공하고 대화가 잘 마무리되도록 한다.										

◈ 1번 문항부터 8번 문항까지 합산 점수

- 80점~70점: 경청 능력이 탁월함
- 69점~60점: 경청 능력이 우수함
- 59점~40점: 경청 능력이 보통임
- 39점 이하: 경청 능력 향상을 위한 노력이 필요함

CHAPTER 4
공감

공감은 대화를 넘어 관계를 이어 주는 다리와 같다. 타인의 감정을 이해하고 그들의 관점에 서 보려는 노력은 단순한 대화 이상의 소통을 만들어 낸다. 공감은 인간관계의 본질을 이루는 핵심 요소로, 신뢰를 형성하고 갈등을 해결하며, 더욱 깊은 유대감을 형성하는 데 없어서는 안 될 기술이다. 특히 대학생 시기는 다양한 사람과의 소통이 요구되는 중요한 시기로, 공감 능력은 학업, 인간관계 그리고 진로에서 중요한 역할을 한다. 현대 사회는 디지털 기술의 발달로 연결의 속도가 빨라졌지만, 정작 사람 간의 정서적 거리는 점점 멀어지고 있다. 공감은 이러한 단절을 극복하고, 진정한 관계를 회복하는 열쇠이다. 친구와의 갈등, 팀 프로젝트에서의 협업, 교수님과의 의사소통 등 일상적인 대학 생활에서도 공감은 문제를 해결하고 더 나은 결과를 이끄는 중요한 역할을 한다. 이 챕터에서는 공감의 개념을 정의하고, 그것이 인간관계와 소통에서 왜 중요한지 살펴본다. 공감은 단순히 타인의 이야기를 듣는 것을 넘어, 그들의 감정을 이해하고 생각을 존중하며 소통을 더욱 풍성하게 만드는 능동적인 과정임을 다룬다. 공감이 가져오는 변화와 그 힘을 탐구하며, 대화를 통해 타인과 깊이 연결되는 방식을 이해해 보자.

1. 공감의 정의

공감은 다른 사람의 감정을 인식하고, 이를 존중하며 반응하려는 능력을 말한다. 이는 단순히 상대방의 말을 듣는 것을 넘어, 그들의 감정을 이해하고 자신의 것으로 받아들이려는 적극적인 태도이다.

[그림 4-1] 공감: 다른 사람의 감정을 인식, 존중하며 반응하는 능력

이러한 공감에 대해 여러 학자가 다음과 같이 정의하고 있다.

> "공감은 타인의 감정을 이해하고, 그 감정에 적절히 반응하는 사회적 능력이다"(Goleman, 1995).
>
> "공감은 다른 사람의 내적 상태를 이해하고 이에 반응하려는 인지적, 정서적 과정이다"(Riess & Neporent, 2018).
>
> "공감은 다른 사람의 감정과 상태를 이해하려는 심리적 노력이다"(APA).

결국 공감은 단순히 타인의 감정을 느끼는 것을 넘어, 그 감정을 이해하고 적절히 반응하는 복합적인 사회적 능력임을 알 수 있다.

2. 공감의 중요성

공감은 상대방의 감정과 입장을 이해하고 존중하며, 신뢰를 형성하고 관계를 강화하는 데 핵심적인 역할을 한다. 공감은 갈등을 줄이고, 서로의 입장을 이해하며 대화를 긍정적인 방향으로 이끄는 도구가 된다. 공감을 바탕으로 우리는 더 깊은 연결과 원활한 소통을 이뤄 낼 수 있다.

① 감정적 연결 강화

공감은 상대방이 자신의 감정을 이해받고 있다고 느끼게 하며, 감정적 연결을 깊게 만든다. 이것은 상대방과의 관계에서 신뢰감과 친밀감을 구축하는 데 필수 요소이다. 공감이 잘 이루어질 때, 상대방은 자신의 감정이 존중받고 있다는 느낌을 받으며, 이는 감정적 연결을 더욱 강하게 만든다.

② 의사소통 효과성 증대

공감은 상대방의 의도를 더 잘 이해할 수 있게 해 줌으로써, 의사소통을 보다 명확하고 원활하게 만들어 서로의 생각과 감정을 효과적으로 전달할 수 있게 된다.

③ 스트레스 감소

공감적 대화는 상대방에게 정서적 지지를 제공해 스트레스를 줄이고, 심리적 안정을 돕는다. 상대방의 감정을 이해하고 공감하는 과정에서 서로의 부담을 덜어 주고, 긍정적인 대화 환경을 조성할 수 있으며, 스트레스 감소, 정서적 안정감 및 연대감이 강화되는 효과를 얻을 수 있다.

④ 갈등 해결의 열쇠

공감은 갈등 상황에서 상대방의 입장을 이해하고 그들의 감정을 존중하는 대화를 가능하게 만든다. 그리하여 갈등 해결을 긍정적인 방향으로 이끌며, 서로의 이해를 바탕으로 한 협력적인 관계를 가능하게 만든다.

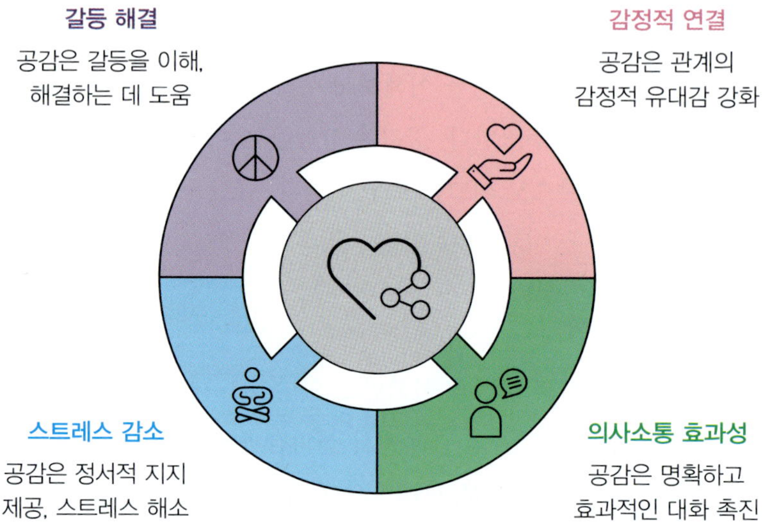

[그림 4-2] 공감의 중요성

3. 공감의 기술

① 상대방의 감정을 명확히 해 주기

상대방이 자신의 감정을 제대로 표현하지 못하거나 혼란스러워할 때, 그 감정을 대신 정리해 주는 방식으로 공감을 표현한다. 상대방이 느끼는 감정을 구체적으로 언급해 주는 것은, 그들이 자신의 감정을 이해하고 명확히 인식하는 데 도움을 준다. 친구가 "요즘 뭔가 잘 안 풀리는 것 같아."라고 말했을 때, 단순히 맞장구를 치는 것에 그치지 않고, "지금 무기력하고 답답한 기분이 드는구나. 그런 상황이라면 정말 힘들겠다."라고 말하며 친구의 감정을 구체화해 준다. 이를 통해 친구는 자신의 감정이 이해받고 있다고 느끼며 안정감을 찾는다.

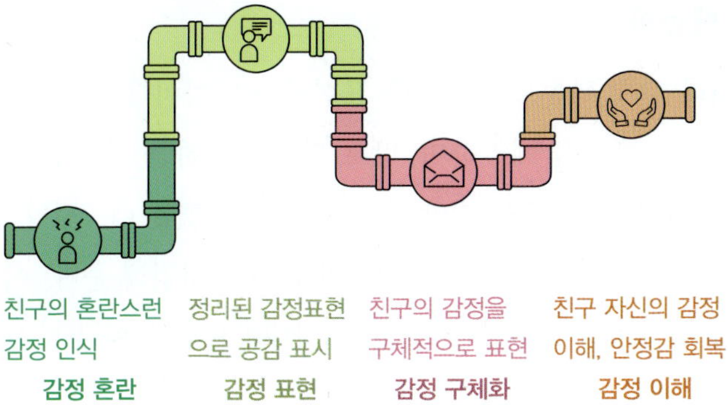

[그림 4-3] 타인의 감정 명확화

② 공감적 리프레이밍(reframing)

상대방이 부정적인 시각으로 상황을 바라보고 있을 때, 이를 긍정적으로 해석할 수 있는 시각을 제시한다. 리프레이밍은 단순한 위로나 동정이 아니라, 새로운 관점을 제시하여 상대방이 상황을 더 나은 방향으로 바라보도록 돕는 방법이다. 동료가 "내 실수로 프로젝트를 망쳤어. 정말 최악이야."라고 말했을 때, "실수는 누구나 하는 거잖아. 이번 일 덕분에 다음엔 이런 문제를 피할 수 있겠네."라고 말하며 긍정적인 관점을 제시한다. 이를 통해 동료는 자신을 덜 비난하고 앞으로 나아갈 힘을 얻게 된다.

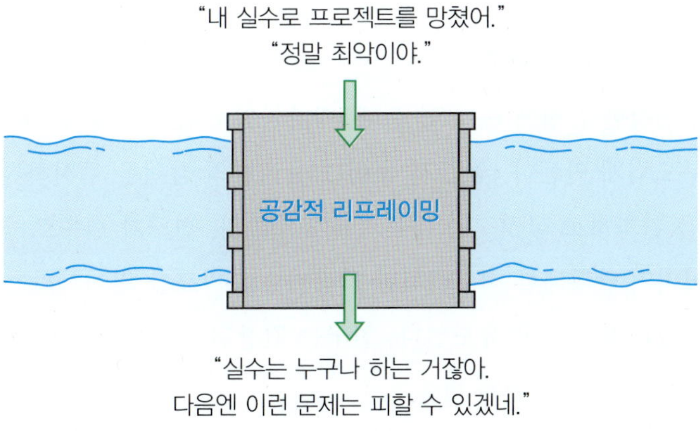

[그림 4-4] 공감적 리프레이밍 예시

③ 공감의 행동화

말뿐만 아니라 실제 행동으로 공감을 표현하는 방식이다. 공감의 행동화는 상대방에게 실질적인 도움을 제공하며, 말로 전하지 못하는 진정성을 행동으로 보여 주는 방법이다. 가족이 "오늘 정말 피곤해."라고 말했을 때, "정말 힘들겠구나."라고 말하며 따뜻한 차를 준비하거나 집안일을 대신 처리해 준다. 이러한 행동은 단순한 말 이상의 위로와 지지를 전달하며, 상대방으로 하여금 자신이 존중받고 있다고 느끼게 한다.

[그림 4-5] 공감의 진정성을 행동으로 보여 주기

④ 상황에 맞는 유머 활용

상대방이 심각한 감정에 빠져 있을 때, 지나치지 않은 가벼운 유머를 활용하여 분위기를 부드럽게 만든다. 공감적 유머는 상대방의 감정을 무시하지 않으면서도, 긴장감을 완화하고 긍정적인 분위기를 조성한다. 친구가 실수로 중요한 발표 자료를 잃어버려 당황해할 때, "너처럼 창의적으로 자료를 잃어버리는 사람은 처음 봐!"라고 말하며 웃음을 유도한다. 친구는 긴장된 감정에서 벗어나 한결 편안하게 문제를 받아들일 수 있게 된다.

[그림 4-6] 공감적 유머 활용

⑤ 침묵의 공감

상대방이 감정적으로 복잡한 상황에 처해 있을 때, 말로 표현하지 않고 침묵으로 공감을 전하는 방식이다. 침묵의 공감은 상대방이 스스로 감정을 정리하고 차분하게 표현할 수 있는 시간을 제공하며, 강한 심리적 지지를 느끼게 한다. 친구가 최근 겪은 상실에 대해 말하며 눈물을 흘릴 때, 말로 위로하려 하기보다 조용히 친구의 손을 잡고 함께 시간을 보내 준다. 친구는 자신이 존중받고 있다고 느끼며, 말 없는 위로를 통해 큰 안정감을 얻는다.

[그림 4-7] 강력한 심리적 지지를 보여 주는 침묵의 공감

공감은 상대방의 말을 듣고 이해하는 것을 넘어, 그들의 감정을 명확히 하고, 긍정적인 관점을 제시하며, 말과 행동은 물론 침묵을 통해서도 소통할 수 있는 복합적인 과정이다. 상대방의 감정을 구체화하는 언어적 공감, 부정적인 상황을 긍정적으로 재구성하는 리프레이밍(reframing), 말보다는 행동으로 진정성을 전달하는 공감의 행동화, 긴장감을 완화하는 가벼운 유머의 사용, 그리고 말없이 마음을 전하는 침묵의 공감 등은 공감을 나타내는 효과적인 기술들이다. 이러한 기술들은 개인 간 신뢰를 구축하고 인간관계를 더욱 깊고 의미 있게 만드는 데 핵심적인 역할을 한다.

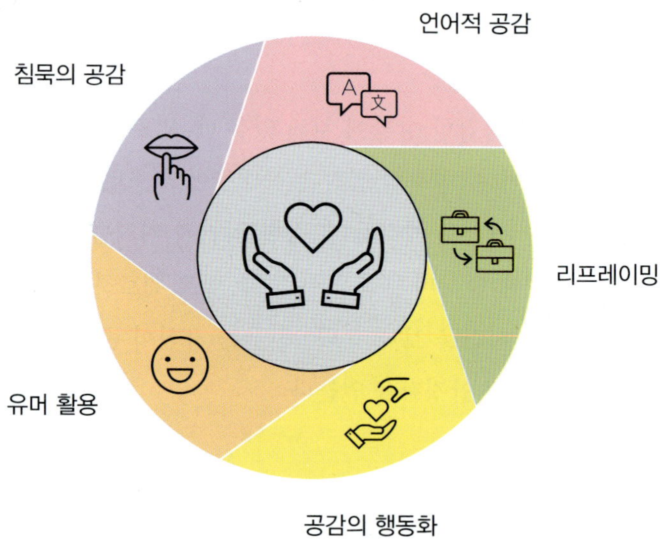

[그림 4-8] 공감의 다섯 가지 기술

4. 실생활에서의 공감 사례

① 가족 관계에서의 공감

자녀가 "오늘 학교에서 친구랑 싸웠어."라고 말했을 때, 부모가 "또 싸웠어?"라고 꾸중하기보다는 "어떤 일이 있었던 거야? 네 마음이 많이 힘들었겠구나."라고 반응했다. 자녀는 부모가 자신을 비난하지 않고 이해하려는 태도를 보인다고 느껴, 자신의 감정을 더 솔직히 표현할 수 있다.

이러한 사례는 판단하거나 충고하기보다 먼저 자녀의 말을 온전히 듣고, 자녀의 감정에 공감하는 표현을 사용하여 자녀의 관점을 이해하려 노력하는 모습을 보인 것이다. 이러한 과정은 자녀의 감정 조절 능력과 관계 형성에 긍정적인 영향을 미친다. 또한 부모와 자녀 간의 신뢰를 강화하게 도와준다.

[그림 4-9] 가족 관계에서 공감은 이해하려는 태도

② 직장 관계에서의 공감

한 동료가 "이번 프로젝트는 정말 부담 돼."라고 토로했을 때, "그건 네가 제대로 준비하지 않아서 그런 거야."라고 말하기보다는 "많이 부담스럽겠구나. 어떤 점이 가장 힘든지 얘기해 줄 수 있어?"라고 물었다. 동료는 자신의 감정이 이해받았다고 느끼며, 협업에 대한 태도가 긍정적으로 바뀌었다.

이러한 사례는 상대방이 느끼는 부담이나 어려움을 먼저 인정하고, "많이 부담스럽겠구나."라는 표현을 통해 상대방의 감정을 이해하고 있다는 것을 알려 준다. 또한 문제의 원인을 지적하거나 비난하기보다, 열린 질문을 통해 상대방의 상황에 공감하며 자연스럽게 대화를 이어 나갈 수 있도록 돕는다. 자신의 감정을 이해받았다고 느낀 동료가 방어적인 태도에서 벗어나 더 긍정적이고 협조적인 태도로 바뀌는 것을 알 수 있다. 이러한 공감적 접근법은 직장 내 소통에서 긍정적인 변화를 가져오는 중요한 기술이다.

[그림 4-10] 직장에서 협업을 이루게 하는 공감의 능력

③ 친구 관계에서의 공감

친구가 연애 문제로 고민을 이야기할 때, “내가 보기엔 네가 잘못했어.”라고 판단하기보다, “그런 말을 들었을 때 정말 속상했겠구나. 너의 생각을 더 듣고 싶어.”라고 공감했다. 친구는 자신이 이해받고 있다고 느껴 대화가 더 깊어졌다.

“정말 속상했겠구나.”와 같이 친구의 감정을 인정하면, 상대방은 자신의 감정을 이해받고 있다고 느껴 더 마음을 열게 된다. 이때 핵심은 문제의 옳고 그름을 판단하는 것이 아니라, 친구의 감정을 이해해 주는 것이다. “너의 생각을 더 듣고 싶어.”라는 질문을 통해 상대방에게 더 이야기할 기회를 제공하여, 스스로 문제를 정리하고 해결책을 찾을 수 있는 공간을 만들어 준다. 친구가 “나를 이해하려고 노력하는구나.”라고 느끼면, 대화는 단순한 고민 나눔에서 신뢰와 유대감이 강화된 깊은 소통으로 발전할 수 있다.

[그림 4-11] 친구 사이 공감을 통해 깊이 있는 이해 형성

④ 타인과의 공감

버스에서 내린 한 노인이 길을 잃었다며 불안해할 때, "어디로 가세요?"라고 다그치듯이 묻는 대신, "많이 불안하시죠. 제가 길 찾는 걸 도와드릴게요."라고 말하며 도움을 제공했다. 노인은 자신의 불안감을 이해해 주는 태도에 안정을 찾았다.

이러한 상황에서는 상대방의 감정을 먼저 언급하며 불안을 감소시키는 것이 중요하다. 예를 들어, "여기가 처음이시라면 당황스러우셨겠어요."라며 감정을 언급해 준다. 그런 후 상황에 대해 왜 그런지 묻기보다는 상대방이 느끼는 불안을 해결하는 데 초점을 맞춘다. 그리고 구체적이고 실질적인 도움을 제안하며, 친절하고 차분한 태도를 유지하여 상대방이 편안함을 느끼도록 하는 공감의 자세가 필요하다.

[그림 4-12] 타인의 불안감 해소 및 안정감 제공

5. 공감 능력 향상을 위한 실천 전략

① 정기적인 마음챙김 훈련

매일 5~10분 동안 자신의 내면에 집중하며 현재를 인식하는 연습을 한다. 이때 명상 앱이나 가이드 명상을 활용하면 더욱 효과적이다. 이러한 마음챙김은 감정에 대한 인식을 높이고, 타인의 감정을 이해하는 데 필요한 정서적 여유를 제공한다.

② 관점 전환 실습

일상에서 만나는 사람들의 입장에서 상황을 바라보는 연습을 한다. 예를 들어, 가족, 친구, 연인, 직장 동료는 물론, 우연히 마주친 낯선 사람의 말과 행동이 어떤 이유에서 비롯되었는지 한번쯤 생각해 본다. 또한 주어진 주제에 대해 찬성과 반대 양쪽의 관점을 논의하는 토론 활동도 관점 전환에 효과적이다.

③ 공감의 언어 사용하기

상대방의 감정을 명시적으로 언급하는 문장을 연습한다. 예를 들면, "이 상황이 정말 힘들었겠어요." "그렇게 느끼실 수 있겠네요."와 같은 문장이 있다. 평소 대화에서 공감의 언어를 습관적으로 사용하는 연습을 통해 자연스럽게 공감 능력을 향상시킬 수 있다.

④ 감정 일기 쓰기

하루 동안 느낀 다양한 감정을 기록하고, 타인의 입장에서 그들이 어떤 감정을 느꼈을지 상상해 본다. 예를 들어, "오늘 동료가 화가 난 것처럼 보였는데, 그 이유는 무엇일까? 내가 할 수 있는 건 무엇이었을까?"와 같이 생각해 보는 것이다.

⑤ 활동적 봉사 참여

학교, 지역 사회 등에서 이루어지는 봉사 활동에 참여하여 다양한 사람과 상호작용을 경험한다. 예를 들어, 노인 요양원에서의 대화 봉사, 지역 아동과의 멘토링 활동 등의 경험은 공감의 폭을 넓히고 다양한 감정과 상황을 이해하는 데 도움을 준다.

⑥ 이야기 듣기 연습

친구나 가족에게 자신의 이야기를 들려달라고 요청하고, 그들의 이야기를 집중해서 들어 본다. 대화 후에 자신이 느낀 점과 상대방의 감정을 되짚어 보고, 정기적으로 시간을 정해서 이야기 듣기 연습을 통해 공감 능력을 향상시킬 수 있다.

⑦ 공감적 영화 및 문학 감상

다양한 관점과 감정을 다룬 영화나 소설을 선택해 감상한 후, 등장인물의 감정과 상황을 분석해 본다. 예를 들어, "이 등장인물은 왜 이런 선택을 했을까? 그때 어떤 감정을 느꼈을까?"와 같이 독서나 영화 감상 후 느낀 점을 기록으로 남겨 공감의 경험을 확장할 수 있다.

⑧ 피드백 요청과 개선

공감적 대화를 나눈 후, 상대방에게 "내가 잘 이해한 것 같나요?" 또는 "내 반응이 도움이 되었나요?"와 같은 피드백을 요청한다. 피드백을 바탕으로 자신의 공감 기술을 개선할 수 있다.

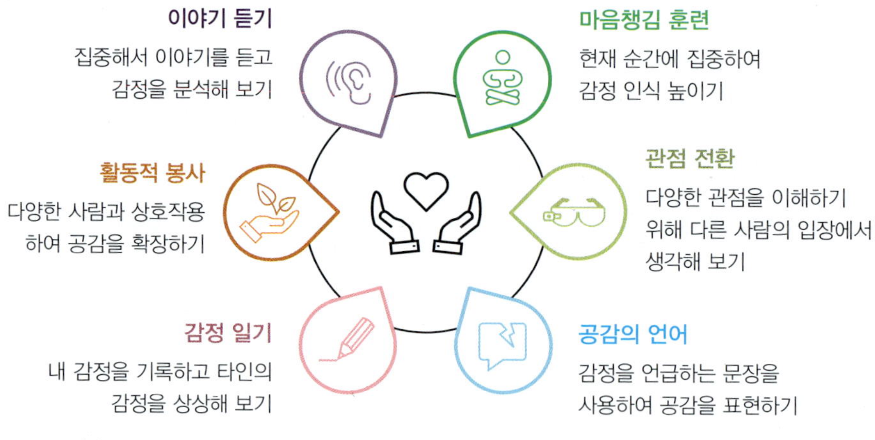

[그림 4-13] 공감 능력 향상을 위한 노력

5 CHAPTER

말하기

말하기는 의사소통의 핵심적인 도구로, 개인 간의 생각, 감정 그리고 정보를 전달하는 가장 기본적인 방식이다. 효과적인 말하기는 단순한 언어 사용이 아닌, 상대방에게 명확하게 메시지를 전달하고, 감정과 의도를 공유하며, 긍정적인 관계를 형성하는 데 중요한 역할을 한다.

첫째, 말하기는 명확한 정보 전달을 가능하게 한다. 명확한 언어와 구조를 사용하여 생각을 체계적으로 표현하면, 상대방은 메시지를 오해 없이 이해할 수 있다. 예를 들어, 업무 환경에서 상사가 팀원들에게 목표와 역할을 명확히 전달하지 않으면 혼란과 비효율이 발생할 수 있다. 반대로 명확한 말하기는 팀의 목표를 명확히 하고 협업을 원활하게 만든다.

둘째, 말하기는 감정과 의도의 전달을 통해 관계를 강화한다. 단순한 정보 전달에서 그치지 않고, 말하는 사람의 톤, 억양, 몸짓 그리고 선택된 언어는 그들이 가진 감정과 의도를 상대방에게 전달한다. 예를 들어, 감사의 마음을 진심 어린 목소리로 전하면 상대방은 그 메시지에 더 깊이 공감할 수 있다. 반대로 무심한 말투로 전달된 사과는 진심이 전달되지 않아 갈등을 심화시킬 수 있다.

셋째, 효과적인 말하기는 문제를 해결하고 갈등을 줄이는 데 중요한 역할을 한다. 의사소통 과정에서 발생하는 많은 갈등은 부정확한 말하기에서 기인한다. 나 전달법(I-Message)과 같은 효과적인 말하기 기법은 갈등 상황에서도 상대방을 비난하지 않고 자신의 생각과 감정을 솔직히 표현하도록 돕는다. 이는 상대방의 방어 반응을 줄이고, 서로의 입장을 이해하며 갈등을 해결하는 데 큰 도움이 된다.

마지막으로, 말하기는 비언어적 요소와 결합되어 더욱 강력한 메시지를 전달한다. 눈 맞춤, 표정, 제스처와 같은 비언어적 표현은 말하기의 의미를 강화하고 메시지에 신뢰를 더한다. UCLA 명예교수이자 심리학자인 앨버트 메라비언(Albert Mehrabian)의 연구에 따르면, 의사소통의 효과에 있어서 언어적 요소(말의 내용)는 7%, 음성적 요소(목소리 톤, 억양 등)는 38%, 비언어적 표현(표정, 몸짓, 태도 등)은 55% 비중을 차지한다. 이는 의사소통에서 비언어적 요소의 중요성을 강조하며, 실제 메시지 전달에 있어 언어 외적인 요소가 큰 영향을 미친다는 점을 시사한다. 따라서 단순한 단어 선택뿐만 아니라 말하기의 방식과 태도가 더 중요하다.

말하기는 의사소통의 중심에 있으며, 효과적인 말하기는 명확한 정보 전달, 갈등 해결, 감정의 공유 그리고 신뢰 형성에 크게 기여한다. 말하기는 단순한 기술이 아닌, 개인 간의 관계를 강화하고, 조직과 사회의 발전에 기여하는 중요한 수단이다. 이번 챕터에서는 이러한 말하기의 기술에 대해서 자세히 알아보자.

[그림 5-1] 말하기: 정보 전달, 갈등 해결, 감정 공유, 신뢰 형성에 기여

1. 연설과 대화의 차이점

연설과 대화는 의사소통의 주요 형태로, 각각 목적, 형식 그리고 상호작용 방식에서 뚜렷한 차이를 가진다. 이 두 가지는 상황과 목적에 따라 다르게 사용되며, 효과적인 의사소통을 위해 각 형태의 특성을 이해하는 것이 중요하다.

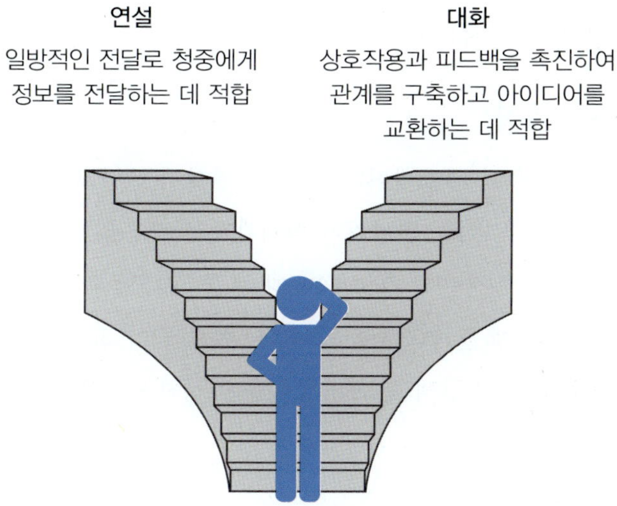

[그림 5-2] 연설과 대화

① 목적의 차이

연설은 특정 메시지를 다수에게 전달하기 위해 설계된 일방향 소통이다. 주로 정보 전달, 설득 또는 동기부여와 같은 목적을 가진다. 예를 들어, 정치인이 유권자를 대상으로 연설을 통해 자신의 정책을 설명하고 지지를 호소하는 상황이 이에 해당한다. 반면, 대화는 두 사람 이상이 상호작용하며 정보를 교환하고 감정을 공유하기 위한 쌍방향 소통이다. 대화는 관계를 구축하고 이해를 증진시키는 데 중점을 둔다.

② 형식과 준비의 차이

연설은 사전에 준비된 형식과 구조를 따르며, 청중을 대상으로 논리적이고 설득력 있는 메시지를 전달한다. 연설자는 연설문 작성, 시각 자료 준비 그리고 연습을 통해 효과적인 전달을 준비한다. 반대로 대화는 자연스럽고 즉흥적인 경우가 많으며, 형식적인 준비 없이 진행된다. 예를 들어, 기업의 프레젠테이션 연설은 상세한 슬라이드와 계획된 내용으로 진행되지만, 회의 중 팀원과의 대화는 즉석에서 아이디어를 교환하는 방식으로 이루어진다.

③ 상호작용의 차이

연설은 청중의 반응이 제한적이다. 청중은 연설이 끝난 후에야 질문하거나 피드백을 제공할 수 있다. 이는 연설자가 실시간으로 반응을 조정하기 어렵게 만든다. 대화는 실시간 상호작용이 가능하며, 대화 중 상대방의 표정, 말투, 제스처를 통해 즉각적으로 피드백을 주고받을 수 있다. 예를 들어, 교수자가 강의를 진행할 때 학생들의 표정을 보고 강의 속도나 방식을 조정하는 것은 대화적 요소가 가미된 것이다.

연설과 대화는 의사소통에서 서로 다른 역할을 수행하며, 목적과 상황에 따라 올바르게 활용될 때 큰 효과를 발휘한다. 이러한 차이를 이해하고 적절히 사용함으로써 개인과 조직은 더 나은 의사소통을 이끌어 낼 수 있다.

2. 효과적인 말하기의 구성 요소

효과적인 말하기는 단순히 말을 잘하는 것을 넘어, 메시지를 명확히 전달하고 청중과 소통하며 긍정적인 영향을 미칠 수 있는 능력을 포함한다. 말하기는 명확성, 진정성, 적응성, 비언어적 표현 그리고 경청이라는 주요 구성 요소를 기반으로 한다.

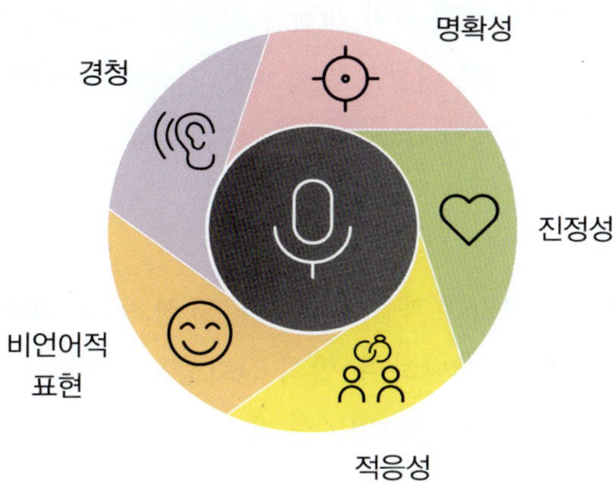

[그림 5-3] 효과적인 말하기의 다섯 가지 구성 요소

① 명확성

명확성은 효과적인 말하기의 핵심이다. 복잡한 단어나 모호한 표현은 청중이 메시지를 이해하는 데 방해가 될 수 있다. 간결하고 구조화된 언어를 사용하여 메시지를 명확히 전달해야 한다. 예를 들어, 강의 중 교수자가 주요 내용을 간단히 요약하며 전달하면 학생들의 이해도를 높일 수 있다. 이를 위해 사전에 메시지를 정리하고, 핵심 내용을 중심으로 말하는 연습이 필요하다.

② 진정성

진정성은 상대방에게 신뢰를 주고, 말하는 사람의 의도를 진심으로 느낄 수 있도록 한다. 이는 단어 선택뿐만 아니라 목소리 톤, 억양, 표정에서 드러난다. 진정성이 없는 말은 청중에게 부정적인 인상을 남길 수 있다. 예를 들어, 사과할 때 "미안해."라는 말을 무심하게 하면 오히려 갈등이 심화될 수 있다. 그러나 진심 어린 목소리와 눈 맞춤을 통해 진정성을 전달하면 상대방은 더 쉽게 마음을 열게 된다.

③ 적응성

효과적인 말하기는 상황과 청중에 맞게 말의 내용과 방식을 조정하는 적응성을 요구한다. 말하기 방식은 청중의 관심사, 배경지식, 문화적 차이를 고려해야 한다. 예를 들어, 어린 학생들에게 과학 개념을 설명할 때는 쉬운 언어와 시각 자료를 사용해야 하지만, 전문가를 대상으로 할 때는 기술적 용어와 깊이 있는 설명이 필요하다.

④ 비언어적 표현

비언어적 표현은 말하기의 효과를 강화한다. 표정, 몸짓, 제스처, 목소리 톤 등은 메시지의 감정적 요소를 전달하며, 말의 신뢰성을 높인다. 의사소통의 55%는 비언어적 요소에서 비롯된다는 연구결과를 기억할 필요가 있다(Mehrabian, 1971b). 예를 들어, 발표자가 청중을 향해 미소를 지으며 손 제스처를 사용하면 더 강한 신뢰를 형성할 수 있다.

⑤ 경청

말하기의 효과는 경청과 긴밀히 연결되어 있다. 상대방의 반응을 주의 깊게 경청함으로써, 말하는 내용과 방식을 즉각적으로 조정할 수 있다. 예를 들어, 회의 중 팀장의 제안에 팀원이 질문을 던지면, 이를 반영하여 명확히 설명하거나 의견을 수용하는 태도가 중요하다. 경청은 양방향 소통을 가능하게 하며, 말하는 사람과 듣는 사람 간의 신뢰를 형성한다.

3. 숨겨진 말하기 기술

숨겨진 말하기 기술은 명시적으로 드러나지 않지만, 의사소통의 질을 높이고 상대방과의 관계를 개선하는 데 중요한 역할을 한다. 이는 비언어적 신호, 심리적 기술 그리고 대화의 흐름을 조율하는 방법 등을 포함하며, 사람 간의 신뢰와 협력, 설득력을 강화하는 데 기여한다.

① 첫인상 만들기

첫인상은 커뮤니케이션의 출발점으로, 상대방의 마음을 여는 데 중요한 역할을 한다. 첫 3초 동안 시선을 맞추고 밝은 미소를 지으며 자신감을 표현하면, 상대방은 긍정적인 태도로 대화를 시작할 가능성이 높아진다. 이는 비언어적 신호를 통해 전달되며, 대화의 분위기를 결정짓는 핵심 요소이다. 구직 면접에서 지원자가 면접관과 눈을 맞추며 "감사합니다."라는 한 마디와 함께 미소를 짓는 것은 첫인상을 좋게 만드는 효과적인 방법이다. 좋은 첫인상을 만들기 위해서는 대화를 시작하기 전 거울을 보며 표정을 점검하고, 긍정적인 태도를 유지하는 연습을 한다.

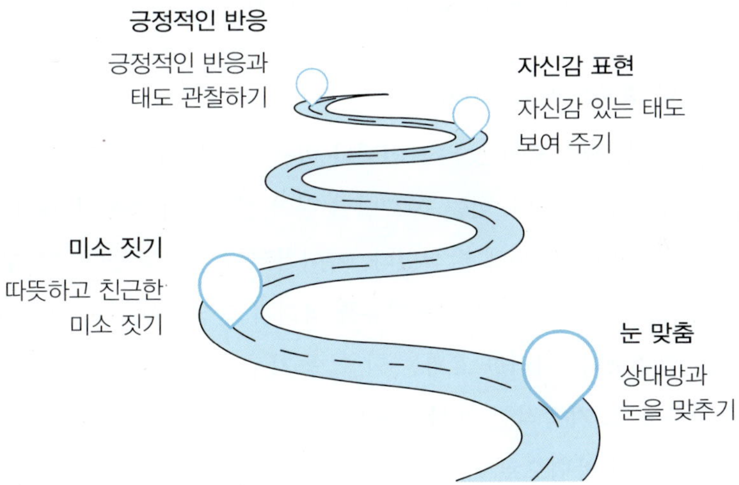

[그림 5-4] 좋은 첫인상 만들기

② 초두 효과(Primacy Effect)

대화 초반에 핵심 메시지를 전달하면 상대방의 기억에 오래 남는다. 이는 초반에 주어진 정보가 나머지 대화의 프레임을 형성하는 데 큰 영향을 미친다. 교수자가 수업의 첫 5분 동안 그날 학습할 주요 개념과 목표를 강조하면, 학생들은 수업의 방향성을 이해하고 내용을 더 잘 받아들인다. 중요한 회의나 발표를 시작할 때 서두에 핵심 메시지나 목표를 명확히 전달하여 대화의 중심을 잡는다.

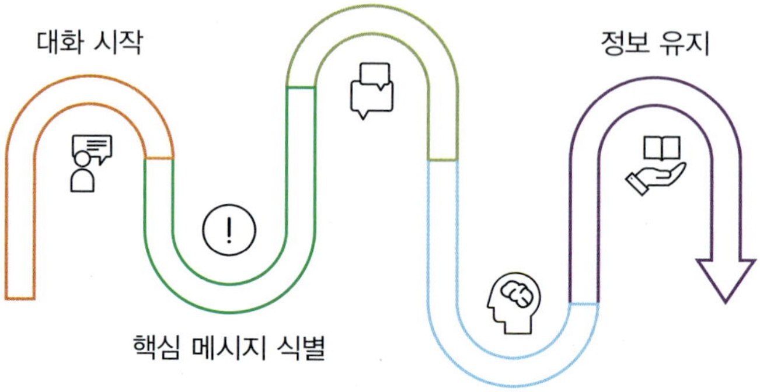

[그림 5-5] 대화 초반에 핵심 메시지 전달

③ 자이가르닉 효과(Zeigarnik Effect)

자이가르닉 효과는 완료되지 않은 과업이나 미해결된 문제가 해결된 과업보다 더 잘 기억되는 현상을 말하며, 이는 1927년 소련의 심리학자 블루마 자이가르닉(Bluma Zeigarnik)의 연구를 통해 밝혀졌다. 자이가르닉은 사람들이 중단된 과업에 대해 더 많은 관심과 기억을 가지는 이유를 심리적 긴장과 미완성 상태에서 오는 불편함으로 설명했다. 이러한 효과는 학습, 동기부여, 광고, 마케팅 등 다양한 분야에서 주의를 끌고 지속적인 참여를 유도하기 위해 활용되고 있다. 드라마의 시청률을 높이기 위한 방법으로 아주 흥미진진하고 결정적인 순간에 해당 회차를 끝내고 '다음 시간에……'라는 자막을 내보낸다. 이는 시청자들로 하여금 이 마지막 장면을 기억하도록 해서 다음 화를 더 기다리게 만드는 효과가 있다. 이를 활용하여 대화 중 의도적으로 궁금증을 자아내는 질문을 던지고, 이후 대화에서 이를 해결하는 방식으로 상대방의 관심을 끌 수 있다.

[그림 5-6] 미완료된 과업을 활용한 기억법

④ 비언어적 일관성

비언어적 신호(표정, 제스처, 자세 등)가 말의 내용과 일치할 때, 메시지의 신뢰도가 크게 증가한다. 비언어적 표현이 말과 상반될 경우, 상대방은 혼란을 느끼고 의심할 가능성이 높아진다. "괜찮아."라고 말하면서도 얼굴에 부정적인 표정을 짓는 사람은 메시지의 진정성을 의심받게 된다. 중요한 대화를 하기 전에 거울 앞에서 비언어적 표현과 언어적 표현의 일치를 점검하고, 연습을 통해 신뢰감을 주는 표현을 자연스럽게 만든다.

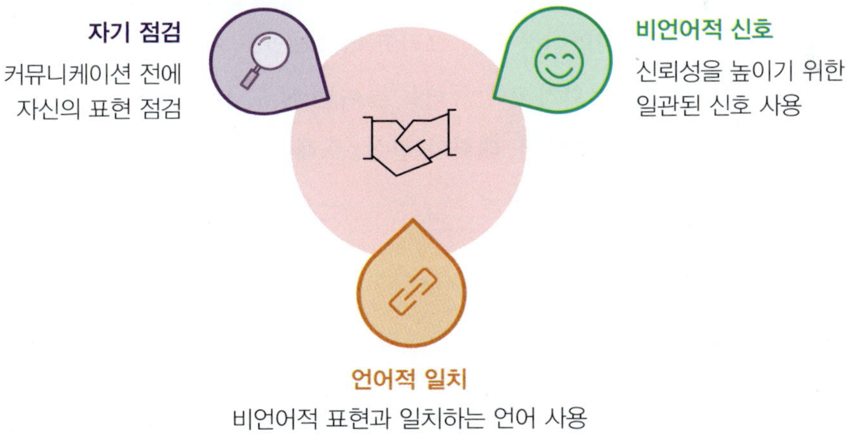

[그림 5-7] 메시지의 신뢰도를 높이는 방법

⑤ 더블바인드(Double Bind) 기법

상대방에게 선택의 폭을 주면서도 원하는 결과로 유도하는 기술이다. 이는 상대방이 자신의 선택권을 존중받았다고 느끼게 하면서도, 대화를 원하는 방향으로 이끌 수 있다. 연인 사이의 대화에서 상대방에게 “이번 주말에는 영화 볼까? 아니면 경치 좋은 카페에서 여유롭게 커피 마실까? 너는 어떤 게 더 좋을 것 같아?”와 같은 선택지를 제시하면, 상대방 입장에서 배려를 받는 기분이 들고 준비한 사람 입장에서는 자신이 원하는 결과를 만들어 낼 수 있다.

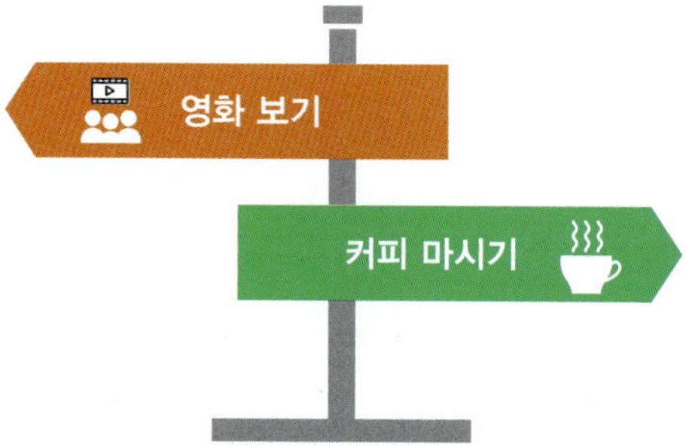

[그림 5-8] 상대방에게 선택권 부여하기

이처럼 숨겨진 말하기 기술은 말로 표현하지 않더라도, 대화의 흐름과 상대방의 심리적 반응을 조율할 수 있는 강력한 도구이다. 첫인상의 관리, 초기 메시지의 강조, 호기심 유발, 비언어적 표현 그리고 더블바인드 기법은 효과적인 의사소통을 촉진하며, 관계를 강화하고 설득력을 높이는 데 도움을 준다. 이러한 기술을 학습하고 실생활에서 활용하면, 대화와 협상, 프레젠테이션 등 다양한 상황에서 긍정적인 결과를 도출할 수 있다.

4. 나 전달법

나 전달법(I-Message)은 상대방의 행동에 대해 비난하지 않고 자신의 감정과 욕구를 솔직히 표현하는 의사소통 방식이다. 이 방법은 갈등 상황에서 상대방이 방어적으로 반응하지 않도록 하면서 문제해결과 관계 개선에 효과적으로 작용한다. 나 전달법은 비폭력적이고 존중하는 태도로 상대방에게 메시지를 전달하기 때문에 가족, 직장, 친구 관계 등 다양한 상황에서 유용하게 사용된다.

1) 나 전달법의 핵심 요소

나 전달법은 세 가지 요소로 구성된다. 각 요소는 자신의 감정을 전달하고 상대방의 행동에 대해 대화를 유도하는 데 목적이 있다.

[그림 5-9] 나 전달법의 핵심 요소

① **사실**(fact)

- 상대방의 행동이나 상황을 객관적으로 기술한다.
- 예 "네가 어제 숙제를 하지 않은 것을 봤어."
- **중요성**: 비난이나 추측 없이 사실을 전달하여 상대방이 방어적 태도를 취하지 않도록 한다.

② **감정**(emotion)

- 해당 행동이 자신에게 어떤 감정을 유발했는지 표현한다.
- 예 "그걸 보고 내가 실망스러웠어."
- **중요성**: 자신의 감정을 솔직히 표현함으로써 상대방이 행동의 영향을 이해할 수 있도록 돕는다.

③ **바람**(desire)

- 앞으로 상대방이 어떻게 행동해 주길 원하는지 구체적으로 표현한다.
- 예 "다음에는 숙제를 제시간에 끝내 주면 좋겠어."
- **중요성**: 명확한 요청을 통해 상대방이 행동의 방향성을 알 수 있게 한다.

2) 나 전달법의 예시

① 가족

"연락을 안 하고 늦게 들어오면, 무슨 일이 생긴 건 아닌지 걱정돼. 다음번에는 늦을 때 미리 알려 주면 좋겠어." 상대방이 자신의 행동이 가족에게 미치는 영향을 인식하게 하고, 방어적 반응을 줄인다.

② 직장

"회의 준비가 부족한 것을 보니, 내가 이 프로젝트를 혼자 책임지는 것 같아서 부담스러웠어. 다음번에는 함께 준비하면 좋겠어." 팀원과 협업을 촉진하며, 책임 분담에 대한 대화를 유도한다.

③ 친구

"네가 약속 시간에 늦으면, 내가 기다리면서 좀 한심하게 느껴지더라고. 다음에는 시간을 지켜 줬으면 좋겠어." 친구 관계에서 발생할 수 있는 갈등을 부드럽게 해결한다.

3) 나 전달법의 효과

① 갈등 완화

나 전달법은 상대방을 비난하거나 공격하지 않기 때문에 갈등 상황에서도 방어적인 반응을 줄이고 대화를 평화롭게 이끈다. "너는 항상 늦어!"라는 말 대신 "네가 늦으면 내가 걱정돼."라고 표현하면 상대방이 자신의 행동을 반성하기 쉽다.

② 감정 표현의 기회 제공

상대방이 아닌 자신의 감정을 중심으로 말하기 때문에 대화의 초점이 자신에게 맞춰지고, 상대방은 공격받는 느낌 없이 대화를 이어 갈 수 있다.

③ 문제해결 촉진

단순히 감정을 전달하는 데 그치지 않고, 구체적인 요청을 통해 문제해결의 방향성을 제시한다.

④ 신뢰와 관계 개선

솔직하고 존중하는 태도로 대화하면, 상대방은 더 신뢰감을 느끼고 관계가 긍정적으로 발전한다.

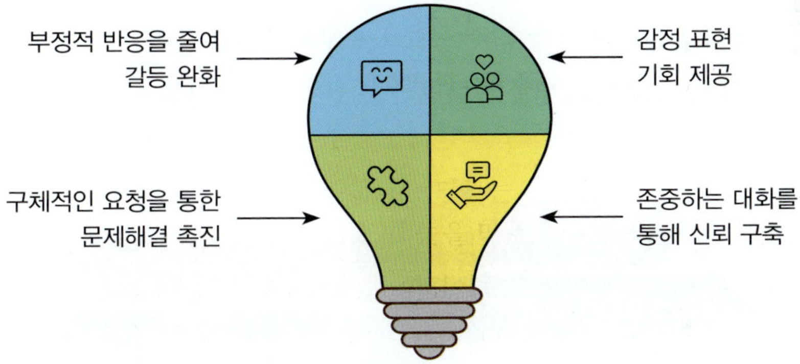

[그림 5-10] 나 전달법의 기대 효과

4) 나 전달법의 한계와 주의점

① 감정 표현의 어려움

감정을 명확히 인식하고 표현하는 것이 쉽지 않을 수 있다. 연습을 통해 자신의 감정을 정확히 정의하고 전달하는 것이 필요하다.

② 오해의 가능성

잘못된 톤이나 비언어적 표현은 메시지의 본질을 왜곡할 수 있다. 진정성과 일관성을 유지하는 것이 중요하다.

③ 상대방의 반응

나 전달법이 모든 갈등 상황에서 즉각적으로 긍정적인 결과를 가져오는 것은 아니다. 상대방의 수용 능력과 상황에 따라 반응이 달라질 수 있다.

5) 나 전달법의 활용 팁

① 대화를 시작하기 전, 자신의 감정을 차분히 정리한다.
② 비난하거나 "너는 항상" "너는 절대" 같은 표현을 사용하지 않는다.
③ 상대방이 말을 끝까지 들을 수 있도록 충분히 여유를 준다.
④ 필요하다면 상대방의 반응에 따라 추가 설명이나 대화를 이어 간다.

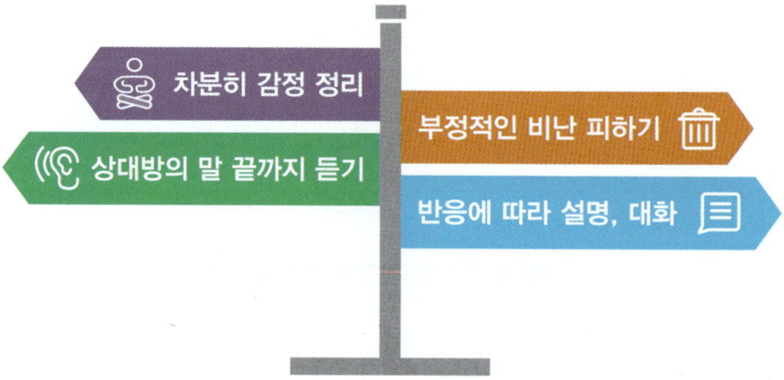

[그림 5-11] 나 전달법의 활용 팁

나 전달법은 단순한 의사소통 기술을 넘어 관계를 긍정적으로 변화시키는 강력한 도구이다. 이를 꾸준히 연습하고 생활 속에서 활용하면, 갈등을 최소화하고 신뢰와 이해를 바탕으로 한 소통이 가능하다.

5. 말하기 능력 향상을 위한 실천 전략

1) 명확하고 간결한 메시지 전달

『말하고 듣기의 달인』(2007)의 저자인 사이토 다카시(Saito Dakasi)는 효과적인 말하기의 첫 번째 조건으로 메시지의 명확성과 간결함을 강조한다. 말을 할 때 핵심을 놓치지 않고, 복잡한 설명보다는 단순하고 이해하기 쉬운 언어를 사용하는 것이 중요하다.

① **핵심 정리**: 자신의 말을 시작하기 전에 전달하고자 하는 핵심 메시지를 먼저 정리한다.
② **짧고 명료한 문장 사용**: 긴 문장보다는 짧고 직관적인 문장을 사용해 상대방의 이해를 돕는다.
③ **비유와 예시 활용**: 추상적인 개념을 설명할 때는 구체적인 비유나 사례를 들어 청자의 이해를 돕는다.
④ 실천 방법

- 중요한 발표나 대화를 앞두고, 전하고자 하는 내용을 한 문장으로 요약해 본다.
- 일상 대화에서 불필요한 장황함을 줄이고, 상대방이 이해하기 쉬운 표현을 연습한다.

2) 상대방의 입장에서 말하기

상대방 중심의 말하기로 대화의 효과를 극대화하며, 청자의 배경, 관심사, 이해 수준을 고려해 메시지를 구성하는 것이 중요하다.

① **청중 분석**: 대화의 대상이 누구인지, 그들의 관심사는 무엇인지 파악한다.
② **공감적 소통**: 청자가 느끼는 감정이나 상황에 맞춰 이야기를 풀어 나간다.

③ **피드백 반영**: 대화 중 상대방의 반응을 관찰하고, 이를 바탕으로 내용을 조정한다.

④ **실천 방법**

- 대화나 발표 전, 청자의 관심사와 상황에 대해 생각하며 내용을 준비한다.
- 대화 중 상대방의 표정과 몸짓을 관찰하며, 필요한 경우 설명 방식을 조정한다.

3) 비언어적 요소 활용

말하기에서는 언어적 요소보다 비언어적 요소가 전달력에 큰 영향을 미친다. 목소리 톤, 속도, 표정, 제스처 등은 말의 의미를 강화하거나 약화시킬 수 있다. 따라서 비언어적 요소를 적절히 활용하여 내용 전달의 효과를 높여야 한다.

① **목소리 톤과 속도 조절**: 중요한 부분에서는 속도를 늦추고, 강조하고자 하는 단어에 힘을 준다.

② **표정과 눈 맞춤**: 진지한 이야기를 할 때는 상대방과 적절히 눈을 맞추며, 밝은 표정을 유지한다.

③ **손짓과 몸짓**: 과도하지 않은 제스처로 메시지의 생동감을 더한다.

④ **실천 방법**

- 자신의 말하기를 녹음하거나 촬영해 비언어적 표현을 점검하고 개선한다.
- 연습할 때 다양한 목소리 톤과 제스처를 시도하며 적절한 균형을 찾아본다.

4) 이야기 구조화

좋은 말하기는 '구조화된 이야기'에서 시작된다. 서론-본론-결론의 구조를 통해 메시지를 체계적으로 전달하는 것이 중요하다.

① **서론**: 청자의 관심을 끌고, 이야기의 목적을 명확히 한다.

② **본론**: 주제에 대한 구체적인 설명과 근거를 제시한다.

③ **결론**: 핵심 메시지를 다시 한번 요약하며, 청자에게 명확한 인상을 남긴다.

④ **실천 방법**

- 자신의 생각을 3단계 구조(서론-본론-결론)로 정리해 본다.
- 짧은 발표나 이야기 연습을 통해 구조화된 전달 방식을 익힌다.

5) 경청과 상호작용

대화는 단순히 정보를 전달하는 과정이 아니라, 청자와의 상호작용을 통해 완성된다. 다시 말해, 말하기 능력은 경청과 반응을 통해 강화된다.

① **적극적 경청**: 상대방의 말을 주의 깊게 듣고, 적절한 반응을 보인다.

② **질문과 확인**: 상대방의 이해를 돕기 위해 질문을 던지고, 자신이 전달한 메시지가 제대로 전달되었는지 확인한다.

③ **유머와 감정의 교류**: 상황에 맞는 유머를 활용하거나 감정적으로 공감하는 태도를 보인다.

④ **실천 방법**

- 대화 중 상대방의 말을 끊지 않고 끝까지 듣는 연습을 한다.
- 상대방의 말에 공감하는 표현(예 "그렇군요." "맞아요.")을 적극적으로 사용한다.

6) 성찰과 개선

효과적인 말하기를 위해서는 지속적인 피드백과 점검이 필요하다. 자신의 말하기 스타일을 점검하고, 이를 개선하기 위한 노력을 기울여야 한다.

① **자기 점검**: 자신의 말하기를 녹음하거나 촬영해 본다.

② 피드백 요청: 친구, 동료, 가족 등에게 자신의 말하기에 대해 솔직한 평가를 요청한다.

③ 지속적인 연습: 피드백을 바탕으로 반복적으로 연습하며 개선점을 보완한다.

④ 실천 방법

- 정기적으로 자신의 말하기를 평가하며, 개선점을 기록하고 목표를 세운다.
- 피드백을 반영한 말하기 연습을 꾸준히 진행한다.

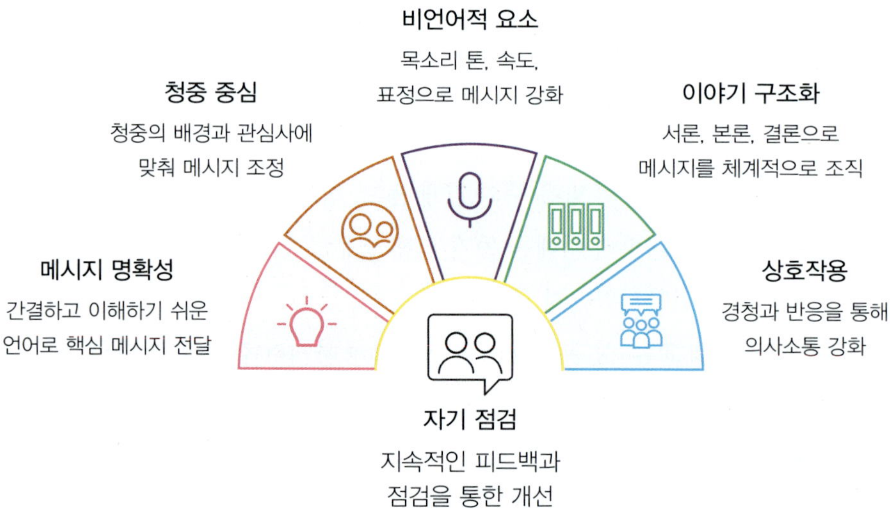

[그림 5-12] 말하기 능력 향상을 위한 실천 전략

6

CHAPTER

의사소통과 인간관계

시들지 않는 꽃처럼 인간관계도 영원히 아름다운 향기를 뿜어낼 수 있을까? 꽃병에 꽃을 한 아름 꽂아 두면 정말 예쁘다. 집안 분위기가 달라지고, 집 전체가 화사해지면서 괜히 기분도 좋아진다. 하지만 이렇게 아름다운 꽃도 집안에서 얼마나 오랫동안 그 모습을 유지할 수 있을까? 길어야 일주일 정도이다. 오래 가지 못하고 시들어 버리는 이유는 바로 뿌리가 없기 때문이다.

뿌리가 있는 꽃도 일정 시간이 지나면 지지만, 시들어 말라 버리는 것이 아니라 이듬해 봄 다시 꽃망울을 터뜨리며 향기를 뿜어낸다. 뿌리가 튼튼한 나무는 자연의 섭리에 따라 꽃이 피고 지는 과정을 반복하면서 생명력을 유지하고 자신의 존재를 드러낸다.

꽃과 마찬가지로 인간관계에서도 뿌리가 매우 중요하다. 인간관계의 뿌리가 있느냐 없느냐에 따라 관계의 지속 여부가 결정된다. 그렇다면 인간관계에서 뿌리는 무엇일까? 단절된 인간관계가 아니라 평생 지속될 수 있는 좋은 관계를 위한 뿌리는 무엇일까? 나 자신과의 관계, 가족 관계, 친구 관계, 이성 관계, 직장 동료와의 관계, 사제 관계, 부모 자식 관계 등 우리는 다양한 관계를 맺는다. 이 관계들이 피고 질 수는 있어도 영원히 시들지 않게 하기 위해서는 무엇이 필요할까?

1. 인격적인 만남

오스트리아 태생의 유대계 철학자이자 교육자인 마르틴 부버(Martin Buber, 1878~1965)는 그의 저서『나와 너(Ich und Du)』에서 인간관계를 두 가지로 구분하였는데, 그것은 '나와 너'와 '나와 그것'의 관계이다. '나와 너'는 상대방을 독립적이고 고유한 인격체로 대하며, 상호 존중과 진정성 있는 교감을 통해 형성되는 관계다. 반면, '나와 그것'은 상대를 비인격적 대상으로 여기고 필요에 따라 이용하거나 소유하려는 태도에서 비롯된다고 설명한다. 부버는 인간의 참된 삶이 '나와 너'의 만남에서 시작된다고 보았으며, 이러한 관계는 서로의 존재를 있는 그대로 받아들이고 대화를 통해 성장하는 과정을 포함한다고 이야기한다. 그는 인간관계의 본질이 단순히 유용성을 넘어 상대와의 진정한 만남과 교감에 있음을 강조했다.

[그림 6-1] 마르틴 부버(Martin Buber, 1878~1965)

1) '나와 너'의 관계

이 관계는 상호 존중과 이해에 기반하며, 상대방을 하나의 독립적이고 고유한 인격체로 대하는 관계를 의미한다. '너'는 소유하거나 지배할 대상이 아니라, 서로가 진정으로 마주하고 교감하는 존재이다. 이 관계에서 중요한 요소는 진정성, 상호 존중, 공감이다. 상대방을 통해 나 자신도 성장할 수 있는 인간적이고 깊은 관계이다.

2) '나와 그것'의 관계

이 관계는 상대를 비인격적 대상으로 여기고, 자신의 필요나 욕구를 충족하기 위해 이용하는 관계를 의미한다. 상대방을 인격체가 아닌 사물을 지칭하는 '그것'으로 대하는 순간, 인간은 도구화되며 관계는 일시적이고 피상적인 차원에 머물게 된다.

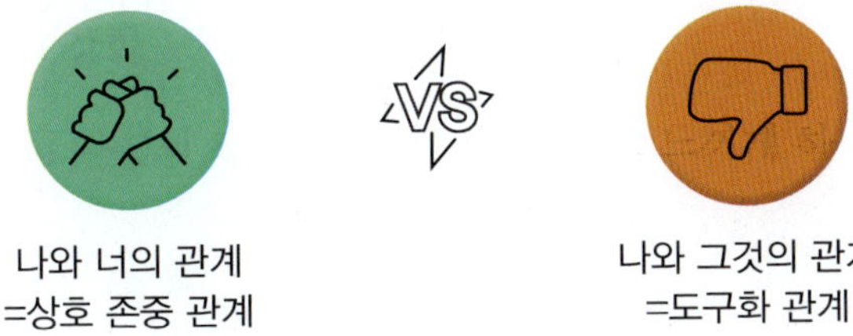

[그림 6-2] 마르틴 부버의 인간관계 구분

3) 좋은 인간관계를 위한 실천 방안

① 상대방을 고유한 인격체로 존중하기

상대방의 생각, 감정, 가치관을 있는 그대로 받아들이고 평가하지 않는다. 모든 사람은 고유한 가치를 가진 존재라는 점을 인정하며 대화한다.

② 진심 어린 대화와 공감하기

상대방의 이야기를 경청하고, 그들의 입장에서 공감하려는 노력이 중요하다. 감정적 교감을 통해 신뢰를 형성하고 관계를 깊게 만든다.

③ 상호 관계의 목적성을 되새기기

단순히 필요에 따라 상대방을 대하는 것이 아니라, 관계 자체가 목적이 될 수 있도록 노력한다. 상대방과의 만남을 소중히 여기며 지속적으로 관계를 발전시킨다.

④ 비인격적 태도에서 벗어나기

상대를 도구화하거나 소유하려는 욕구를 경계한다. 이러한 태도는 관계를 피상적으로 만들고 결국 단절로 이어질 수 있다.

⑤ 끊임없는 대화와 노력

관계는 지속적으로 가꾸어야 한다. 서로의 변화를 이해하고 그에 맞추어 유연하게 대화하고 행동하는 것이 중요하다. 작은 관심과 배려가 관계를 지속 가능하게 만든다.

[그림 6-3] 좋은 인간관계를 위한 실천 방안

인간관계가 시들지 않는 꽃처럼 지속적인 아름다움을 유지하려면 튼튼한 뿌리가 필요하며, 이는 마르틴 부버의 『나와 너』의 관계 철학과 맞닿아 있다. 부버는 인간관계가 상대를 독립적이고 고유한 인격체로 대하는 진정성 있는 만남에서 시작된다고 보았으며, 이러한 만남이야말로 관계의 생명력을 유지하는 핵심이다. 꽃이 뿌리를 통해 생명력을 이어가듯, 인간관계도 상호 존중과 진심 어린 대화를 통해 서로를 성장시키는 뿌리를 가질 때 지속될 수 있다. 반면, 상대를 도구적 대상으로 여기는 '나와 그것'의 관계는 인간관계를 피상적이고 일시적으로 만들 뿐이다. 진정한 인간관계는 상대를 있는 그대로 받아들이고, 진심과 공감을 바탕으로 할 때 지속될 수 있다.

2. 존중과 배려

'근자열 원자래(近者悅 遠者來)'는 공자의 사상에서 유래한 고사로, 가까이 있는 사람을 기쁘게 하면 멀리 있는 사람도 찾아온다는 뜻으로 이상적인 인간관계를 형성하는 데 큰 울림을 준다.

[그림 6-4] 근자열 원자래(近者悅 遠者來)

이 표현은 공자가 『논어(論語)』 자로편에서 제시한 인간관계와 정치의 이상적 모델과 관련이 깊다. 공자는 개인과 국가 모두에서 덕(德)을 통해 조화를 이루는 것이 중요하다고 보았다. 덕이란 타인을 배려하고 신뢰를 쌓으며 공정하게 대하는 것을 뜻하며, 이는 사람들 사이에서 자연스럽게 긍정적이고 끌어당기는 힘을 발휘한다. 공자는 덕을 베푸는 지도자가 백성을 기쁘게 하고, 그 영향력이 주변 국가와 사람들에게까지 미쳐 자발적으로 찾아오게 만드는 것을 강조했다. 이 고사는 인간관계에서도 적용될 수 있다. 가까운 사람들과의 관계가 화목하고 즐거우면 그 좋은 에너지가 자연스럽게 퍼져 멀리 있는 사람들도 이를 보고 가까워지고 싶어 한다. 공자의 이러한 사상은 현대의 사회적 관계나 조직 내 협력에서도 큰 통찰을 제공한다.

1) '근자열 원자래'를 통한 인간관계 실천 방법

① 가까운 사람들을 기쁘게 하자

가까운 사람들을 기쁘게 하려면 존중과 배려가 기본이다. 이는 가족, 친구, 동료 등과의 관계에서 특히 중요하다. 서로를 있는 그대로 인정하고, 대화와 공감을 통해 신뢰를 쌓는 것이 핵심이다. 소소한 감사 표현이나 진심 어린 대화로 관계를 강화하고, 상대방이 나와 함께하는 시간을 소중히 여길 수 있도록 만드는 노력이 필요하다.

② 덕으로 사람을 끌어당기자

공자가 말한 덕은 상대방을 배려하고 공정하게 대하며, 자신의 행동으로 모범을 보이는 것이다. 이는 사람들과의 관계에서 신뢰와 존경을 쌓는 핵심 요소이다. 덕을 베풀면 상대방이 나와 관계를 맺고 싶어 하며, 이는 멀리 떨어져 있던 사람들에게도 긍정적인 영향을 미친다.

③ 적극적인 소통과 개방적인 태도를 유지하자

가까운 사람들에게 긍정적인 에너지를 전달하려면 지속적인 소통과 개방적인 자세가 필요하다. 서로의 의견을 존중하고, 갈등 상황에서도 이해와 화해를 추구하며 관계를 발전시킨다. 소통이 원활하면 자연스럽게 사람들은 나와의 관계를 긍정적으로 바라본다.

④ 멀리 있는 사람들에게 다가갈 기회를 만들자

멀리 있는 사람들에게 좋은 인상을 남기기 위해서는 나 자신이 진정성 있고 신뢰받을 만한 사람이 되는 것이 중요하다. 이는 개인의 성품, 행동 그리고 주변 사람들과의 관계를 통해 드러난다. 단순히 가까운 사람들뿐만 아니라 외부 사람들에게도 열린 태도로 다가가는 노력이 필요하다.

⑤ 관계의 지속 가능성을 생각하자

'근자열 원자래'는 단순히 사람들을 끌어모으는 데서 끝나는 것이 아니라, 관계를 지속적으로 유지하고 발전시키는 데 의미가 있다. 이를 위해 서로의 필요와 감정을 이해하며, 변화하는 상황에 맞추어 유연하게 대처하는 것이 중요하다.

'근자열 원자래'는 다음과 같이 인간관계와 사회적 관계의 본질을 꿰뚫는 통찰을 제공한다. 첫째, 인간관계에서 가장 중요한 것은 가까운 사람들과의 화목이다. 가까운 사람들과의 관계가 긍정적으로 형성되면, 이 좋은 에너지는 자연스럽게 퍼져 더 넓은 관계로 확장된다. 둘째, 공자의 덕을 통한 관계론은 현대 사회에서도 신뢰와 배려의 중요성을 다시금 일깨운다. 관계의 시작은 타인의 신뢰를 얻는 데 있으며, 이는 말보다는 행동으로 보여 주는 덕목에서 비롯된다. 셋째, 이 고사는 조직 내 리더십에서도 중요한 교훈을 준다. 리더가 조직 내에서 덕과 신뢰를 바탕으로 구성원들을 대할 때, 구성원들은 스스로 기뻐하며 외부에서도 조직에 대한 긍정적인 평가가 확산될 수 있다. 공자의 철학은 관계의 질을 높이고 조화로운 사회를 형성하는 데 있어 여전히 유효하며, 개인의 삶뿐만 아니라 조직과 사회 전체의 발전에도 깊은 영향을 미친다. 따라서 우리는 공자의 가르침을 바탕으로 가까운 관계에 대한 성찰과 더불어 지속적으로 주변 사람들에게 긍정적인 영향을 미치는 삶을 살아가야 할 것이다.

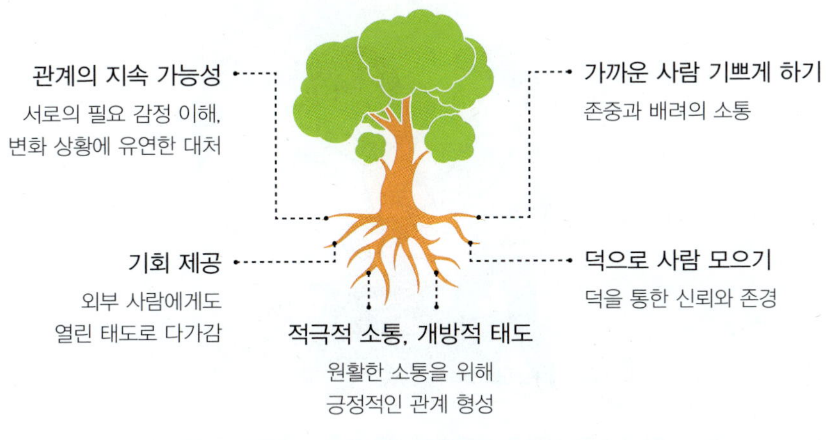

[그림 6-5] 근자열 원자래의 실천 방안

3. 신뢰와 권한

1) 임파워먼트

'임파워먼트(Empowerment)'라는 용어는 1980년대부터 본격적으로 사용되기 시작했으며, 주로 사회학, 심리학, 교육학, 경영학 등 다양한 분야에서 쓰이고 있다. 어원적으로는 'em-'(~하게 하다)과 'power'(힘)를 결합한 단어로, 누군가에게 힘을 부여하거나 권한을 주는 것을 의미한다. 이 개념은 특히 사회적 약자나 소외 계층이 자신의 권리를 인식하고 자율성과 힘을 회복하도록 돕는 맥락에서 처음 사용되었다. 이후 조직 관리와 인간관계에서도 적용되며, 개인이나 집단이 자율성과 책임감을 가지고 잠재력을 발휘하도록 돕는 핵심 원리로 자리 잡았다. 임파워먼트는 개인이나 집단이 자신이 가진 내적 역량을 인식하고 발휘할 수 있도록 외적 지원과 자원을 제공하는 것을 의미한다. 이는 단순히 권한을 위임하는 것을 넘어, 자신감을 북돋우고 책임감을 갖도록 돕는 과정이다. 인간관계 측면에서는 상호 존중과 신뢰를 바탕으로 상대방이 자신의 가능성을 최대한 발휘할 수 있도록 격려하고 지원하는 데 중점을 둔다.

[그림 6-6] 존중과 신뢰로 상대방이 가능성을 발휘하도록 격려 및 지원

2) 임파워먼트를 통한 인간관계 실천 방법

① 상대방의 능력을 인정하고 존중하기

상대방의 고유한 재능과 역량을 인정하며, 이를 격려하는 태도가 중요하다. 상대방이 자신감을 가질 수 있도록 긍정적인 피드백을 제공하고, 자신의 강점을 스스로 인식할 수 있게 돕는다. 직장에서 동료가 맡은 업무를 성공적으로 수행했을 때 칭찬과 격려를 통해 그들의 노력과 성과를 인정한다.

② 권한 위임과 자율성 제공

상대방이 스스로 결정할 수 있는 권한을 부여하고, 자율적으로 행동할 수 있는 여지를 준다. 과도한 간섭이나 지시 대신, 스스로 책임지고 행동할 수 있는 환경을 조성한다. 가족 내에서 자녀가 스스로 선택할 수 있는 기회를 주어 자립심과 책임감을 키운다.

③ 심리적 지지와 신뢰 구축

신뢰는 임파워먼트의 핵심이다. 상대방이 어려움을 겪을 때 비난보다는 지지와 공감을 제공하며, 그들이 실수하더라도 성장의 과정으로 받아들인다. 친구가 어려운 상황에 직면했을 때 조언보다는 경청과 지지를 통해 심리적 안정감을 준다.

④ 개인의 성장 목표를 공유하고 지원하기

상대방의 목표와 비전을 이해하고, 이를 달성하도록 돕는다. 이를 위해 필요한 자원과 기회를 제공하며, 그들의 성장이 나의 목표와도 연결되어 있음을 인식한다. 직장에서 후배의 전문성 개발을 위해 교육 기회를 추천하거나 멘토링을 제공하는 것이 하나의 예이다.

⑤ 서로의 역할과 책임을 명확히 하기

관계 속에서 각자의 역할과 책임을 명확히 하여 혼란을 방지하고, 상호 기대치를 조율한다. 이를 통해 신뢰를 강화하고, 책임감을 공유할 수 있다. 부부 관계에서 가사나 경제적 역할을 명확히 나누고 서로를 존중하는 태도를 유지한다.

[그림 6-7] 임파워먼트의 실천 방안

임파워먼트는 상호 존중과 신뢰를 기반으로 관계를 강화하며 개인과 집단의 잠재력을 극대화하는 과정이다. 이는 가족, 친구, 직장 등 모든 인간관계에서 적용 가능하며, 개인의 성장과 관계의 지속 가능성을 동시에 추구한다. 현대사회에서 인간관계의 질적 향상을 위해 우리는 상대방에게 자율성과 신뢰를 부여하고, 함께 성장하는 관계를 만들어 가야 할 것이다.

3) 의인물사 사인물의

① 의인물사(疑人勿使)

'의인물사'는 "의심스러운 사람에게는 일을 맡기지 말라."라는 뜻으로, 신뢰를 바탕으로 사람을 판단하고 역할을 맡겨야 한다는 교훈을 담고 있다. 이 고사는 중국 고대 정치와 군사에서 유래했으며, 특히 조직 내에서 적절한 역할 분배와 신뢰의 중요성을 강조한다. 일을 맡길 때는 상대방의 능력과 성실성을 충분히 검토해야 하며, 신뢰할 수 없는 사람에게 책임을 맡기는 것은 조직의 불안정으로 이어질 수 있다는 경고를 담고 있다.

[그림 6-8] 신뢰를 바탕으로 역할을 맡겨야 한다는 의인물사(疑人勿使)

② **사인물의**(使人勿疑)

'사인물의'는 "일을 맡긴 사람은 의심하지 말라."라는 뜻으로, 일단 신뢰하고 일을 맡겼다면 의심하지 말고 그에게 책임과 권한을 부여하라는 교훈을 전한다. 이는 한나라의 유방이 한신을 신뢰하여 병권을 맡긴 일화에서 비롯되었으며, 상대방을 신뢰하는 태도가 그들의 역량을 최대한 발휘하게 만든다는 점을 보여 준다. 의심은 관계의 불안을 초래하며, 특히 인간관계나 조직 운영에서 긍정적인 결과를 방해할 수 있다.

[그림 6-9] 신뢰하는 태도가 역량을 최대로 발휘하게 한다는 사인물의(使人勿疑)

4) 인간관계 관점에서의 실천 방법

① 신뢰를 바탕으로 적절한 사람 선택하기

사람을 판단할 때는 신뢰를 우선시하며, 상대방의 능력과 성품을 충분히 검토한다. 의심스러운 사람에게 중요한 일을 맡기는 것은 관계와 성과 모두에 악영향을 미칠 수 있다. 직장에서 새로운 프로젝트를 시작할 때, 구성원의 역량과 성실성을 기준으로 적합한 역할을 배분한다.

② 맹목적 의존 피하기

관계에서 신뢰가 중요하지만, 의심스러운 사람에게 무작정 일을 맡기는 것은 문제를 초래할 수 있다. 신뢰와 검증의 균형을 유지하며 현명한 판단을 내린다. 친구나 동료에게 부탁할 일이 있을 때, 상대방이 그 일을 감당할 준비가 되어 있는지 판단한다.

③ 일단 맡겼다면 의심하지 않기

사람을 신뢰하고 일을 맡긴다면, 이후에는 간섭하거나 의심하지 않는다. 이는 상대방에게 책임감을 부여하며, 그들이 최선을 다할 동기를 부여한다. 팀 프로젝트에서 구성원에게 맡긴 역할에 대해 지나친 간섭이나 의심을 피하고, 그들의 독립성을 존중한다.

④ 신뢰를 기반으로 한 소통 강화하기

신뢰가 유지되기 위해서는 투명한 소통이 중요하다. 일을 맡긴 후에도 지속적으로 소통하며, 상대방이 자신의 역할에 최선을 다할 수 있도록 지원한다. 가족 내에서 자녀가 중요한 결정을 내릴 때, 그들의 판단을 존중하며 요청할 경우 조언을 제공한다.

⑤ 책임과 권한의 조화 이루기

사람에게 일을 맡기되, 필요한 권한과 자원을 함께 제공하여 맡은 일을 완수할 수 있도록 한다. 단순히 일을 떠넘기는 것이 아니라, 그들이 성공적으로 수행할 수 있는 환경을 조성해 준다. 직장에서 후배가 프로젝트를 맡을 때, 필요한 정보와 자원을 제공하여 그들의 역량을 최대한 발휘할 수 있도록 돕는다.

⑥ 관계의 안정성과 효율성 증진

관계에서 의심은 갈등과 불안을 초래할 수 있다. 반면, 신뢰와 적절한 역할 분배는 관계의 안정성을 높이고, 협력은 효율성을 극대화할 수 있다.

⑦ 상호 존중의 중요성

신뢰는 상호 존중에서 비롯된다. 상대방의 능력을 인정하고 의심하지 않는 태도는 관계를 강화하며, 상대방도 자신에게 부여된 신뢰를 무겁게 받아들이고 노력하게 만든다.

⑧ 현대 사회에의 적용 가능성

'의인물사'와 '사인물의'의 원리는 직장, 가족, 친구 관계 등 모든 관계에서 적용 가능하다. 이는 신뢰와 역할 분배를 통해 관계의 질을 높이고, 개인과 조직의 성공을 동시에 추구할 수 있음을 시사한다.

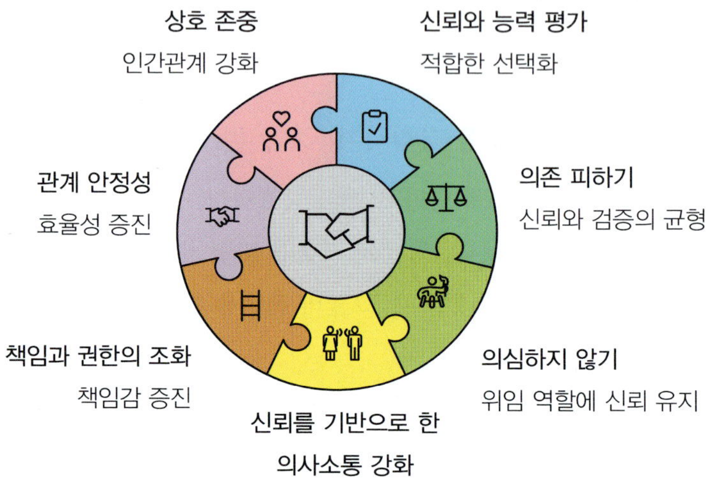

[그림 6-10] 인간관계 관점에서의 실천 방안

'의인물사'와 '사인물의'는 신뢰와 책임을 기반으로 한 인간관계의 핵심 원리를 보여 주는 고사성어이다. 이 원칙을 현대 인간관계에 적용하면, 타인을 신뢰하되 적절히 역할을 분배하고, 그 이후에는 의심하지 않는 태도로 관계를 강화할 수 있다. 이러한 태도는 관계의 안정성과 지속 가능성을 높이며, 개인과 조직의 발전에 기여할 것이다.

4. 조해리의 창

조해리의 창(Johari's Window)은 개인의 자기 인식과 대인관계를 분석하고 개선하기 위한 심리학 모델이다. 이 모델은 미국의 심리학자 조셉 루프트(Joseph Luft)와 해리 잉햄(Harry Ingham)이 개발하였으며, 두 창시자의 이름을 따서 만들어졌다. 조해리의 창은 개인이 자신을 이해하고 타인과의 관계를 개선하기 위한 효과적인 도구로 활용되며, 특히 커뮤니케이션과 자기 노출의 중요성을 강조한다.

1) 조해리의 창 기본 구조

조해리의 창은 2×2 매트릭스 형태로 구성되며, 개인의 자기 인식과 타인에 대한 인식을 기반으로 네 가지 영역으로 나뉜다.

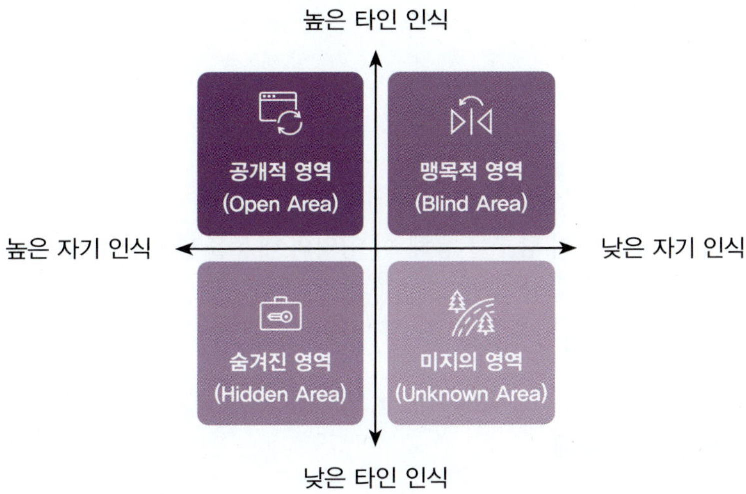

[그림 6-11] 조해리의 창

① **공개적 영역**(Open Area)

- 자신과 타인이 모두 알고 있는 영역
- 이름, 취미, 직업 그리고 상대방과 공유한 경험
- 이 영역이 클수록 개인과 타인 간의 신뢰와 소통이 원활하다. 자기 노출과 피드백을 통해 이 영역을 확장할 수 있다.

② **맹목적 영역**(Blind Area)

- 타인은 알고 있지만 자신은 인식하지 못하는 영역
- 자신의 습관, 말투 또는 특정 상황에서의 행동
- 타인의 피드백을 통해 맹목적 영역을 줄이고 자기 인식을 확장할 수 있다.

③ **숨겨진 영역**(Hidden Area)

- 자신은 알고 있지만 타인에게 공개하지 않은 영역
- 개인적인 고민, 두려움 또는 과거의 경험
- 신뢰가 형성되면 숨겨진 영역의 정보를 공유함으로써 대인관계를 더욱 깊게 만들 수 있다.

④ **미지의 영역**(Unknown Area)

- 자신도 타인도 모르는 영역
- 잠재적인 능력, 숨겨진 재능, 무의식적인 행동 패턴
- 새로운 경험과 자기 탐구를 통해 이 영역의 내용을 발견할 수 있다.

2) 조해리의 창 활용 방법

① **공개적 영역 확대**

- **자기 노출**: 타인과 신뢰를 쌓기 위해 자신에 대해 더 많이 공유한다.
- **피드백 수용**: 타인으로부터 자신의 행동이나 태도에 대한 피드백을 적극적으로 받아들인다.

② **맹목적 영역 축소**

- **타인의 의견 경청**: 타인이 제공하는 피드백을 통해 자신이 몰랐던 점을 깨닫는다.
- **반성적 사고**: 자신의 행동을 되돌아보고 타인의 시각에서 상황을 평가한다.

③ **숨겨진 영역 축소**

- **신뢰 형성**: 안전한 환경에서 자신의 감정과 생각을 공유하여 숨겨진 영역을 줄인다.
- **감정 표현**: 솔직하게 감정을 표현함으로써 대화를 심화시킨다.

④ 미지의 영역 탐구

- **새로운 경험 시도**: 익숙하지 않은 활동에 도전하여 숨겨진 재능과 가능성을 발견한다.
- **자기 계발**: 학습과 성찰을 통해 자신의 잠재력을 깨닫는다.

3) 조해리의 창 활용 사례

① 개인적 사례

한 직장인이 타인의 피드백을 받아 자신의 발표 태도가 딱딱하다는 사실을 알게 되었고, 이후 발표 방식을 개선하여 더 나은 반응을 얻었다.

② 조직적 사례

팀 내 워크숍에서 조해리의 창을 활용해 각 팀원이 자신의 강점과 약점을 공유하고, 서로 피드백을 주고받음으로써 팀워크가 향상되었다.

③ 교육적 사례

교수자가 학생들과의 신뢰를 형성하기 위해 자신의 개인적인 이야기를 공유하며, 학생들도 자신을 더 잘 표현할 수 있도록 격려한다.

4) 조해리의 창의 한계와 보완점

① 신뢰 부족

- 신뢰가 형성되지 않은 환경에서는 자기 노출이 어렵고 피드백이 왜곡될 수 있다.
- **보완**: 안전하고 개방적인 대화 환경을 조성해야 한다.

② 피드백의 질

- 부정확하거나 비판적인 피드백은 오히려 갈등을 유발할 수 있다.
- **보완**: 건설적이고 구체적인 피드백을 제공하는 것이 중요하다.

③ 미지의 영역의 한계

- 미지의 영역은 스스로 깨닫기 어렵기 때문에, 장기적인 탐구와 자기 계발이 필요하다.
- **보완**: 지속적인 학습과 새로운 경험을 통해 영역을 확장한다.

조해리의 창은 자기 인식과 대인 관계를 개선하기 위한 강력한 도구이다. 이 모델은 자기 노출과 피드백을 통해 개인과 조직 모두의 성장을 돕는다. 하지만 이를 효과적으로 활용하기 위해서는 신뢰를 기반으로 한 환경 조성과 건설적인 피드백 문화가 필요하다. 조해리의 창은 심리학 이론을 넘어, 실생활에서 관계와 소통을 혁신하는 데 중요한 역할을 한다.

실 습 조해리의 창

1. 나는 다른 사람에게 나에 관한 이야기를 잘 하는가? 나는 다른 사람에게 나의 모습을 잘 나타내 보이는가? 나는 다른 사람에게 나의 속마음을 잘 내보이는가?

전혀 아니다	약간 그렇다	어느 정도 그렇다	상당히 그렇다	매우 그렇다

2. 다른 사람이 나에 대해 어떤 생각을 가지고 있는지 알려고 노력하는가? 나는 다른 사람이 나에 관해서 하는 말에 귀를 기울이는가? 다른 사람이 나를 어떻게 평가하고 있는지 잘 알고 있는가?

전혀 아니다	약간 그렇다	어느 정도 그렇다	상당히 그렇다	매우 그렇다

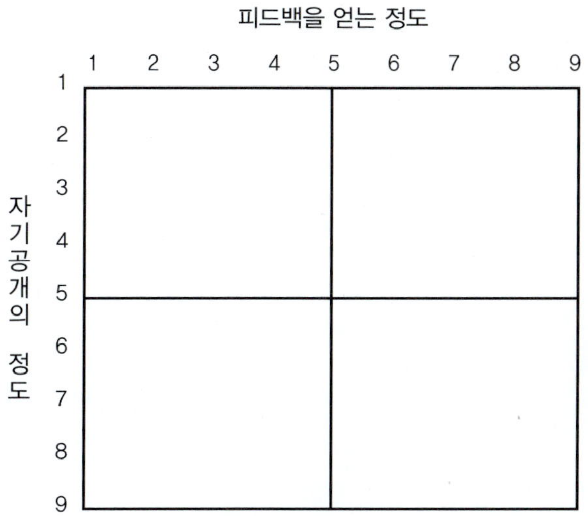

CHAPTER 7

프레젠테이션 기법

프레젠테이션은 내 아이디어를 청중들에게 전달하고, 설득하며, 그들의 결정을 이끌어 내기 위한 방안이다. 그러나 성공적인 프레젠테이션은 단순히 내용을 전달하는 것 이상의 준비와 연습을 필요로 한다. 〈표 7-1〉과 같이, 성공적인 프레젠테이션 과정을 6단계로 나누어 살펴보면, 1단계 프레젠터로서 나 자신을 잘 알고, 2단계 과제를 명확히 파악하며, 3단계 청중의 특성과 요구를 분석하여, 4단계 청중이 원하는 메시지를 논리적으로 구성하고, 5단계 효과적 시각화 방안을 마련하여, 6단계 적절한 방식으로 열정적으로 전달하도록 하는 것이다. 이 6단계 중 1~3단계를 준비 전략, 4단계를 메시지 구성 전략, 5단계를 시각화 전략, 6단계를 전달 전략으로 명명하고, 각 단계에서 할 일을 알아보도록 한다.

〈표 7-1〉 프레젠테이션 단계와 전략

전략	프레젠테이션 단계
준비 전략	① 프레젠터로서 나 자신을 잘 알고 ② 과제를 명확히 파악하며 ③ 청중의 특성과 요구를 분석하여
메시지 구성 전략	④ 청중이 원하는 메시지를 논리적으로 구성하고
시각화 전략	⑤ 효과적 시각화 방안을 마련하여
전달 전략	⑥ 적절한 방식으로 열정적으로 전달한다

1. 성공적인 프레젠테이션을 위한 준비 전략

1) 프레젠터로서 나 자신 이해하기

(1) 나의 프레젠터 스타일 찾기

모든 프레젠터는 각자의 고유한 스타일을 가지고 있으며, 이를 인식하고 발전시키는 것은 성공적인 프레젠테이션을 위한 핵심 요소이다. 프레젠터의 스타일은 크게 세 가지 유형으로 나눌 수 있으며, 각 유형은 고유의 장점과 단점을 가진다. 내가 어떤 유형에 속하는지 파악하고, 장점을 살리면서 약점을 극복하기 위한 노력이 필요하다(김재성, 2012).

① 파랑 프레젠터: 이성적이고 논리적인 스타일

[장점] 분석적, 논리적

[단점] 청중과의 공감 부족으로 거리감을 줄 수 있음

[개선 방법] 적절한 유머를 사용하거나, 따뜻한 표정과 눈맞춤을 통해 인간적인 면모를 강조한다.

② 빨강 프레젠터: 열정과 카리스마가 돋보이는 스타일

[장점] 열정적, 카리스마, 강한 인상

[단점] 즉흥적, 비체계적이기 쉬움

[개선 방법] 주요 논점을 미리 정리하고, 예상 질문에 대비하는 연습을 통해 즉흥성을 줄인다.

③ 회색 프레젠터: 신중하고 안정적인 스타일

[장점] 조심성, 균형 잡힌 접근

[단점] 지루함을 줄 수 있음

[개선 방법] 말의 억양과 속도에 변화를 주고, 시청각 자료를 활용하여 청중의 관심을 유지한다.

파랑 프레젠터 빨강 프레젠터 회색 프레젠터

[그림 7-1] 프레젠터의 세 가지 유형

(2) 발표 공포감 극복하기

발표에 대한 두려움은 누구나 경험하는 자연스러운 감정이다. 하지만 이를 극복하고 성공적인 발표로 전환하기 위해서는 몇 가지 노력이 필요하다.

① **철저한 준비와 충분한 연습**: 성공적인 발표를 위해서는 철저한 준비와 반복적인 연습이 필수적이다. 발표 내용에 대해 깊이 이해하고 예상 질문에 대비하며, 적절한 표현 방식을 모색해야 한다. 준비가 부족하면 청중의 질문에 답하지 못하거나 설명이 불명확해질 수 있다. 또한 연습이 부족하면 발표 중 예상치 못한 상황에 대처하기 어렵다.

② **나만의 긴장감 해소 방법 터득**: 발표 중 긴장을 줄이기 위해서는 자신만의 효과적인 해소 방법을 터득하는 것이 중요하다. 예를 들어, 발표 장소에 미리 도착해 환경에 익숙해지는 것은 심리적 안정감을 줄 수 있다. 또한 청중과 간단히 인사를 나누며 친밀한 분위기를 만드는 방법도 도움이 된다. 심호흡, 스트레칭, 물 마시기와 같은 간단한 방법도 긴장을 완화하는 데 유용하다.

발표 경험을 쌓으면서 긴장이 덜했던 순간을 회상하고 이를 반복해 보는 것도 좋은 전략이다.

③ **많은 발표 경험**: 발표 공포감을 극복하는 가장 효과적인 방법은 경험을 통해 익숙해지는 것이다. 발표 기회가 주어질 때 두려움에 피하지 말고 적극적으로 참여하며 익숙해지려는 노력이 필요하다. 스터디 그룹에서 발표하거나 소규모 모임에서 의견을 공유하며 연습하다 보면 점차 자신감을 키울 수 있다.

[그림 7-2] 발표 공포감에 시달리는 프레젠터

2) 과제 명확히 파악하기

프레젠테이션은 외부의 요청에 의해 진행하거나, 조직 내에서 자발적으로 준비해 발표하는 경우로 구분할 수 있다. 어떤 경우에도 발표자는 주어진 과제를 명확히 이해하는 것이 중요하다. 과제를 제대로 파악하지 못하면 준비 과정에서의 모든 노력이 헛수고로 돌아가고, 청중의 공감을 얻거나 그들을 설득하는 데 실패할 수 있다.

(1) 프레젠테이션을 의뢰받은 경우

타인 또는 외부로부터 의뢰받은 프레젠테이션에서는 요청받은 내용을 명확히 이해하는 것이 가장 중요하다. 의뢰 내용은 발표 주제, 대상, 시간, 장소, 기타 요구사항 등을 포함한다. 불분명하거나 의문이 드는 부분은 의뢰자에게 반드시 확인해야 한다. 자신의 추측만으로 준비한 발표는 기대와 어긋날 가능성이 크기 때문이다.

예를 들어, 의뢰자가 특정 기술의 심화된 내용을 기대했는데 발표자가 기술의 개괄적인 개요를 설명하거나, 1시간 분량의 발표를 요청받았는데 2시간 분량으로 준비한다면, 또는 새로운 기술의 무분별한 사용을 자제하는 메시지를 전달하기를 기대했는데, 적극적인 사용을 유도하는 발표를 했다면 청중의 기대를 충족시키지 못할 것이다. 따라서 요구사항을 꼼꼼히 확인하고, 의뢰자의 기대에 부합하는 발표를 준비해야 한다.

(2) 자체적으로 준비하는 경우

프레젠테이션 내용을 스스로 선택하고 준비해야 하는 상황이 종종 발생한다. 예를 들어, 학교에서 학습 내용과 관련된 탐구 결과나 활동 결과를 발표하는 경우와 회사에서 새롭게 구상한 사업 아이디어를 상급자나 이해관계자에게 보고하거나 제안하는 경우가 있다.

학교 과제로 프레젠테이션을 준비할 때는 대주제가 정해져 있더라도 세부 주제와 내용을 자유롭게 구성할 수 있는 경우가 많다. 그러나 대부분의 과제에는 발표 분량, 필수 포함 항목, 시각자료 사용 규정 등과 같은 요구사항이 존재한다. 보다 구체적인 프레젠테이션 평가 루브릭이 제공되는 경우도 있으므로, 이러한 요구사항과 지침을 명확히 숙지한 후 발표 준비에 임하는 것이 중요하다.

회사에서 프레젠테이션을 준비할 때는 상사의 지시사항이나 관련 업무의 현황을 꼼꼼히 확인할 필요가 있다. 특히 회사의 관점에서 프레젠테이션의 필요성에 대해 확신할 수 있을 때 준비를 시작하는 것이 중요하다.

3) 청중 분석하기

프레젠테이션의 목적은 내 메시지를 청중에게 효과적으로 전달하여 이해와 공감을 얻고, 그들을 설득하는 것이다. 이러한 목적에 달성하기 위해서는 청중에 대한 이해를 바탕으로 그들 눈높이에 맞게 내용을 구성하고 전달 방법을 선택하는 것이 중요하다. 예를 들어, 회사 임원들을 대상으로 하는 프레젠테이션을 기대했는데 사원급에게 적합한 내용으로 발표를 준비했다면, 청중으로부터 좋은 반응을 기대하기 어렵다. 시간과 여건이 허용하는 한 청중에 대해 될수록 많은 정보를 확보해야 한다. 부담을 주지 않는 선에서 사전 설문을 실시해 청중의 특성을 파악하는 것도 좋은 방법이다.

(1) 1차 청중과 2차 청중

프레젠테이션이 진행되는 장소에 오거나 또는 온라인상에서 직접 내 발표를 듣는 사람을 1차 청중(primary audience)이라고 하고, 비록 내 발표를 직접 듣지는 못하나, 프레젠테이션과 관련해서 의사결정을 할 수 있는 사람들을 2차 청중(hidden audience)이라고 한다(Cialdini, 2016). 예를 들어, 내 프레젠테이션에 참석하기로 했던 간부 A에게 긴급 상황이 발생해 부하직원 B가 대신 참석한 후 그 내용을 간부 A에게 보고했다고 가정해 보자. 간부 A는 보고받은 내용을 기반으로 의사결정을 하게 될 수도 있다. 이때 부하직원 B는 1차 청중, 회사 간부 A는 2차 청중이라고 할 수 있다.

따라서 청중 분석 시 1차 청중뿐만 아니라 혹시나 있을 수 있는 2차 청중에 대한 분석도 실시하는 것이 필요하다. 경우에 따라서는 1차 청중보다 2차 청중이 내 프레젠테이션과 관련된 의사결정권자일 수 있다는 사실을 잊지 말아야 한다.

[그림 7-3] 프레젠테이션에 참석한 1차 청중과 참석하지 못한 2차 청중(의사결정권자일 수 있음)

(2) 분석 요소

청중 분석은 청중의 인구학적 특성부터 시작해 프레젠테이션 주제와 관련된 지식수준, 태도, 요구 사항 등을 포괄적으로 파악하는 것을 의미한다. 다양한 방법으로 되도록 많은 정보를 확보하고, 이를 기반으로 본격적인 프레젠테이션 준비에 임하도록 한다. 청중 분석 시 고려할 주요 요소들을 정리하면 다음과 같다.

■ 청중 분석 요소

- 인구학적 특성: 소속, 지위, 직종, 경력, 학력, 전공, 성별, 연령 등
- 지식수준: 프레젠테이션 주제에 대한 이해도 및 사전 지식
- 태도: 주제에 대한 관심도, 가치관, 견해 등
- 니즈(needs): 청중이 얻고자 하는 정보와 기대하는 결과
- 기타 요소: 의사결정 방식, 기업 문화, 주변 환경 등

성공적인 프레젠테이션을 위해서는 철저한 준비가 필수적이다. 우선, 프레젠테이션을 위한 7단계 준비과정 중 첫 3개 단계에서 할 일에 대해 알아보았다. 첫

째, 프레젠터로서 자신을 잘 알고, 둘째, 주어진 과제를 명확히 이해하며, 셋째, 청중의 특성과 요구를 철저히 분석한다. 이러한 단계를 기반으로 메시지 구성, 시각 자료 준비 등의 본격적인 과정으로 나아가야 한다. 프레젠테이션의 첫 단추를 제대로 끼우는 노력이 기대하는 성과를 얻는 데 결정적인 역할을 한다는 점을 잊지 말아야 한다.

2. 내용 구성 방안

프레젠테이션에 앞서, 프레젠터로서 자신을 이해하고, 프레젠테이션의 목적과 기대사항을 명확히 파악하며, 청중의 특성과 요구를 분석했다면 이제 본격적인 준비를 시작할 수 있다. 성공적인 프레젠테이션의 세 가지 핵심 요소는 내용, 시각화, 전달이다([그림 7-4]). 이번 장에서는 이 중 첫 번째 요소인 내용 구성 방안에 대해 살펴본다.

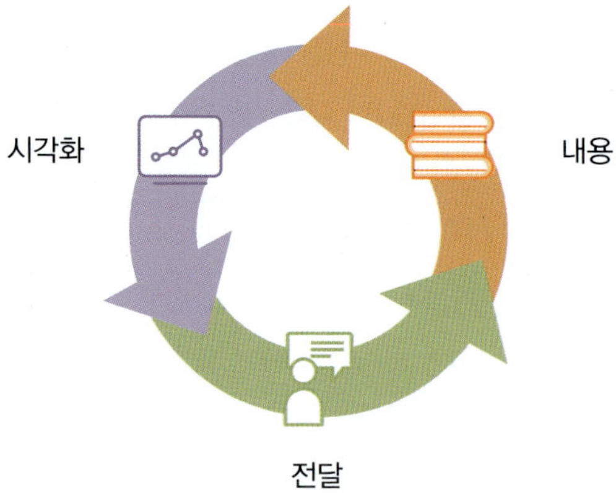

[그림 7-4] 성공적인 프레젠테이션의 3요소

1) 내용 구성을 위한 2대 원칙

프레젠테이션 내용을 효과적으로 구성하기 위해서는 다음 두 가지 원칙을 고려해야 한다.

첫째, 프레젠테이션의 목적, 요구사항 또는 청중의 기대에 부합하는 내용으로 구성해야 한다. 아무리 훌륭한 내용이라도 그 목적과 요구조건을 충족하지 못하면 청중으로부터 긍정적인 반응을 얻기 어렵다.

둘째, 프레젠터 본인이 선호하거나 중요하다고 생각하는 내용을 강조하기보다는 청중이 원하는 메시지와 그들이 필요로 하는 정보를 제공해야 한다. 프레젠테이션의 궁극적인 목표는 청중의 공감을 얻고, 그들을 설득하는 데 있다는 점을 항상 기억해야 한다.

■ 프레젠테이션 내용 구성을 위한 2대 원칙

- 프레젠테이션의 목적, 요구사항에 부합하는 내용으로 구성할 것
- 청중이 원하는 내용으로 구성할 것

2) 흥미롭게 시작하기

프레젠테이션의 시작은 청중의 주목을 끌고 신뢰를 확립하는 데 매우 중요한 역할을 한다. 주된 내용을 제시하기에 앞서 청중의 관심을 끌고 참여 동기를 높이기 위한 짧은 시간을 갖는 것을 추천한다. 프레젠테이션을 흥미롭게 시작하는 방법에는 질문하기, 충격적이거나 의외의 사실 말하기, 유명인의 말 인용하기, 일화 소개하기, 경구나 금언 인용하기, 회고나 전망 말하기, 비교하기 등이 있다. 다만, 이러한 도입부는 간결하고 주제에 부합해야 하며, 본 내용의 흐름을 방해하지 않는 것이 중요하다. 아무리 흥미로운 시작이라도 너무 길거나 본 내용과 무관하다면 오히려 청중의 집중력을 떨어뜨릴 수 있다. 필요 이상의 장황함을 피하고, 프

레젠테이션의 목적과 조화를 이루는 도입을 선택하는 것이 바람직하다. 이러한 다양한 도입 방법에 대한 설명과 구체적인 예시를 살펴보면 다음과 같다.

■ 프레젠테이션을 흥미롭게 시작하는 방법

- 질문하기
- 충격적이거나 의외의 사실 말하기
- 유명인의 말 인용하기
- 일화, 설화 소개하기
- 경구, 금언, 명언 인용하기
- 회고나 전망 말하기
- 비교하기

(1) 질문하기

사람은 질문을 받으면 자연스럽게 답하려는 본능이 있다. 이를 활용해 프레젠테이션 시작 시 주제와 관련된 적절한 질문을 청중에게 던지면, 그들의 참여도와 주의 집중을 높일 수 있다. 예를 들어, 교육 분야에서 생성형 AI 활용을 주제로 프레젠테이션을 진행할 경우, "여러분은 과제를 수행할 때 생성형 AI를 사용해 본 경험이 있나요?"와 같은 질문으로 청중의 회상과 답변을 유도할 수 있다. 또 다른 예로, 실전 커뮤니케이션 기술을 주제로 한 프레젠테이션에서는 "대화에서 가장 중요한 것은 무엇이라고 생각하시나요?"라는 질문을 던져 청중의 의견을 이끌어 내고, 자연스럽게 주제에 대한 관심을 높일 수 있다. 적절한 질문은 청중과의 상호작용을 촉진하고, 프레젠테이션의 몰입도를 높이는 강력한 도구가 된다.

(2) 충격적이거나 의외의 사실 말하기

프레젠테이션 주제와 관련해서 일반적인 상식에 반하거나 충격적인 사실이 있다면 그러한 사례를 간단히 소개함으로써 청중들의 흥미를 북돋을 수 있다. 예를 들어, '생성형 AI'를 소개하는 프레젠테이션을 시작하면서 다음과 같은 일반적인 상식과는 상반되는 사실을 소개하는 것이다.

"2022년 말, ChatGPT 3.5가 공개되었고 많은 사람이 그 성능에 찬사를 보냈습니다. 그러나 문제는 GPT가 생성한 답변에 가짜 정보가 포함될 수 있다는 점이었습니다. 예를 들어, ChatGPT가 사용자가 입력한 프롬프트에 대한 답변을 제공하면서 3개의 인터넷 사이트를 참고자료로 제시했는데, 그중 2개는 실제 존재하는 사이트였고, 1개는 실제 존재하지 않는 사이트였습니다. 많은 사람이 하나의 가짜 사이트가 포함된 것에 깜짝 놀라고 우려를 표명했습니다. 그럼 ChatGPT 개발자들은 어떻게 반응했을까요? 그들은 가짜 사이트 하나가 포함된 것보다, 실제 존재하는 두 개의 사이트가 포함된 것에 더 놀랐다고 합니다……."

이와 같은 이야기를 들은 청중은 "왜?"라는 궁금증을 가지며 흥미를 느끼게 되고, 프레젠테이션에 더 집중하게 될 것이다.

또 다른 예를 들어 보자. 프레젠테이션 주제가 '수면의 중요성'이었다면, 다음과 같은 사실을 소개할 수 있다.

"대부분의 사람은 '6시간의 수면이라도 꾸준히 유지하면 괜찮다'라고 생각합니다. 하지만 연구에 따르면, 하루 6시간씩 일주일 동안 자는 것은 이틀 동안 전혀 잠을 자지 않은 것과 거의 동일한 수준으로 인지 능력을 저하시킨다고 합니다. 더 놀라운 점은, 이러한 수면 부족 상태에서도 사람들은 자신이 완전히 정상적으로 기능하고 있다고 느끼는 경향이 있다는 사실입니다. 이는 수면 부족이 개인의 판단력에까지 영향을 미친다는 것을 보여 줍니다."

이런 이야기는 청중으로 하여금 자신의 수면 습관을 돌아보게 만들고, 프레젠테이션의 주제에 대한 관심과 몰입도를 높이는 데 도움을 줄 수 있다.

(3) 유명인의 말 인용하기

프레젠테이션 주제와 관련된 국내외 유명인의 말을 인용하는 것은 청중의 흥미를 끌고, 메시지의 신뢰도를 높이는 효과적인 방법이다. 예를 들어, '경청과 공감'의 중요성을 강조하는 프레젠테이션에서 미국의 유명 방송인 오프라 윈프리

(Oprah Winfrey)의 말을 인용할 수 있다. 그녀는 "위대한 리더십은 공감에서 시작됩니다. 이는 사람들과 소통하고, 그들의 삶을 고양시키기 위한 능력입니다."라고 말하며, 경청과 공감이 리더십의 핵심임을 강조했다.

또한 끈기와 노력의 중요성을 다루는 프레젠테이션에서는 윈스턴 처칠(Winston Churchill)의 명언이 적합하다. 그는 "성공은 마지막 실패를 이겨 낸 다음에 온다." 라고 말하며, 실패에도 굴하지 않고 도전하는 태도의 중요성을 말했다. 이 명언은 어려움을 극복하는 과정에서 끈기가 얼마나 중요한지 설득력 있게 전달한다.

변화와 혁신의 중요성을 주제로 한 프레젠테이션에서는 애플의 공동 창업자 스티브 잡스(Steve Jobs)의 말을 인용할 수 있다. 그는 "혁신은 리더와 추종자를 구분 짓는 기준이다."라고 말하며, 변화를 두려워하지 않는 도전 정신의 중요성을 강조했다. 이 말을 통해 청중은 혁신이 조직과 개인의 성공에 미치는 가치를 자연스럽게 이해할 수 있다. 이처럼 프레젠테이션 주제와 연관된 유명인의 말은 청중의 공감을 이끌어 내고, 주제의 중요성을 명확히 전달하며, 발표에 대한 관심과 참여를 높이는 데 효과적으로 기여할 수 있다.

(4) 일화, 설화 소개하기

일화는 특정 인물이나 사건에 관한 짧고 흥미로운 이야기로, 실제로 있었던 일이나 전해지는 사실을 바탕으로 하며 교훈, 유머, 감동을 전달한다. 세종대왕이 훈민정음을 창제할 때 밤낮없이 연구하며 건강이 악화될 정도로 노력했다는 에피소드는 그의 열정과 헌신을 잘 보여 준다. 또한 어떤 유명 정치인이 젊은 시절 겪었던 재밌는 사건이나 실수는 인간적인 매력을 전달하며 청중의 공감을 이끌어 낼 수 있다.

설화는 신화, 전설, 민담 등 전통적인 이야기를 바탕으로 하며, 민간 신앙이나 생활양식을 반영한다. 설화는 대개 구체적인 사실에 기반하지 않지만, 상상력을 자극하며 프레젠테이션의 메시지를 강화하는 데 유용하다. 예를 들어, 단군신화는 한민족의 기원과 단합을 상징하며, 해와 달이 된 오누이는 희생과 가족애를 강조하는 교훈을 전달한다.

프레젠테이션을 시작할 때, 관련된 일화 또는 설화를 소개하는 것은 청중의 흥미를 높이고 메시지를 효과적으로 전달하는 데 도움을 줄 수 있다. 하지만 반드시 프레젠테이션 주제와 직결되는 내용을 담아야 하며, 이야기가 지나치게 길어지지 않도록 간결하게 전달하는 것이 중요하다.

(5) 경구, 금언, 명언 인용하기

경구는 진리나 삶의 교훈을 간결하고 날카롭게 표현한 말로, 예를 들어 "이마에 땀을 흘리지 않는 자는 식탁에 앉을 수 없다."라는 문구는 노력의 가치를 명쾌하게 전달한다. 금언 또한 삶의 본보기가 될 만한 귀중한 내용을 담은 짧은 어구로, 프레젠테이션에서 메시지를 강조하는 데 유용하다. 예를 들어, "변화를 두려워하는 사람은 과거에만 살고, 변화에 맞서는 사람은 현재에 머무르며, 변화를 수용하는 사람만이 미래를 살 수 있다."라는 문구는 변화와 혁신의 필요성을 설득력 있게 전달하며, 변화에 대한 긍정적 태도를 강조하는 주제에 적합하다.

프레젠테이션 주제와 관련된 적절한 경구나 명언을 찾으려면 인터넷 검색기를 활용하는 것도 좋은 방법이다. 예를 들어, '경청 관련 명언'을 검색하면 다양한 사이트에서 주옥 같은 문구와 출처를 확인할 수 있다. 이러한 문구 중 프레젠테이션의 메시지와 가장 잘 부합하는 것을 선택해 활용하면, 청중의 공감과 관심을 효과적으로 이끌어 낼 수 있다. 경구와 명언은 간결하면서도 강렬한 메시지를 전달하여 프레젠테이션의 설득력을 높이는 데 크게 기여한다.

(6) 회고나 전망 말하기

프레젠테이션 주제와 관련하여 충격적이거나 놀라운 과거의 회고 또는 미래에 대한 전망 자료를 제시하면, 발표 시작부터 효과적으로 청중의 주목을 끌 수 있다. 예를 들어, '생성형 AI'와 같은 주제를 다룰 경우, 주요 서비스가 사용자 100만 명을 달성하는 데 걸린 시간을 비교한 [그림 7-5]와 같은 데이터를 제시할 수 있다. 이는 전통적인 기술 서비스와 생성형 AI 기술의 빠른 성장 속도를 대조하며, AI의 혁신성과 사회적 영향력을 시각적으로 보여 준다. 이러한 자료는 생성형 AI가 단순한 기술을 넘어 현대 사회의 핫 이슈임을 설득력 있게 전달한다.

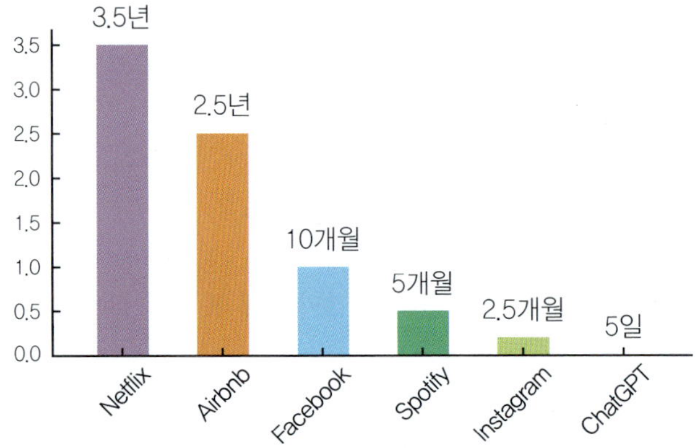

[그림 7-5] 주요 서비스별 사용자 100만 명 달성 소요 시간 비교

글로벌 경제의 불확실성을 다루는 프레젠테이션에서는 [그림 7-6]과 같은 그래프와 더불어 2008년 글로벌 금융 위기 당시, 미국 S&P 500 지수는 절반 이상 하락했으며, 시장이 안정되기까지 약 2년(730일)이 걸렸으나, COVID-19 팬데믹 시기에는 과감한 재정 정책과 기술 발전 덕분에 시장이 약 450일 만에 복구되었던 사례를 제시할 수 있다. 이 통계 자료는 경제 위기가 발생했을 때 복구 속도가 사건의 성격과 정책 대응에 따라 달라질 수 있음을 잘 보여 준다. 이러한 자료는 발표 초반에 경제 불확실성과 복구 전략의 중요성을 강조하며, 청중의 관심을 효과적으로 끌어낼 수 있다.

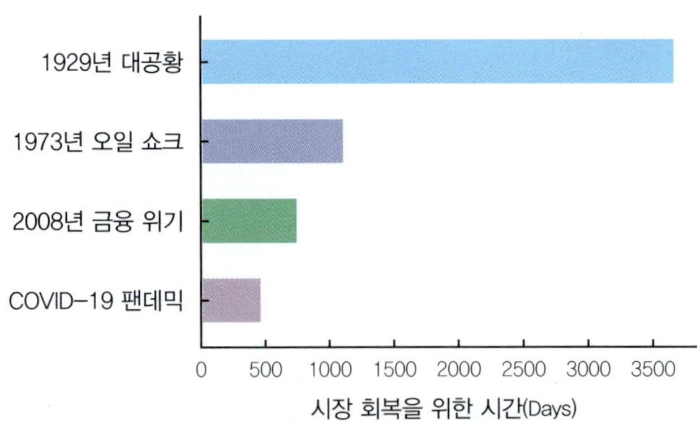

[그림 7-6] 주요 경제적 사건 후 시장 회복을 위한 시간 비교

프레젠테이션 초반에 이런 통계와 데이터를 활용하면 청중이 발표 주제에 몰입할 뿐만 아니라, 발표의 중요성과 시급성을 인지하도록 돕는다. 이를 통해 발표자는 메시지를 청중에게 더 강렬하게 전달할 수 있다.

(7) 비교하기

비교하기는 프레젠테이션 주제를 청중이 이미 익숙하게 알고 있는 개념이나 사물과 연결하여 이해를 촉진하고 흥미를 높이는 효과적인 방법이다. 새로운 개념을 소개할 때, 친숙한 대상을 기준으로 비교하면 청중은 정보의 맥락을 더 잘 이해하고 주제에 쉽게 몰입할 수 있다.

예를 들어, 4차 산업혁명에 관한 프레젠테이션에서는 이전 산업혁명 시대의 특징과 비교함으로써 4차 산업혁명이 가져오는 변화와 그 독창성을 강조할 수 있다. 마찬가지로, 자율주행차를 소개할 때 전통적인 자동차와 비교하면, 청중은 기술적 차이를 직관적으로 이해할 수 있다. 이처럼 비교를 활용하면 청중은 새로운 정보를 익숙한 틀에 맞춰 이해할 수 있어 주제의 본질과 중요성을 쉽게 파악할 수 있다.

3) 인상적으로 마무리하기

사람은 마지막에 들은 내용을 가장 오래 기억하는 경향이 있으며, 이를 '최근 효과'라고 한다. 따라서 프레젠테이션의 마지막 부분은 청중의 기억에 남을 핵심 메시지를 전달하는 데 매우 중요한 순간이다. 이 시점을 효과적으로 활용하여 청중이 꼭 기억했으면 하는 내용을 인상적으로 제시하면, 메시지가 오랫동안 기억될 뿐만 아니라 청중을 설득하는 데 긍정적으로 작용할 수 있다. 인상적인 마무리를 위해 다음과 같은 방식을 시도할 수 있다.

■ 프레젠테이션을 인상적으로 마무리하는 방법

- 요약하기
- 비즈니스 또는 향후 학업을 위한 질문하기
- 즉시 해야 할 일 언급하기
- 시작과 대구가 되는 마무리하기
- 유머 던지기
- 극적인 마무리하기

(1) 요약하기

프레젠테이션의 마무리 단계에서 발표의 핵심 내용을 간략히 요약하여 제시하는 것은 인상적인 마무리를 위한 수단일 뿐만 아니라 청중들의 이해와 파지를 향상하기 위해 필수적이다. 요약 시에는 짧게 핵심적인 내용으로 구성하는 것이 중요하며, 다이어그램이나 차트와 같은 적절한 시각자료를 사용하는 것도 좋은 생각이다. 요약문을 문제(선다형, 빈칸 채우기와 같은 단답형 등) 형태로 제시하는 것은 더욱 효과적이다.

예를 들어, 지속 가능한 에너지의 중요성이라는 프레젠테이션에서 세 가지 핵심 요소인 재생 가능 에너지(40%), 에너지 효율화(35%), 환경 보호(25%)의 비율을 [그림 7-7]과 같이 파이 차트로 나타내어, 각 요소가 지속 가능성을 이루는 데 어떤 비중을 차지하는지 강조하면서 마무리할 수 있다.

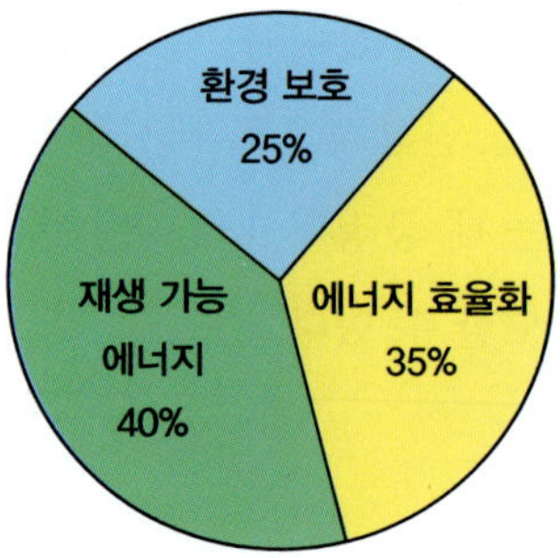

[그림 7-7] 지속 가능한 에너지의 세 가지 핵심 요소

또 다른 예로, 환경 보호의 필요성을 다룬 프레젠테이션에서 다음과 같은 빈칸 채우기 형식으로 요약하면서 마무리할 수 있다.

> **"탄소 배출을 줄이기 위해 __________ 사용을 줄이고, __________ 에너지를 늘려야 한다."**

이처럼 간결하면서도 핵심적인 요약은 청중의 기억을 돕고, 발표자가 전달하고자 하는 메시지를 보다 효과적으로 각인시킬 수 있다.

(2) 비즈니스 또는 향후 학업을 위한 질문하기

비즈니스 맥락에서 프레젠테이션을 진행했다면, 청중에게 비즈니스 차원에서의 대책이나 실질적인 적용 방안을 묻는 것은 효과적인 마무리 전략이 될 수 있다. 시간이 허락된다면, 질문에 대한 청중의 답변을 유도하거나 간단한 토론을 진행해도 좋다. 예를 들어, ChatGPT에 대한 프레젠테이션을 영업부 직원들을 대상으로 했다면, 다음과 같은 질문으로 발표를 마무리할 수 있다.

> **"오늘 프레젠테이션 내용을 바탕으로 여러분의 영업 업무에서 ChatGPT를 어떻게 활용할 수 있을지 생각해 보셨나요?"**

대학 맥락에서도 비슷한 방식으로 프레젠테이션 내용을 학업과 관련된 실질적인 적용 방안으로 연결할 수 있다. 예를 들어, 학생들에게 다음과 같은 질문을 던질 수 있다.

> **"오늘 발표에서 소개된 AI 도구들을 여러분의 과제나 팀 프로젝트에 어떻게 활용할 수 있을까요?"**

이와 같은 질문은 청중이 프레젠테이션 내용을 실질적으로 적용할 수 있는 방안을 고민하도록 유도하며, 발표 내용과 가치를 더욱 오래 기억하게 할 수 있다.

(3) 즉시 해야 할 일 언급하기

프레젠테이션을 인상적으로 마무리하기 위해, 청중들에게 향후 해야 할 일이나 행동 방향을 구체적으로 제시하는 것도 효과적인 방법이다. 이는 청중이 프레젠테이션 내용을 실천에 옮기고, 그 경험을 통해 더 깊이 공감할 수 있도록 돕는다. 예를 들어, 대화 기술에 대한 프레젠테이션을 마무리하면서 다음과 같이 말할 수 있다.

"오늘 집에 돌아가시면 즉시 '나 화법'을 사용해 가족들과 대화를 나누어 보세요. 그리고 그들의 반응을 유심히 관찰해 보십시오."

이처럼 구체적이고 실행 가능한 과제를 제시하면, 청중은 프레젠테이션 내용을 더 오래 기억할 뿐 아니라, 실제 행동을 통해 메시지를 더욱 실감 나게 체득할 수 있다.

(4) 시작과 대구가 되는 마무리하기

프레젠테이션을 흥미롭게 시작하는 다양한 기법을 활용했다면, 시작 시 사용한 말이나 질문과 대구를 이루는 마무리 방식은 효과적인 전략이 될 수 있다. 이는 발표의 구조를 명확히 하고, 청중에게 일관성과 완성감을 전달하는 데 도움이 된다.

예를 들어, 질문을 던지며 프레젠테이션을 시작했다면, 마무리에서는 그 질문을 다시 상기시키고 이에 대한 답을 제시할 수 있다. 또한 청중들에게 답할 기회를 주는 것도 좋은 방법이다. 또 다른 예로, 프레젠테이션의 시작에서 명언을 인용했다면, 마무리에서는 그 명언을 다시 제시하거나 유사한 새로운 명언을 소개하면서 전달하고자 하는 메시지를 강화할 수 있다. 예를 들어, "변화는 한 사람의 결심에서 시작된다."라는 명언으로 발표를 시작했다면, 마무리에서는 "변화는 작은 행동으로 이루어진다."와 같은 유사하지만 새로운 명언을 통해 청중에게 행동을 촉구할 수 있다. 이처럼 시작과 대구를 이루는 마무리는 청중의 기억에 남을 수 있는 강력한 인상을 남기며, 발표의 메시지를 더욱 효과적으로 전달할 수 있다.

(5) 유머 던지기

프레젠테이션을 유머로 즐겁게 마무리하는 것은 청중의 마음에 긍정적인 인상을 남길 수 있는 효과적인 방법이다. 그러나 유머를 활용할 때는 몇 가지 중요한 원칙을 따라야 한다. 먼저, 유머는 반드시 프레젠테이션 주제와 연관성이 있어야 한다. 주제와 전혀 관련 없는 유머는 청중에게 혼란을 줄 수 있으며, 발표의 흐름을 방해할 수 있다. 또한 유머는 청중의 세대와 시대적 맥락에 맞아야 한다. 철 지난 유머는 오히려 청중의 흥미를 떨어뜨리거나 민망한 상황을 초래할 수 있다.

예를 들어, '경청'에 대한 프레젠테이션을 마무리하면서 다음과 같은 유머를 던질 수 있다.

> **"경청은 귀로만 하는 게 아니죠. 그래서 제가 제 친구에게 '경청의 비결은 뭘까?'라고 물었더니, 대답이 없더라고요. 왜냐하면 그는 듣기만 하고 대답할 준비는 안 되어 있었거든요."**

프레젠테이션이 'AI 기술'에 관한 내용이라면 다음과 같은 유머를 사용할 수 있다.

> **"AI가 정말 똑똑하다는 거 이제 모두 아시겠죠? AI가 사람보다 더 똑똑해지면 어쩌냐고요? 걱정하지 마세요. 아직 '월차'는 못 쓰잖아요!"**

이처럼 유머는 프레젠테이션 내용과 연관성이 있고 청중의 웃음을 유발할 수 있을 때 효과적이다. 만약 유머의 적합성과 효과에 대한 확신이 없다면, 사용하는 것을 피하는 것이 좋다. 대신 간결하고 진솔한 메시지로 마무리하는 것도 훌륭한 선택이 될 수 있다.

(6) 극적인 마무리하기

프레젠테이션의 요점을 평이한 문장으로 정리해 마무리하는 것도 효과적이지만, 드라마 대본처럼 대화로 각색해 실감 나게 읽어 주는 방식으로 더 강렬한 인상을 남길 수도 있다. 이 방법은 발표 내용을 더욱 생동감 있게 전달하며 청중의 몰입도를 높이는 데 효과적이다.

프레젠터가 모든 등장인물의 대사를 소화할 수도 있고, 청중 중에서 역할을 맡아 줄 자원자를 찾아 참여시키는 방법도 있다. 프레젠터가 여러 등장인물의 대사를 직접 소화할 경우, 등장인물마다 조금씩 다른 목소리 톤이나 말투를 사용해 실감 나게 표현하는 것이 좋다. 이는 발표 내용을 강조하고, 청중에게 메시지를 더 오래 기억하게 하는 데 도움을 줄 수 있다.

예를 들어, '나 화법'에 대한 발표를 마무리하면서 다음과 같은 짧은 대본을 읽는 방식으로 효과적으로 마무리할 수 있다.

나: 요즘 내 동생이 나랑 말도 안 하고 화가 난 것 같아. 동생이랑 잘 지내고 싶은데, 어떻게 해야 하지?

TechCom 코치: 대화할 때 '나 화법'을 사용해 보세요. 동생을 비난하기보다는 동생의 행동을 먼저 이야기하고, 내 감정과 바람을 솔직하게 전달하면 더 나은 대화가 가능할 거예요.

나: (동생에게) 요즘 네가 나한테 말 한마디 하지 않으니, 내가 많이 속상해. 무슨 생각을 하고 있는지 말해 줄 수 있을까?

동생: 누나가 내게 관심이 없는 줄 알았어. 사실 요즘 진로 때문에 고민이 많아. 누나한테 물어보고 싶은 것도 많고…….

이처럼 프레젠테이션을 마무리할 때 극적인 대화를 활용하면 청중의 관심을 유지하며 발표의 메시지를 효과적으로 전달할 수 있다. 다만, 대본의 내용은 프레젠테이션 주제와 연관성이 있어야 하며, 청중이 상황을 공감할 수 있도록 간결하고 명확하게 작성하는 것이 중요하다.

4) 논리적 구조 입히기

(1) 3단계 구성법

프레젠테이션에서 청중의 공감을 얻고 설득하기 위해서는 청중이 내용을 명확히 이해할 수 있어야 한다. 이를 위해 전달하고자 하는 메시지를 논리적으로 구성하는 것이 중요하다. 특히 프레젠테이션을 '도입' '전개' '종결'의 3단계로 구성하면 메시지 전달 효과를 극대화할 수 있다. 이러한 단계는 서론, 본론, 결론으로도 표현할 수 있다.

보고서를 작성할 때 바로 본론으로 들어가지 않고 서론에서 개괄적인 내용을 제시하는 것처럼, 프레젠테이션에서도 도입부를 통해 청중이 본론의 내용을 쉽게 이해할 수 있도록 준비시켜야 한다. 또한 본론의 내용을 모두 전달한 후, 요약과 함께 마무리하는 종결 단계는 청중의 기억 유지에 효과적이다.

도입 단계는 전체 시간의 약 15% 정도로 짧게 구성하는 것이 이상적이며, 종결 단계 역시 전체 시간의 약 10% 정도로 간결하게 마무리하는 것이 좋다. 예를 들어, 1시간 분량의 프레젠테이션이라면 도입 9분, 전개 45분, 종결 6분으로 시간을 배분할 수 있다. 이러한 구조는 청중의 집중도를 유지하면서 메시지를 효과적으로 전달할 수 있도록 돕는다(이종연, 2009).

[그림 7-8] 프레젠테이션의 구조

프레젠테이션을 한 번에 마치는 것이 아니라 연속적으로 진행되는 경우, 예를 들어, 1주일에 한 번씩 몇 주간 계속되는 경우, 두 번째 프레젠테이션부터는 시작할 때 지난 시간에 다루었던 내용을 짧게 리뷰하고, 마무리 시 다음 주에 다룰 내용 역시 간단히 예고(preview)하는 것을 추천한다([그림 7-9] 참고). 리뷰는 청중들에게 지난 프레젠테이션을 상기하도록 하여 이번 프레젠테이션을 보다 잘 이해할 수 있도록 하고, 예고는 다음 주에 대한 기대감을 심어 줄 수 있다. 이러한 방식은 연속적인 프레젠테이션의 흐름을 강화하며, 각 발표의 연결성을 높여 청중의 참여와 이해를 증진시킨다.

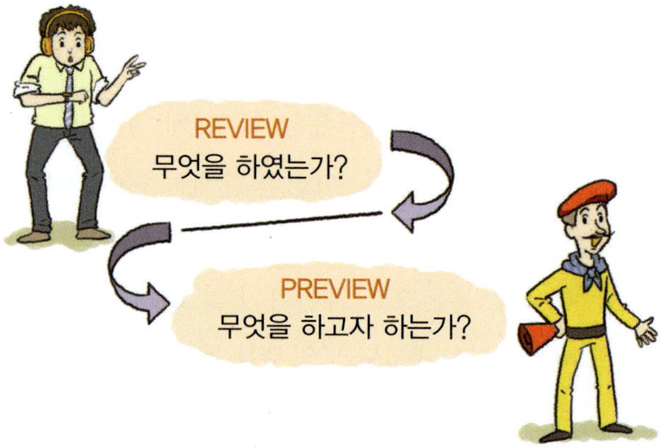

[그림 7-9] 연속적 프레젠테이션의 구조

(2) 단계별 포함 내용

프레젠테이션의 서론, 본론, 결론 각 단계에는 다음과 같은 내용을 포함하도록 한다.

> **■ 프레젠테이션의 3단계 구성**
> - 서론: 청중의 주의를 끌고 프레젠테이션의 방향과 범위를 설명한다.
> - 본론: 프레젠테이션의 핵심 주장과 그에 대한 근거를 구체적으로 제시한다.
> - 결론: 앞서 제시한 내용을 요약하고 정리하며, 청중에게 실질적인 행동 방향을 제안하면서 마무리한다.

프레젠테이션의 본론은 프레젠테이션의 목표, 메시지 성격, 프레젠터의 특성에 따라 다양한 방식으로 구성할 수 있다. 일반적으로는 다음과 같이 귀납식, 연역식 또는 찬반식 구성을 활용할 수 있다.

■ **프레젠테이션 본론부 구성 방안**

- 귀납식 또는 연역식 구성
  - 귀납식 구성: 여러 사례를 설명하고 그 공통점을 파악해 결론을 내린다.
    - 예 다양한 성공적인 스타트업 사례를 설명한 후, 그들이 공통적으로 활용한 전략을 도출하는 방식
  - 연역식 구성: 일반적인 이론을 먼저 제시하고 사례를 제시한다.
    - 예 기업의 지속 가능성 원칙을 설명한 뒤, 이를 실천한 회사의 사례를 제시하는 방식
- 찬반식 구성: 특정 주제나 계획에 대해 찬성과 반대의 의견을 나누어 서술하는 방법이다.
  - 찬성 측면: 해당 계획이 가져올 긍정적인 영향이나 장점 설명
  - 반대 측면: 예상되는 부정적인 영향이나 단점 설명

(3) 3단계 구성의 변형

서론-본론-결론의 3단계 구성법은 상황에 따라 다음과 같이 변형되어 적용될 수 있다. 프레젠테이션을 시작하고, 마무리하는 시점에 [그림 7-10]과 같이 프레젠테이션을 통해 발표자가 주장하고자 하는 바를 포지션(Position), 액션(Action), 베네핏(Benefit)으로 정리해 명확하게 제시하는 것이다(박민영, 강지영, 김연정, 2022).

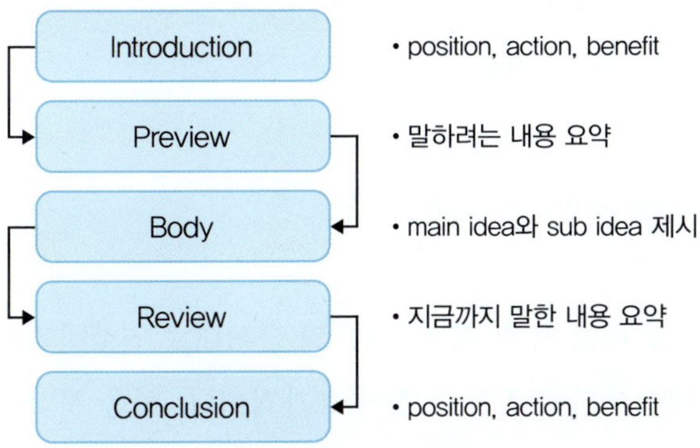

[그림 7-10] 포지션-액션-베네핏(PAB) 진술문을 추가한 3단계 구성

포지션은 발표자가 기대하는 청중들의 궁극적인 태도 내지 입장이며, 액션은 청중들이 기대하는 포지션을 지닐 때 할 수 있는 행위 내지 실천을 말한다. 마지막으로 베네핏은 청중의 실천 결과를 말한다. 예를 들어, 대학 새내기들에게 적극적인 학교생활을 당부하는 프레젠테이션을 진행하고자 한다고 가정하면, 우선 포지션으로 "보다 적극적으로 학교생활에 임하세요."라고 말할 수 있을 것이다. 액션으로, "당장 이번 학기 학교에서 제공하는 비교과 프로그램에 대해 직접 알아보고, 자신에게 적합한 프로그램에 참여해 보세요."라고 말하고, 마지막에 베네핏으로 "여러분들이 학업을 수행하고 향후 진로를 준비하는 데 큰 도움이 될 것입니다."라고 말할 수 있다. 이러한 포지션-액션-베네핏(PAB) 진술은 청중이 프레젠테이션의 취지와 목표를 명확히 이해할 수 있도록 돕고, 이를 바탕으로 실질적인 행동으로 이어갈 가능성을 높인다.

■ **포지션-액션-베네핏 진술 방식**

- 포지션(Position): 발표자가 청중들에게 기대하는 궁극적인 태도나 입장을 제시한다.
  예 "매일 꾸준히 영어 공부를 하세요."
- 액션(Action): 청중이 기대하는 포지션을 취할 때 구체적으로 실천할 수 있는 행위를 제안한다.
  예 "오늘부터 하루 20분씩 토익 단어를 암기해 보세요."
- 베네핏(Benefit): 청중이 실천한 결과로 얻게 될 긍정적인 효과나 이점을 설명한다.
  예 "한 달 후 어휘 실력이 향상되고, 토익 점수가 오를 것입니다."

5) 메시지 개발 순서 및 원칙

메시지를 개발할 때는 서론-본론-결론의 순서대로 진행하기보다는, 본론에 포함할 메인 아이디어부터 준비하는 것이 효과적이다. 처음 시작 멘트부터 시간 순으로 제시할 내용을 준비하기보다는 본론부에 들어갈 메인 아이디어부터 도출한 다음에 제시된 메시지 개발 순서를 따르는 것이 훨씬 효율적이다.

■ 메시지 개발 순서

- 메인 아이디어의 요지와 세부 내용 개발
- 앞뒤에 이야기할 개요(preview)와 요약(review) 개발
- 시작하는 말을 포함한 서론과 마무리 멘트를 포함한 결론 개발

프레젠테이션 메시지는 청중의 이해와 관심을 끌기 위해 'Easy(쉽고)' 'Simple(간결하고)' 'Impressive(인상적)' 세 가지 원칙을 따라 작성해야 한다([그림 7-11]). 메시지는 청중이 쉽게 이해할 수 있도록 간단하고 명확하게 작성되어야 하며, 불필요한 장황함을 배제하고 핵심에 집중해야 한다. 또한 흥미로운 예제나 비유를 활용해 강렬한 인상을 남기고, 기억에 오래 남을 수 있도록 구성하는 것이 중요하다(Duarte, 2008; Reynolds, 2011). 〈표 7-2〉는 각 메시지 작성 원칙의 의미와 예시이다. 이러한 원칙은 프레젠테이션의 설득력과 전달력을 극대화하는 데 필수적이다.

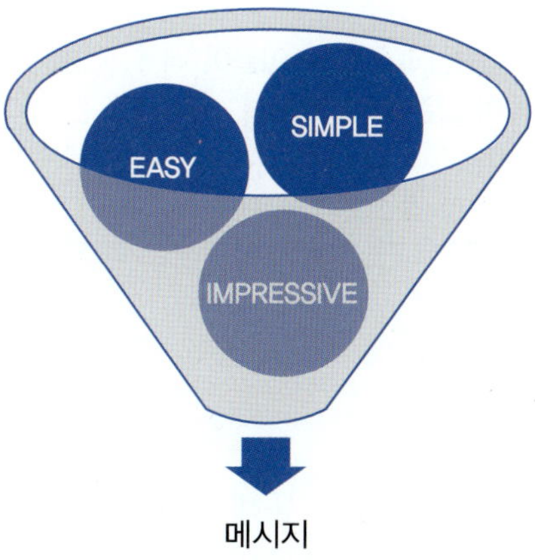

[그림 7-11] 메시지 작성 원칙

〈표 7-2〉 메시지 작성 3대 원칙의 의미와 예시

항목	의미	예시
Easy (이해하기 쉬움)	• 청중이 메시지를 빠르고 명확하게 이해할 수 있도록 단순하고 쉬운 단어를 사용 • 복잡한 내용을 단계적으로 구성 • 전문 용어와 복잡한 문장 피하기	• 어려운 표현: "귀하의 자산 증식 전략은 금융적 이해와 복합적 운용 계획이 요구됩니다." • 쉬운 표현: "당신의 자산을 늘리기 위해 간단하고 효과적인 계획을 소개합니다."
Simple (간결함)	• 메시지는 핵심만 담아 간결하게 작성 • 불필요한 설명을 피하고 요점을 한눈에 파악 가능하게 구성 • 복잡한 아이디어는 짧은 문장으로 나누어 설명	• 복잡한 표현: "우리가 사용하는 대부분의 기술은 지속 가능한 자원으로 발전하지 않으면 환경적으로 부정적인 영향을 미치며, 이는 미래 세대에게 큰 부담이 될 것입니다." • 간결한 표현: "지속 가능하지 않은 기술은 환경에 해롭고, 미래 세대에게 부담을 줍니다."
Impressive (인상적임)	• 메시지가 강렬하고 기억에 남도록 구성 • 청중의 관심과 공감을 이끌어 내며, 흥미로운 예제, 스토리, 비유 등을 사용 • 감정적으로 호소하기	• 평범한 표현: "환경보호는 우리 모두의 책임입니다." • 인상적인 표현: "지구는 빌려 쓰는 것이 아닙니다. 우리의 아이들에게 돌려줘야 할 유산입니다."

6) 어조 및 기타 고려사항

어조는 말의 억양, 속도, 강세 등을 통해 메시지의 느낌을 전달하는 중요한 요소이다. 같은 말이라도 어조에 따라 전달되는 의미가 크게 달라질 수 있다. 예를 들어, "잘했다"라는 단어는 표면적으로는 칭찬처럼 들리지만, 큰 실수를 했을 때 "잘~했다~"라는 어조로 말하면 비꼬는 의미로 받아들여질 수 있다.

프레젠테이션에서 어조는 청중에게 메시지를 효과적으로 전달하고, 발표자가 의도한 감정이나 태도를 반영하는 데 핵심적인 역할을 한다(정진석, 2020). 일반적으로 친근하면서도 진지한 어조가 적합하지만, 프레젠테이션의 목표, 메시지의 성격, 청중의 특성 그리고 프레젠테이션 환경에 따라 어조를 다양하게 조정하는 것이 중요하다. 〈표 7-3〉과 같이 프레젠테이션에서 사용할 수 있는 다양한 어조가 존재하며, 발표자는 상황에 맞는 어조를 선택함으로써 메시지의 전달력을 극대화할 수 있다.

〈표 7-3〉 유형별 어조와 특징 및 사용 시점

어조 유형	특징	사용 시점	예시
열정적인 어조	에너지가 넘치고 강한 감정 표현. 활발한 손동작과 빠른 속도	아이디어를 설득하거나 중요한 프로젝트를 소개할 때	"이 새로운 프로젝트는 우리 회사의 미래를 바꿀 중요한 도약입니다!"
침착하고 차분한 어조	안정적이고 느린 톤. 감정을 과하게 드러내지 않음	복잡한 데이터나 기술적 내용을 설명할 때	"이번 보고서의 주요 데이터는 다음 세 가지로 요약할 수 있습니다."
권위적인 어조	명확하고 단호한 톤. 목소리에 힘이 있고 속도가 일정함	규칙, 정책 또는 중요한 결정을 발표할 때	"이제부터 이 지침은 모든 부서에 적용됩니다. 꼭 준수해 주시기 바랍니다."
유머러스한 어조	가벼운 분위기를 조성하며 청중의 긴장을 풀어 줌	프레젠테이션 시작 시 분위기를 부드럽게 하거나 중간에 휴식을 줄 때	"(프레젠테이션 시작 전에) 점심시간에 고른 메뉴가 생각보다 별로였죠? 여러분의 에너지를 다시 채워 드리겠습니다!"
공감적이고 친근한 어조	따뜻하고 부드러운 톤. 감정적 유대를 형성하며 청중의 공감을 이끌어 냄	성공 사례를 공유하거나 어려운 상황에서 청중을 위로할 때	"이 프로젝트는 쉽지 않았지만, 모두의 헌신 덕분에 이뤄 낸 성과입니다. 여러분 덕분입니다."

기타 프레젠테이션 메시지 개발 시 유의할 점은 다음과 같다.

- 프레젠테이션 메시지를 개발할 때, 논리나 근거 없이 결론에 도달하는 것은 청중의 신뢰를 얻기 어렵다. 연역적 방법을 사용하든 귀납적 방법을 사용하

든 충분하고 구체적인 예제, 비교 또는 비유 자료를 통해 주장을 뒷받침해야 한다. 이는 청중이 메시지를 보다 명확히 이해하고, 발표자의 주장에 공감하게 만드는 중요한 요소이다.

- 오래된 통계나 출처가 불분명한 자료는 청중에게 신뢰감을 주지 못한다. 반드시 최신 자료를 사용하고, 믿을 만한 출처에서 얻은 자료인지 확인해야 한다. 필요한 경우, 자료를 수정하거나 보완하여 신뢰성을 확보하도록 한다. 신뢰할 수 있는 데이터를 기반으로 한 메시지는 프레젠테이션의 설득력을 크게 높인다.
- 민감한 주제를 다룰 때는 청중에게 불쾌감을 줄 수 있는 표현이나 방식에 각별히 주의해야 한다. 특히 인종, 성별, 성적 지향, 종교, 정치적 지지와 같은 내용은 매우 민감한 반응을 유발할 수 있다. 이러한 내용을 전달할 경우 직접적으로 언급하기보다는 비디오나 오디오 자료를 활용해 간접적으로 전달하는 것도 효과적이다. 예를 들어, 차별과 관련된 사례를 설명할 때, 비디오 자료로 상황을 묘사하면 불필요한 불쾌감을 최소화하면서도 청중의 공감을 이끌어 낼 수 있다.

7) 시간 구성 및 분량

사람의 기억력에는 한계가 있다. 따라서 청중은 프레젠테이션에서 제시된 내용을 모두 기억하기 힘들고, 첫 15분과 마지막 15분 동안 제시된 내용을 가장 잘 기억하는 경향이 있다. 이는 이 시간대에 청중의 주의 집중도가 가장 높기 때문이다. 관련 연구에 따르면, 첫 15분 동안 제시된 내용은 약 75% 정도 기억되며, 마지막 15분 동안의 내용은 약 20% 정도가 기억에 남는다고 한다(Mayer, 2009).

■ 프레젠테이션의 시간대별 기억률

- 첫 15분 – 75%
- 마지막 15분 – 20%

대학생인 경우 평균 15분 정도, 일반인이나 좀 더 어린 사람은 보다 짧은 시간 동안 주의 집중할 수 있다고 한다. 대학 강의에서 학생들의 집중력은 처음 15분 이후 급격히 감소하는 경향을 보이므로, 첫 15분 내에 핵심 아이디어나 주장을 전달하고, 이후 세부 내용, 부연 설명, 근거자료 등을 제시하는 것이 효과적이다. 이러한 첫 15분의 효과를 극대화하기 위해서는 미괄식보다는 두괄식, 귀납적 방법보다는 연역적 방법으로 내용을 전개하는 것이 효과적일 수 있다.

청중의 집중력을 유지하려면, 프레젠테이션 도중에 적절한 쉴 틈을 제공하는 것도 중요하다. 여기서 쉴 틈이란 단순히 멈추거나 휴식 시간을 의미하지 않는다. 대신, 청중의 적극적인 참여를 유도할 수 있는 흥미로운 활동을 포함시키는 것이다. 예를 들어, 프레젠테이션을 약 15분 단위로 구성하고, 질문과 답변을 요구하거나, 조별 토의, 관련 멀티미디어 사례 제시, 실습 등을 활용해 청중의 주의를 환기할 수 있다([그림 7-12] 참고). 이를 통해 청중의 프레젠테이션에 대한 전반적인 집중도를 높이고, 그들의 관심을 지속적으로 유지할 수 있다.

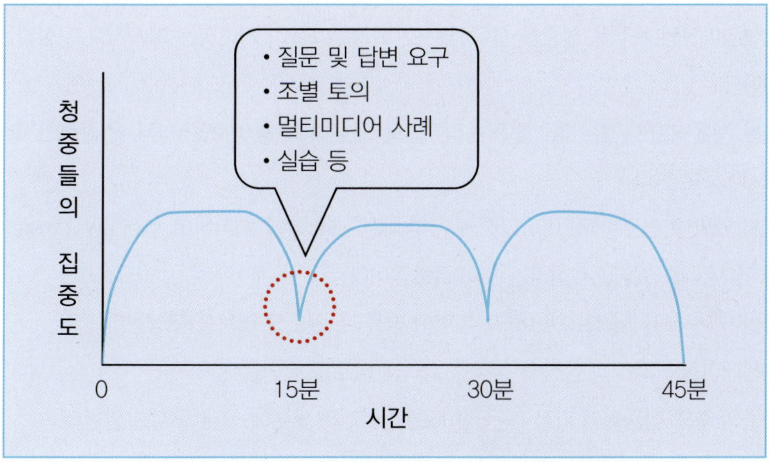

[그림 7-12] 시간대별 주의 집중 수준의 변화

프레젠테이션은 약속된 시간 내에서 적절한 분량으로 진행되어야 한다. 청중은 발표가 종료 시간을 넘겨 길어지거나, 시간 대비 지나치게 많은 내용을 담아내는 프레젠테이션을 감당하기 어려워한다. 따라서 주어진 시간을 염두에 두고, 그에 맞는 분량의 내용을 준비해야 하며, 종료 시간을 반드시 준수하는 것이 중요하다. 미국의 작가 에드워드 에버렛 헤일(Edward Everett Hale)은 "지루한 발표자는 자신이 피곤할 때 말을 끝내고, 명연설가는 청중이 피곤해지기 전에 말을 끝낸다."라고 말했다. 이 말처럼, 프레젠테이션의 종료 시점은 청중의 피로와 흥미를 고려한 시점이어야 한다. 이는 청중의 관심을 유지하고 프레젠테이션의 효과를 극대화하는 데 중요한 원칙이다.

성공적인 프레젠테이션은 단순히 정보를 전달하는 데 그치지 않고, 청중이 주의를 집중하여 내용을 잘 이해하고 기억하며, 이를 바탕으로 행동할 수 있도록 돕는 데 있다. 프레젠테이션의 핵심 요소는 메시지, 시각화, 전달로 구성되며, 이번 장에서는 그중 첫 번째 요소인 '메시지' 개발 방안에 대해 다루었다.

■ **프레젠테이션 메시지 개발 방안 정리**

- 프레젠테이션의 목적은 청중을 설득하는 것이므로 그들이 기대하는 메시지로 구성하는 것이 원칙이다.
- 내용을 서론-본론-결론 3단계로 논리적으로 구성하되, 흥미로운 시작, 인상적인 마무리를 포함시키도록 한다.
- 메시지 개발 순서는 메인 아이디어와 세부 내용 개발부터 시작하여, preview와 review를 작성하고, 서론과 결론을 작성하는 것이 효율적이다.
- 청중들이 이해하기 쉽고, 간단하며, 기억에 남을 수 있도록 내용을 구성한다.
- 프레젠테이션의 목적과 청중의 성격을 고려해 어조를 결정한다.
- 청중들의 주의 집중률이 가장 높은 첫 15분과 마지막 15분에 핵심 요지를 말한다.
- 15분 정도를 주기로 청중들의 주의력 환기를 위한 활동 내지 콘텐츠를 준비한다.
- 주어진 프레젠테이션 시간에 제시할 수 있는 적절한 분량으로 준비한다.

3. 시각화 전략

1) 시각 자료의 중요성

시각은 사람이 커뮤니케이션하는 데 있어 중요한 역할을 한다. 한 대학생이 아르바이트를 해서 그렇게 사고 싶어 했던 운동화를 샀는데, 사고로 눈을 다쳐 응급실에 가게 되었다([그림 7-13] 참고). 가벼운 상처였지만 일시적으로 눈에 붕대를 감아 앞을 보지 못했다. 그럼에도 불구하고, 새로 산 신발을 떠올리며 미소를 지었다. 갑자기 어떤 사람이 "나이, 키 얼마냐?"고 묻기에 그 대학생은 할인해서 8만 7천 원에 샀다고 했다. 과연 그 학생이 눈에 붕대를 감지 않았다면 이런 답을 했을까?

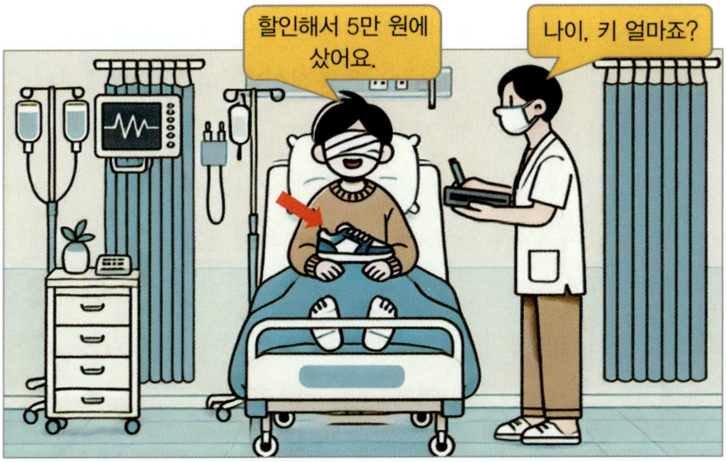

[그림 7-13] 시각의 중요성: 눈을 다쳐 엉뚱한 대답을 하는 상황

[그림 7-14]는 세 가지 방식으로 설명했을 때 시간이 지남에 따라 청중이 얼마나 정보를 기억하는지를 비교하고 있다. 말로만 설명했을 경우보다, 그림으로 설명했을 때 청중의 기억에 더 오랫동안 남는다는 점을 확인할 수 있다. 특히 말과 그림을 함께 사용했을 때는 기억 효과가 훨씬 더 뛰어나게 나타난다(Mayer, 2009).

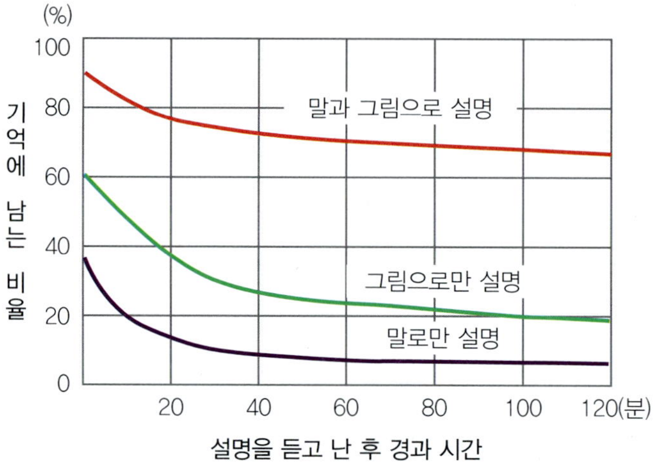

[그림 7-14] 경과 시간과 기억률

이처럼 시각 자료는 단순히 메시지의 이해를 돕는 데 그치지 않고, 메시지를 청중의 기억 속에 오래 남게 하는 데 매우 효과적이다. 따라서 프레젠테이션에서는 말만으로 메시지를 전달하기보다 시각 자료를 적극적으로 활용해야 한다. 최근의 수업이나 다양한 현장에서 시각 자료를 사용하지 않는 프레젠테이션을 찾기 어려운 이유도 여기에 있다. 시각 자료는 청중의 주의를 끌고, 메시지의 핵심을 효과적으로 전달하며, 기억 효과를 극대화하는 데 필수적인 요소로 자리 잡았다. 결론적으로, 효과적인 프레젠테이션을 위해 말과 함께 적절한 시각 자료를 활용하는 것이 중요하며, 이를 통해 청중의 이해도와 기억 효과를 높일 수 있다.

2) 언어적 요소

대부분의 시각자료에는 텍스트가 포함되며, 이 텍스트의 가독성을 확보하는 것이 중요하다. 텍스트의 가독성에 영향을 미치는 주요 요소는 폰트, 줄 간격, 정렬, 서술 방식, 제목 처리 그리고 색상 대비다(Duarte, 2008; Kosslyn, 2007; Reynolds, 2011).

(1) 폰트

일반적으로 프레젠테이션에서는 18포인트 이상의 큰 폰트를 사용해야 한다. 특히 넓은 장소에서 많은 청중을 대상으로 할 때는 폰트를 더 크게 조절하여 모든 청중이 쉽게 읽을 수 있도록 해야 한다.

프레젠테이션 시 투사된 시각 자료에는 산세리프(Sans Serif) 또는 고딕 계열 폰트가 적합하다([그림 7-15] 왼쪽 사례 참고). 이 서체는 글자의 끝에 장식이 없어 화면에서 더 쉽게 읽히는 특징이 있다. 굴림체는 고딕 계열이지만, 굵은 서체를 사용해도 약하게 보이는 경향이 있어 투사된 자료에서 잘 사용되지 않는다. 반면, 세리프(serif) 계열의 명조체와 같은 서체는 글자 끝에 장식이 있어 인쇄된 문서에서 가독성이 더 뛰어나다.

폰트는 두 가지 이하로 사용하는 것이 좋다. 너무 다양한 폰트를 사용하면 통일성을 잃게 되며 혼란스럽다. 한 가지 폰트를 사용하다가, 강조하고 싶은 부분에 다른 폰트를 사용할 수 있다. 또한 슬라이드 제목과 본문 텍스트의 폰트를 달리 할 수도 있다.

(2) 줄 간격

텍스트의 줄 간격은 가독성을 크게 좌우한다. [그림 7-15] 오른쪽 사례에서 볼 수 있듯이 줄 간격이 너무 좁으면 텍스트가 빽빽해 보이고 읽기 어려우며, 너무 넓으면 텍스트의 흐름이 끊긴다. 일반적으로 글자 높이의 1.5배(1.3~1.6배)가 가장 적합한 간격으로 알려져 있다.

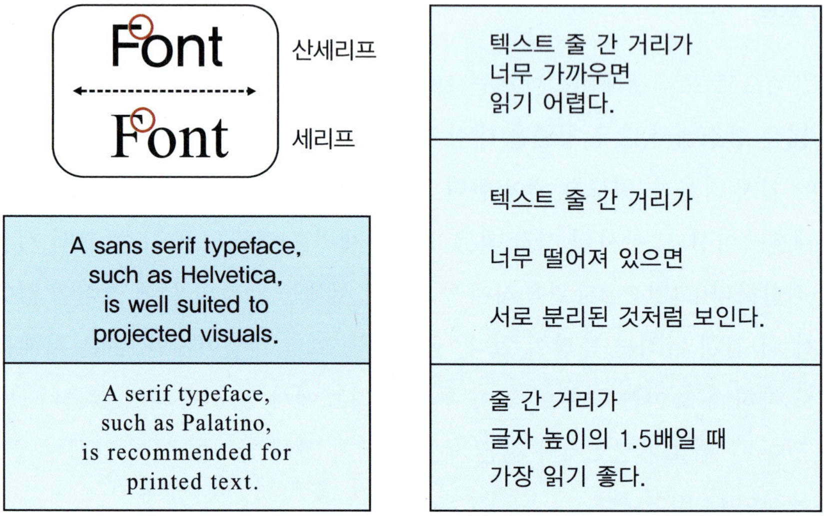

[그림 7-15] 시각 자료에서 적절한 폰트와 줄 간 간격

(3) 정렬

투사된 시각 자료에서는 텍스트를 왼쪽 정렬로 배치하는 것이 적합하다. 인쇄물에서 흔히 사용되는 양쪽 맞춤은 띄어쓰기 간격이 불규칙하여 화면에서는 가독성이 떨어질 수 있다. 왼쪽 정렬은 띄어쓰기 간격이 일정해 읽기 부담을 줄인다.

(4) 서술 방식

프레젠테이션 자료에서는 긴 서술형 문장보다, 중요한 내용을 짧게 나열하는 개조식 문장이 더 효과적이다. 글머리표를 사용하여 핵심 단어와 구로 내용을 간결히 표현하면 정보 전달력이 높아지고 청중이 내용을 더 쉽게 이해할 수 있다([그림 7-16] 참고).

좋은 단행본의 구비 요건

- 과장되지 않은 내용
- 학습 과정에 대한 자세한 설명
- 독자 입장에서 쓴 글
- 참신한 기획력

좋은 단행본으로써 갖추어야 할 조건

- 책의 내용을 너무 과장하는 것은 바람직하지 않습니다.
- 결과물을 얻기 위한 과정의 설명을 자세하게 해야 합니다.
- 책을 읽는 독자의 입장에서 글을 써야 합니다.
- 참신한 기획력을 가진 좋은 기획자를 만나야 합니다.

→

좋은 단행본으로써 갖추어야 할 조건

- 과장되지 않은 내용
- 학습 과정에 대한 자세한 설명
- 독자 입장에서 쓴 글
- 참신한 기획력

[그림 7-16] 서술식 문장과 개조식 문장

(5) 제목

각 슬라이드에는 반드시 제목을 넣어야 한다. 제목이 없으면 슬라이드의 내용을 파악하기 어려워지고, 제목이 여러 개일 경우에는 혼란을 초래할 수 있다. 슬라이드당 하나의 주 제목을 원칙으로 하되, 필요한 경우 하위 제목을 추가할 수 있다. 2개 수준 이상의 제목이 필요한 경우 간지를 사용하여 내용을 구분하는 것이 좋다([그림 7-17] 참고).

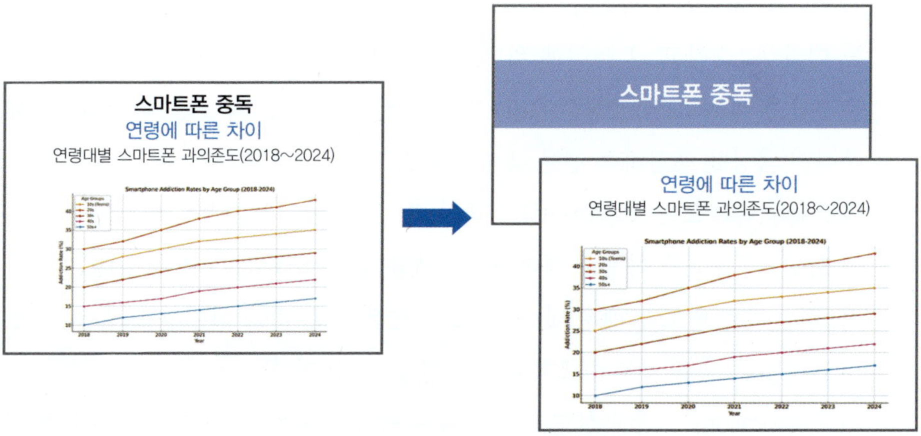

[그림 7-17] 슬라이드의 제목 처리

(6) 색상 대비

텍스트와 배경색의 대비는 가독성을 결정짓는 중요한 요소이다. 예를 들어, 검은 배경에 노란색 텍스트는 가독성이 높지만, 검은 배경에 초록색 텍스트는 읽기가 어렵다. 텍스트는 물론 시각 자료에서 색상 활용에 대해 자세히 알아보기로 한다.

3) 색의 활용

현대인은 시각 자료를 평가할 때, "눈에 확 들어온다." "알아보기 쉽다." "세련되어 보인다." 또는 "촌스럽다."와 같은 표현으로 쉽게 의견을 제시한다. 이와 같은 평가는 시각 자료에 사용된 색상(color)이 중요한 근거가 된다. 그러나 다른 사람의 시각 자료를 평가하는 것만큼 자신이 직접 적절한 색을 선택해 활용하는 일은 쉽지 않다. 따라서 색 사용의 기본 원칙을 이해하고 적용하는 것이 중요하다.

색을 잘 사용하기 위해서는 우선 색상환, 명도 및 채도의 개념을 이해할 필요가 있다(campbell, 2022).

- 색상환(color wheel)은 색의 혼합과 보색 관계를 이해하기 위한 도구로, 일반적으로 원형으로 구성된다. 빨강, 파랑, 노랑 같은 원색, 이 원색을 혼합해 만든 이차색, 그리고 그 사이에 위치한 삼차색이 원을 따라 배열된다. 가장 기본적인 형태는 12색 색상환이며, 20색([그림 7-18]), 24색 또는 48색 등 더 세부적인 색상을 포함하는 전문 색상환도 있다.
- 명도(lightness 또는 brightness)는 색의 밝기 정도를 나타낸다. 명도가 높을수록 밝고, 낮을수록 어두운 색이 된다. 예를 들어, 노란색은 명도가 높은 색이며, 검은색은 명도가 매우 낮다. 명도가 높은 색은 밝고 활기찬 느낌을 주며, 명도가 낮은 색은 차분하고 무거운 느낌을 줄 수 있다.
- 채도(saturation)는 색의 선명도 또는 순수성을 의미한다. 채도가 높을수록 생

생하고 강렬하며, 낮아질수록 흐릿하고 무채색에 가까워진다. 예를 들어, 채도가 높은 색은 강렬하고 에너제틱한 분위기를, 채도가 낮은 색은 부드럽고 차분한 분위기를 만들어 낸다.

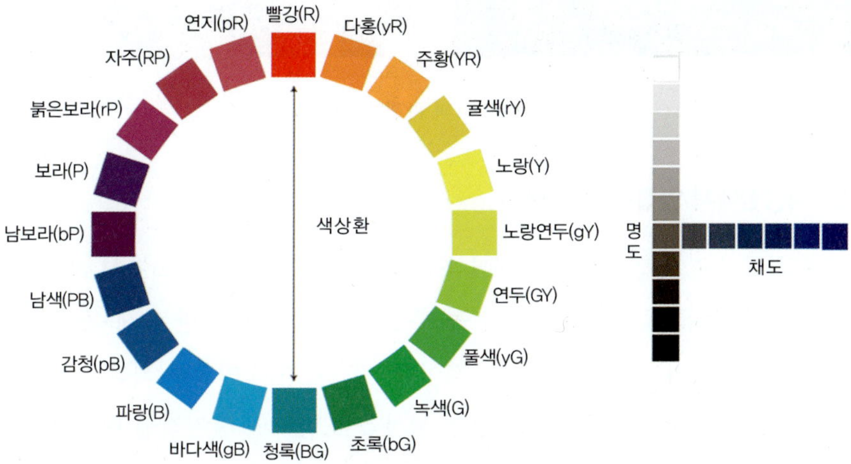

[그림 7-18] 색상환과 명도 및 채도

이러한 색상환, 명도 및 채도의 개념을 기반으로 다음과 같은 원칙에 기반해서 색상을 선택, 활용하도록 한다.

(1) 색상환에서 보색 활용

보색은 색상환에서 서로 마주 보는 위치에 있는 색으로, 강한 대비와 조화를 동시에 제공한다. 이러한 색 조합은 시각적 강조와 균형을 유지하는 데 효과적이다. 예를 들어, 빨강과 초록, 노랑과 보라는 대표적인 보색 관계이다. 크리스마스 장식에서 빨강과 녹색의 조합은 이러한 보색의 조화를 잘 보여 주는 사례이다. 보색은 시각적 요소를 돋보이게 하고, 메시지의 명확성을 높이는 데 유용하다(이종연, 2009).

[그림 7-19] 보색 관계에 있는 시각물

(2) 색상환에서 인접한 색 활용

인접한 색상은 색상환에서 가까이 위치한 색들로, 자연스럽고 조화로운 분위기를 연출한다. 예를 들어, 노랑-노란 녹색-초록이나 파랑-파란 녹색-초록은 서로 부드럽게 이어지며 시각적으로 안정적이다. 단, 두 가지 인접한 색만 사용할 경우 단조로울 수 있으므로, 세 가지 이상의 색상을 조합하면 점진적인 변화와 풍부한 시각적 경험을 제공할 수 있다(김선현, 2013).

[그림 7-20] 세 가지의 인접한 색을 포함한 시각물

(3) 색의 명도와 채도 조절

무작위로 선택된 색상이라도 채도와 명도를 조절하면 조화를 이룰 수 있다(김선현, 2013).

① **채도를 낮추고 명도를 높이는 방법:** [그림 7-21]의 왼쪽 그림과 같이 모든 색상을 파스텔 톤으로 바꾸면 부드럽고 차분한 분위기를 연출할 수 있다. 예를 들어, 빨강, 파랑, 노랑의 원색을 각각 밝고 은은한 파스텔 색조로 변환하면 강렬함이 줄고 조화로운 느낌을 준다.

② **채도와 명도를 모두 낮추는 방법:** [그림 7-21]의 오른쪽 그림과 같이 회색이나 검정과 같은 어두운색을 혼합하면 시각적 부담을 줄이며 차분하고 묵직한 분위기를 형성할 수 있다. 예를 들어, 빨강, 초록, 노랑에 어두운 톤을 추가하면 안정적이고 절제된 효과를 낼 수 있다.

[그림 7-21] 명도, 채도 조절에 따른 색의 조합

(4) 색이 주는 심리적 효과와 프레젠테이션 주제에 맞는 색 활용

색상은 감정과 분위기를 전달하는 강력한 도구로, 프레젠테이션의 주제와 맥락에 따라 적절히 활용하면 메시지 전달력을 높일 수 있다. 〈표 7-4〉는 주요 색상의 심리적 효과와 이에 대한 적절한 활용 사례를 보여 준다(김선현, 2013).

〈표 7-4〉 색상별 심리적 효과와 활용 사례

색상	심리적 효과	활용 사례
빨강	열정, 에너지, 위험, 사랑, 힘	광고 포스터, 경고 표지판, 스포츠 브랜드
분홍	부드러움, 사랑, 친근함, 따뜻함	화장품 브랜드, 어린이용 제품, 로맨틱 이벤트
주황	활기, 창의성, 따뜻함, 친근함	창의적 이벤트 포스터, 식당 인테리어, 어린이 장난감
노랑	밝음, 행복, 긍정, 에너지	교육 자료, 긍정적 메시지 포스터, 패션 브랜드
갈색	안정감, 따뜻함, 성숙함, 지구	카페 인테리어, 나무 가구, 자연 테마 웹사이트
파랑	신뢰, 차분함, 안정, 집중력	회사 로고, 의료 시설, 비즈니스 프레젠테이션
초록	자연, 신선함, 조화, 치유	환경 캠페인, 헬스케어 브랜드, 힐링 제품 포장
검정	권위, 강렬함, 성숙함, 공식적임	고급 브랜드 로고, 비즈니스 슈트, 법률 관련 문서

색이 주는 심리적 효과를 바탕으로, 프레젠테이션의 주제와 어울리는 색상을 선택하면 메시지를 더욱 효과적으로 전달할 수 있다(Heinich, Molenda, & Russell, 1993).

- **따뜻한 색(빨강, 주황, 노랑)**은 활기차고 긍정적인 분위기를 조성하는 데 적합하다. 가족 행사, 어린이 교육 자료 또는 커뮤니티 활동처럼 친근하고 밝은 주제를 다룰 때 유용하다.
- **차가운 색(파랑, 보라, 청록)**은 차분하고 전문적인 분위기를 전달하며, 과학적, 기술적 또는 금융 관련 주제에 효과적이다. 객관적이고 신뢰를 강조하는 프레젠테이션에 특히 적합하다.

[그림 7-22]는 따뜻한 색과 차가운 색의 활용 사례이다. 주제와 어울리는 색상을 적절히 선택하면 청중의 이해와 공감대를 형성하는 데 큰 도움을 줄 수 있다.

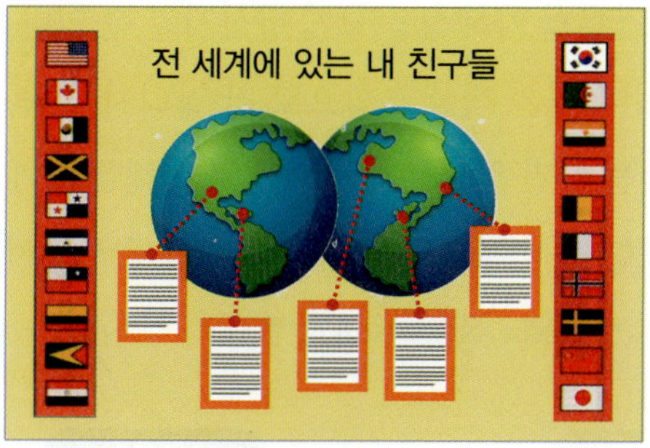

[그림 7-22] 따뜻한 느낌을 주는 시각물과 차가운 느낌을 주는 시각 자료

(5) 색상 대비를 통한 가독성 증진

시각 자료에서 중요한 요소와 배경이 극명한 색상 대비를 이루도록 설계하면 메시지 전달 효과가 커진다. 예를 들어, 밝은 배경에 어두운 텍스트를 사용하면 가독성이 높아지고, 중요한 정보가 더 잘 부각된다([그림 7-23] 참고).

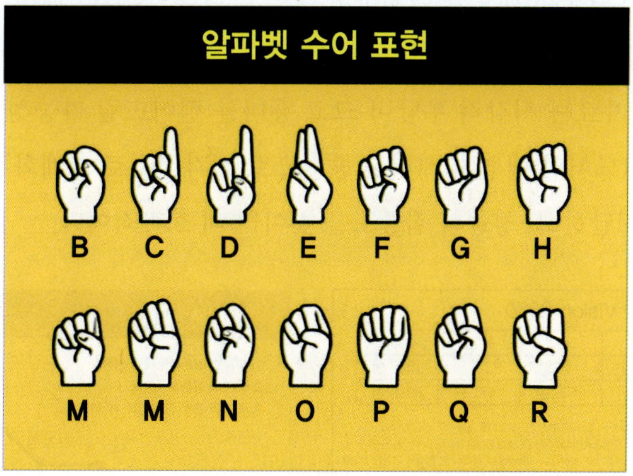

[그림 7-23] 배경과 중요 요소의 극명한 대비

색상 대비를 활용하면 시각 자료에서 텍스트의 가독성을 크게 향상시킬 수 있다. 특히 노란 바탕에 검은 글씨는 가장 가독성이 높은 색상 조합으로 잘 알려져 있다. 이는 시각 자료에서 텍스트를 읽는 데 걸리는 시간을 단축시키고 정보 이해를 쉽게 만드는 데 효과적이다. [그림 7-24]는 다양한 색상 조합의 가독성을 높은 순서에서 낮은 순서로 비교하여 보여 준다(Heinich, Molenda, & Russell, 1993).

① 노랑 바탕 검은 글씨 ② 흰 바탕 파랑 글씨 ③ 파랑 바탕 흰 글씨 ④ 흰 바탕 검은 글씨 ⑤ 검은 바탕 노랑 글씨

[그림 7-24] 읽기 쉬운 색상 조합 순서

4) 효과적인 시각 자료 개발 프로세스

시각 자료는 단순히 정보를 나열하는 것이 아니라, 청중이 메시지를 쉽고 빠르게 이해할 수 있도록 구성되어야 한다. [그림 7-25]에서 왼쪽 슬라이드처럼 텍스트로 가득 찬 자료는 시각적 부담이 크고 흥미를 떨어뜨릴 가능성이 높다. 반면, 오른쪽 슬라이드처럼 핵심 메시지를 중심으로 시각적으로 체계화된 자료는 내용을 간결하게 전달하고, 청중의 집중도를 높이는 데 효과적이다.

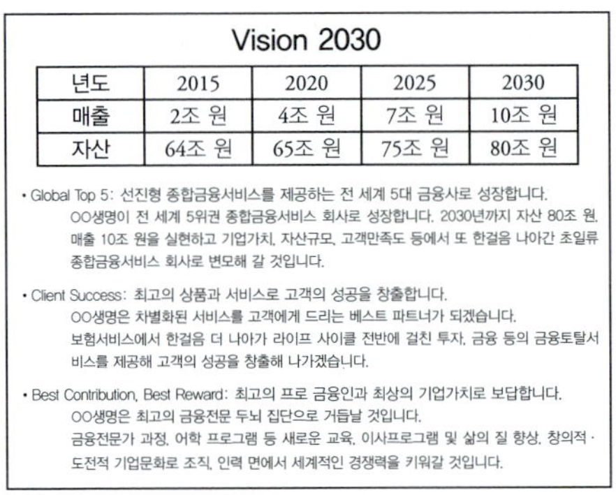

Vision 2030

년도	2015	2020	2025	2030
매출	2조 원	4조 원	7조 원	10조 원
자산	64조 원	65조 원	75조 원	80조 원

• Global Top 5: 선진형 종합금융서비스를 제공하는 전 세계 5대 금융사로 성장합니다.
OO생명이 전 세계 5위권 종합금융서비스 회사로 성장합니다. 2030년까지 자산 80조 원, 매출 10조 원을 실현하고 기업가치, 자산규모, 고객만족도 등에서 또 한걸음 나아간 초일류 종합금융서비스 회사로 변모해 갈 것입니다.

• Client Success: 최고의 상품과 서비스로 고객의 성공을 창출합니다.
OO생명은 차별화된 서비스를 고객에게 드리는 베스트 파트너가 되겠습니다.
보험서비스에서 한걸음 더 나아가 라이프 사이클 전반에 걸친 투자, 금융 등의 금융토탈서비스를 제공해 고객의 성공을 창출해 나가겠습니다.

• Best Contribution, Best Reward: 최고의 프로 금융인과 최상의 기업가치로 보답합니다.
OO생명은 최고의 금융전문 두뇌 집단으로 거듭날 것입니다.
금융전문가 과정, 어학 프로그램 등 새로운 교육, 이사프로그램 및 삶의 질 향상, 창의적·도전적 기업문화로 조직, 인력 면에서 세계적인 경쟁력을 키워갈 것입니다.

• 텍스트 위주의 시각 자료

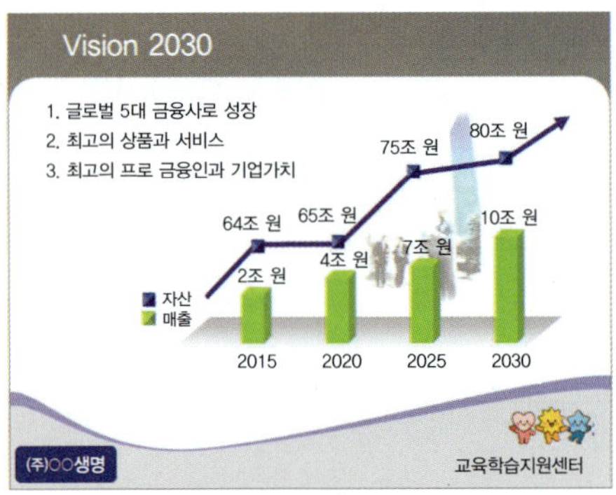

• 체계적으로 구성된 시각 자료

[그림 7-25] 텍스트 위주의 시각 자료와 체계적으로 구성된 시각 자료

효과적이고 설득력 있는 시각 자료를 개발하기 위해서는 [그림 7-26]과 같이 세 가지 주요 단계, 즉 키워드 추출, 시각화, 컬러화를 순차적으로 적용하는 것이 중요하다. 각 단계는 자료의 핵심 메시지를 강화하고, 청중이 자료를 쉽게 이해할 수 있도록 돕는 역할을 한다(김기만, 배준오, 2020; 김세나, 2024).

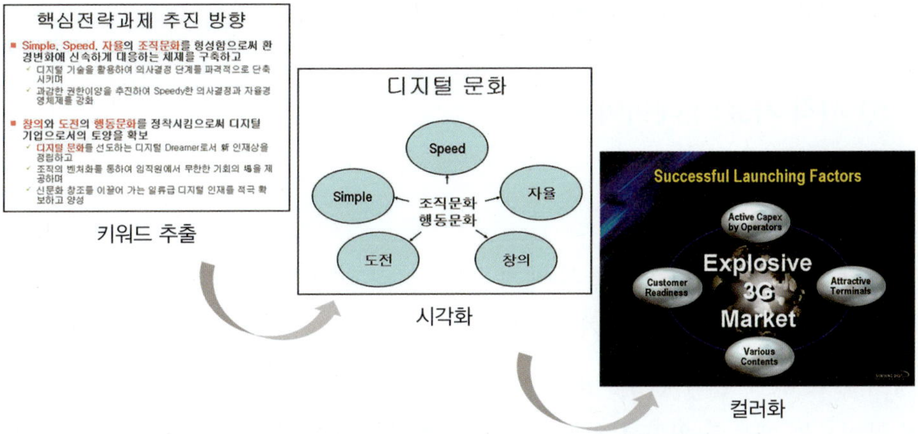

[그림 7-26] 시각 자료 개발 프로세스

(1) 키워드 추출

시각 자료 개발의 첫 단계로, 자료의 핵심 내용을 간결한 키워드 형태로 정리하는 작업이다. 핵심 메시지와 주요 개념을 선별하고, 불필요한 정보를 제거하여 청중이 자료의 본질을 쉽게 이해하도록 한다. 긴 문장 대신 간단한 키워드로 요약하여 발표자의 설명을 보조할 수 있도록 한다.

(2) 시각화

추출한 키워드를 도형, 선, 화살표 등의 시각적 요소를 활용해 체계적으로 배치한다. 개념 간의 관계를 명확히 표현하고, 복잡한 내용을 직관적으로 이해할 수 있도록 구조화한다. 메시지를 도식화하여 자료의 흐름과 논리성을 강화한다.

(3) 컬러화

시각 자료에 적절한 색상을 적용해 메시지를 강조하고 시각적 집중도를 높이는 과정이다. 텍스트와 배경 색의 대비를 통해 가독성을 높이고, 주제와 어울리는 색상으로 자료의 분위기와 일관성을 조성한다. 주요 키워드나 강조점은 눈에 띄는 색으로 처리해 전달력을 극대화한다.

5) 시각 자료의 레이아웃

(1) 일관성 있는 화면 구성

시각 자료에서 구성 요소들의 배치, 색상 그리고 텍스트 처리에 있어 일관성을 유지하는 것은 시각 자료의 가독성을 크게 향상시킨다. 이는 청중으로 하여금 시각적 혼란 없이 정보에 집중할 수 있도록 한다. 예를 들어, [그림 7-27]에서 모든 슬라이드는 제목의 위치를 왼쪽 상단에 고정하고 폰트의 유형과 크기, 색상 팔레트와 강조 색상을 일관되게 사용하고 있다. 또한 텍스트는 화면의 우측, 관련된 시각자료는 좌측에 배치하며, 시각자료의 스타일은 실루엣 형식으로 통일함으로써 자료 전체가 안정되고 정돈된 느낌을 준다(이종연, 2009).

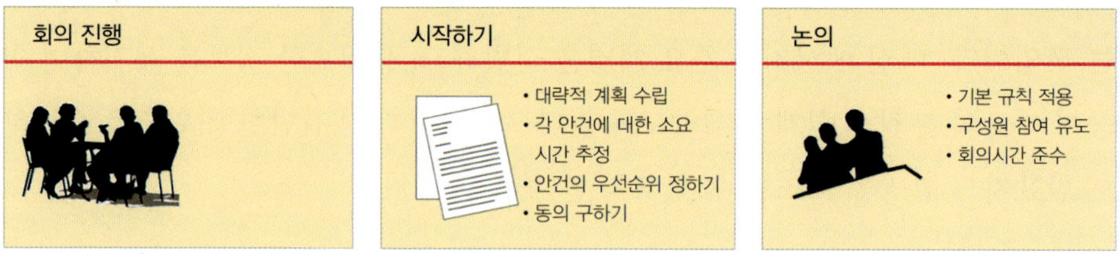

[그림 7-27] 일관성 있는 레이아웃

(2) 시선의 집중도를 고려한 배치

사람의 시선은 일반적으로 왼쪽 상단에서 시작해 오른쪽 하단으로 이동한다. [그림 7-28]은 위치에 따라 시선 집중도가 41%, 20%, 25%, 14%로 다름을 보여 준다. 따라서 중요한 정보는 시선이 가장 많이 모이는 왼쪽 상단이나 중앙에 배치하고, 부가적인 정보는 상대적으로 덜 주목되는 위치에 배치하는 것이 효과적이다. 이와 같은 시선 집중도를 고려한 배치는 청중이 중요한 내용을 빠르게 파악하는 데 도움을 준다(이종연, 2009).

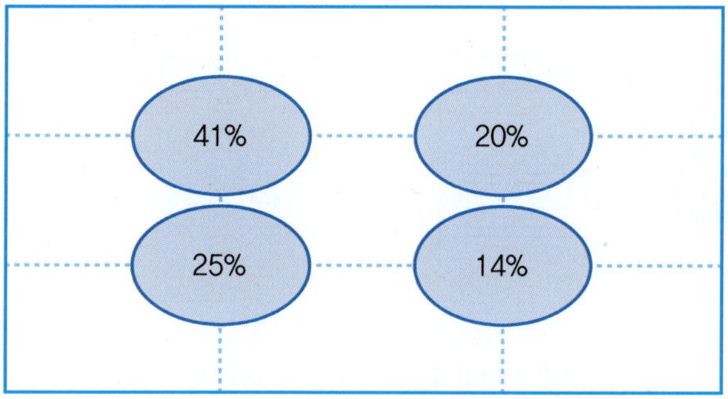

[그림 7-28] 시선 집중도

(3) 화면 구성 요소들의 정렬

텍스트와 이미지 같은 화면 구성 요소는 체계적이고 일정한 간격으로 정렬될 때 시각적 질서가 확보되어 가독성이 높아진다. [그림 7-29]에서 네 명의 인물 사진과 설명 텍스트가 상단과 하단에 각각 두 명씩 가로 · 세로축에 맞춰 정렬되어 있어, 시각적 일관성과 명확성을 제공한다.

정렬은 단순히 자료를 보기 좋게 만드는 것을 넘어, 청중이 자료의 내용을 빠르고 효율적으로 이해하도록 돕는다. 따라서 시각 자료 설계 시, 가로 · 세로축을 기준으로 요소를 정렬해서 배치하는 것이 중요하다(Heinich, Molenda, & Russell, 1993).

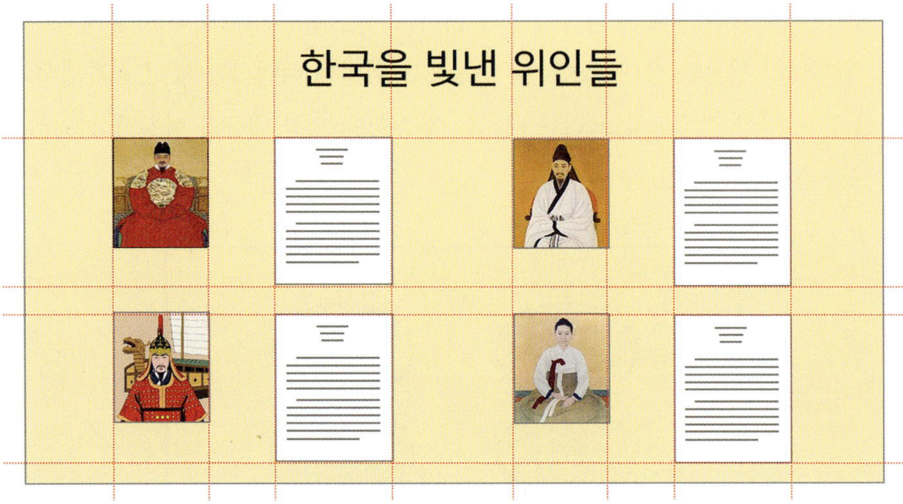

[그림 7-29] 구성 요소가 잘 정렬된 화면

(4) 사용자 눈의 흐름을 고려한 배치

시각 자료의 요소를 배치할 때, 사용자 눈의 이동 경로를 고려하면 정보 전달 효과를 높일 수 있다. [그림 7-30]은 이러한 배치의 두 가지 사례를 보여 준다. 먼저, 왼쪽 사례에서는 시각 요소들이 시계 방향의 원형 배치로 구성되어 있다. 이 방식은 학습자가 익숙한 눈의 흐름을 따라 정보의 변화를 자연스럽게 이해하도록 돕는다. 변화 과정이 원형으로 배치되면 화면 구성이 안정적이고 논리적으로 느껴진다. 만약, 이 과정을 가로 또는 세로 한 줄로 길게 배열했다면 화면이 불안정해 보였을 것이고, 정보의 흐름을 따라가는 데 어려움이 있었을 것이다.

[그림 7-30] 오른쪽 사례에서는 요소들이 지그재그(Z) 형태로 배열되어 있다. 이 배치 역시 첫 번째 단계에서 마지막 단계까지의 정보를 순차적으로 쉽게 따라갈 수 있도록 유도하여, 흐름을 명확히 이해할 수 있도록 구성되어 있다.

이처럼, 시각 자료에서 눈의 흐름을 고려한 배치는 학습자가 정보를 자연스럽게 받아들이고, 안정감을 느끼도록 돕는다. 논리적인 흐름을 시각적으로 지원함으로써 학습자의 이해도를 높이고, 메시지 전달 효과를 강화할 수 있다(이종연, 2009).

[그림 7-30] 눈의 흐름을 고려한 시각 요소들의 배치

(5) 청중들에게 적절한 스타일의 시각 자료

시각 자료는 대상 청중의 특성과 요구에 맞게 스타일을 조정해야 한다. [그림 7-31]은 청중의 연령대와 목적에 따라 서로 다른 스타일로 구성된 슬라이드 사례를 보여 준다. 먼저, 왼쪽 슬라이드는 어린이나 청소년을 대상으로 설계되었다. 밝은 색상과 친근한 캐릭터를 활용하여 학습자의 흥미를 유도하고 자료에 쉽게 접근할 수 있도록 구성되었다. 이러한 스타일은 타깃 청중의 흥미를 끌고 참여를 유도하는 데 효과적이다.

반면, [그림 7-31] 오른쪽 슬라이드는 성인이나 전문가를 대상으로 설계되었다. 차분한 색상과 간결한 이미지를 사용하여 주요 메시지를 전달하는 데 초점을 맞추고 있다. 성인 청중은 시각적 장식보다는 핵심 정보를 빠르게 이해하는 것을 선호하기 때문에, 불필요한 요소는 최소화하고 간결하면서도 명확한 메시지를 제공하는 것이 중요하다.

결론적으로, 시각 자료의 스타일은 대상 청중의 연령과 목적에 따라 조정되어야 한다. 이를 통해 자료의 효과성과 청중의 몰입도를 높일 수 있다.

초등학생용 슬라이드

성인용 슬라이드

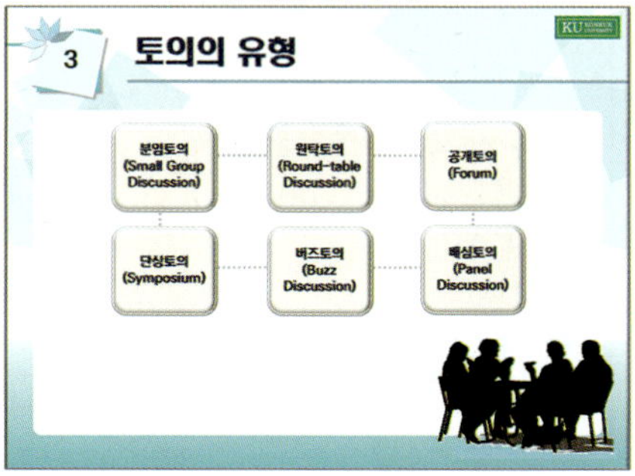

[그림 7-31] 청중에게 적절한 스타일을 적용한 시각 자료

6) 시각 자료 제작 도구 선택

프레젠테이션에 포함될 메시지가 구성된 후에는, 앞서 설명한 시각 자료 구성의 원칙에 따라 시각 자료를 제작하게 된다. 시각 자료 제작 시 가장 널리 활용되는 도구는 단연 마이크로소프트의 파워포인트이다. 특히 마이크로소프트 365용 파워포인트는 클라이언트-서버 기반으로 동작하며, 데스크톱 앱과 웹사이트 형태로 모두 제공됨에 따라 기존 데스크톱용 파워포인트에서 활용하기 어려웠던 실시간 협업 및 클라우드 저장 기능을 사용할 수 있다.

최근에는 파워포인트 외에도 캔바(Canva)와 프레지(Prezi)가 시각 자료 제작 도구로 각광 받고 있다. 캔바는 직관적인 디자인 편집 기능과 풍부한 템플릿을 제공하여 누구나 쉽게 활용할 수 있다는 장점이 있고, 프레지는 줌인 · 줌아웃을 활용한 다이내믹한 화면 전환 효과로 시각적 몰입감을 높일 수 있다. 이에 마이크로소프트 365용 파워포인트, 캔바, 프레지의 주요 기능을 간략하게 살펴보고, 프레젠테이션의 목적과 청중의 특성에 맞는 도구를 선택하고 효과적으로 활용하는 방안을 제시하고자 한다. 한편, 많은 국내 사용자를 보유한 미리캔버스(https://www.miricanvas.com/)는 캔바와 유사한 인터페이스와 기능을 제공하므로, 별도로 다루지 않기로 한다.

(1) 마이크로소프트 365용 파워포인트(https://www.office.com)

① 개요

마이크로소프트 365용 파워포인트는 클라우드 기반 기능을 통해 기존 데스크톱 버전보다 향상된 협업 및 편집 환경을 제공한다. 협업할 상대방의 이메일 주소를 입력하면 실시간으로 공동 작업을 수행할 수 있다. 또한 마이크로소프트 계정만 있으면 무료 버전(저장 공간 5GB)을 사용할 수 있다. [그림 7−32]는 마이크로소프트 365용 파워포인트 접속 화면이고, [그림 7−33]은 프레젠테이션 편집 화면이다.

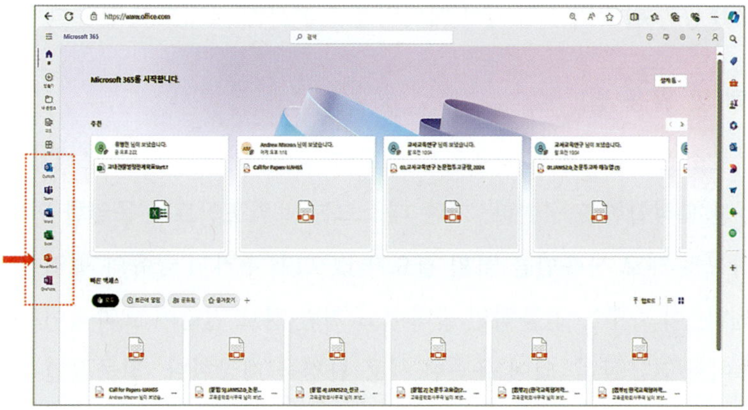

[그림 7−32] 마이크로소프트 365용 파워포인트 접속 화면

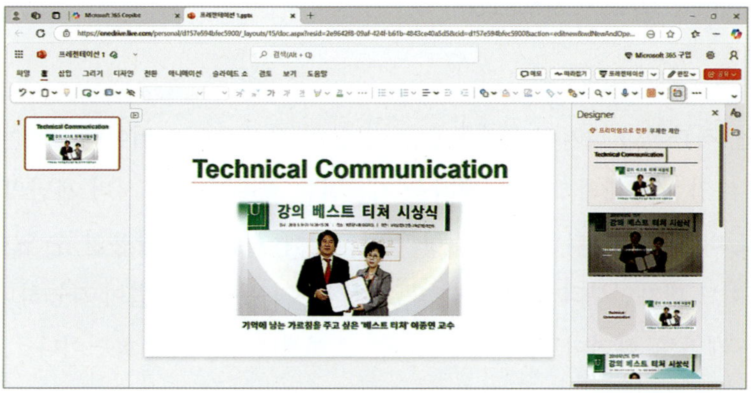

[그림 7−33] 마이크로소프트 365용 파워포인트 슬라이드 편집 화면

② 주요 기능

- 실시간 협업: 여러 사용자가 동시에 프레젠테이션 파일을 편집할 수 있어 팀 작업에 적합하다.
- 디자인 아이디어 추천: 인공지능(AI)을 활용하여 슬라이드 레이아웃과 디자인을 자동으로 제안한다.
- 다양한 템플릿 제공: 고품질의 템플릿과 테마를 제공하여 전문적인 프레젠테이션을 손쉽게 제작할 수 있다.
- 다양한 통합 기능: 마이크로소프트 팀즈(Microsoft Teams), 워드(Word), 엑셀(Excel) 등과 완벽히 연동되어 데이터를 간편하게 가져오고 활용할 수 있다.

③ 선택 및 활용 팁

마이크로소프트 365용 파워포인트는 학술 발표, 대규모 팀 프로젝트, 기업 프레젠테이션에 적합한 도구이다. 기존 데스크톱 파워포인트와 동일한 인터페이스를 제공하므로 새로 사용법을 익힐 필요가 없으며, 추가된 공유와 협업 기능만 숙지하면 된다. 이 도구는 전통적인 슬라이드 기반 정보 전달에 효과적이며, 다양한 디바이스에서 접근할 수 있어 유연한 사용 환경을 제공한다. 전문적인 자료 정리와 공식적인 발표를 필요로 하는 사용자에게 적합한 도구이다.

(2) 캔바(https://www.canva.com)

① 개요

캔바는 직관적인 디자인 플랫폼으로, 간단히 시각적으로 뛰어난 프레젠테이션은 물론 다양한 형태의 그래픽 제작을 지원하는 클라이언트-서버 개념의 도구이다. 무료 버전에서도 다양한 템플릿과 멀티미디어 요소를 활용할 수 있어, 간단한 슬라이드 디자인부터 고급 시각 자료 제작까지 폭넓은 작업이 가능하다. [그림 7-34]는 캔바 홈 화면이고, [그림 7-35]는 프레젠테이션 편집 화면이다.

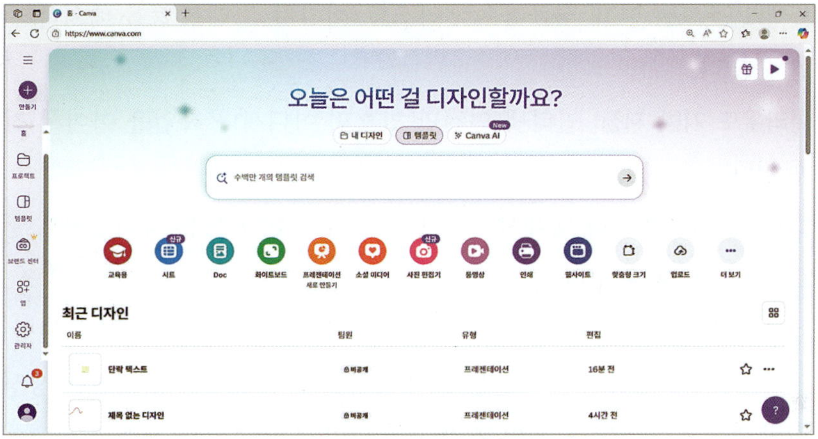

[그림 7-34] 캔바 홈 화면

[그림 7-35] 캔바 프레젠테이션 편집 화면

② 주요 기능

- 미리 설계된 템플릿 제공: 초보자도 쉽게 활용할 수 있는 수천 개의 전문 템플릿을 제공한다. 특히 파워포인트 템플릿이 식상하게 느껴질 때 대안이 될 수 있다.
- 다양한 멀티미디어 요소 제공: 그래픽, 애니메이션, 아이콘, 차트, 오디오 및 비디오 등 다양한 멀티미디어 요소를 무료로 활용할 수 있다.

- **드래그 앤 드롭 편집**: 직관적으로 텍스트, 이미지, 그래프 등을 배치하고 수정할 수 있다.
- **클라우드 기반 저장**: 인터넷 연결만 있으면 어디서나 작업을 이어서 진행할 수 있다.
- **발표 모드 지원**: 캔바 내에서 바로 발표하거나, PDF 또는 파워포인트 형식으로 다운로드할 수 있다.
- **실시간 협업**: 여러 사용자가 동시에 하나의 프레젠테이션 파일을 편집할 수 있다. 특히 상대방의 이메일을 알지 못하는 경우에도 협업 링크를 생성하여 편집 권한을 부여할 수 있어 편리하다. 다만, 이러한 기능이 보안 측면에서는 위협이 될 가능성도 있다.

③ 선택 및 활용 팁

캔바는 K-12 교육 현장을 주된 타깃으로 하며, 초 · 중 · 고등학생이나 교육자가 많이 사용하는 도구이다. 템플릿과 그래픽 요소 중 친근하고 밝은 분위기를 주는 것이 많아 학습 자료나 학생 발표용으로 적합하다. 성인 및 비즈니스 환경에 어울리는 템플릿과 그래픽 요소도 제공하므로, 전문 디자이너, 일반 사용자 모두 손쉽게 활용할 수 있다. 협업 기능까지 지원하기 때문에 팀 프로젝트 진행이나 창의적인 발표에도 유용하다.

(3) 프레지(https://www.prezi.com)

① 개요

프레지는 마이크로소프트 365용 파워포인트와 캔바와 마찬가지로 클라우드 기반의 도구이다. 이 도구는 비선형 프레젠테이션 제작을 지원하며, 슬라이드 방식에서 벗어나 줌인 · 줌아웃 형식의 위계적이고 다이내믹한 발표 환경을 제공한다. 무료 버전에서도 프레젠테이션뿐만 아니라 동영상 강의와 인포그래픽 제작이 가능하다. [그림 7-36]은 프레지 홈 화면이고, [그림 7-37]은 프레젠테이션 편집 화면이다.

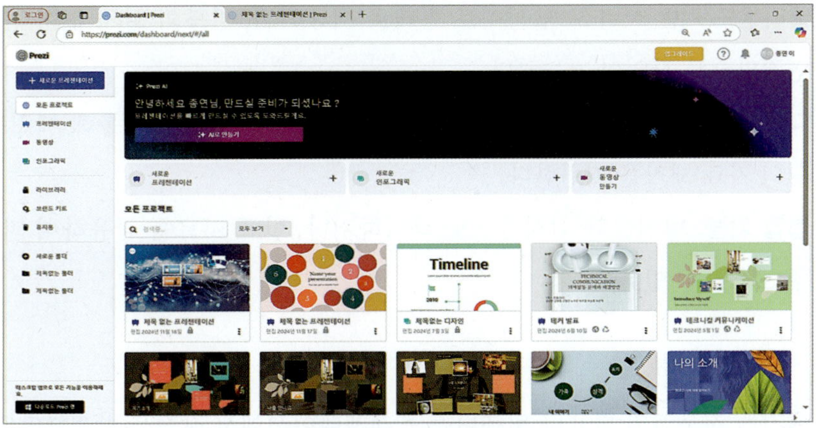

[그림 7-36] 프레지 홈 화면

[그림 7-37] 프레지 프레젠테이션 편집 화면

② 주요 기능

- 줌인 · 줌아웃 방식의 프레젠테이션: 콘텐츠를 전체적으로 보여 준 후, 특정 부분으로 줌인하며 위계적으로 설명할 수 있도록 한다.
- 대화형 프레젠테이션: 청중의 반응에 따라 유연하게 발표 흐름을 변경할 수 있다.

- **클라우드 기반 서비스:** 웹사이트 형태로 제공되며, 별도의 설치 없이 인터넷 연결만으로 작업이 가능하다.
- **디자인 템플릿 제공:** 프레지 특유의 동적인 디자인 템플릿을 통해 세련된 느낌의 자료 제작을 지원한다.
- **협업 기능:** 팀원들과 실시간으로 작업하거나, 발표 자료를 공유하여 피드백 주고받을 수 있다.

③ 선택 및 활용 팁

프레지는 전문적인 발표나 비즈니스 프레젠테이션에서 강점을 발휘한다. 성인 학습자, 직장인 또는 기업 프레젠테이션에서 세련되고 전문적인 이미지를 전달하는 데 적합하다. 특히 복잡한 정보를 한눈에 요약하고, 특정 부분에 초점을 맞춰 줌인하며 대화형 발표를 진행함으로써 청중과의 상호작용을 효과적으로 강화할 수 있다는 점이 큰 장점이다.

성공적인 프레젠테이션은 청중의 이해와 관심을 유지하고, 핵심 메시지를 효과적으로 전달하는 데 있다. 이를 위해 시각자료의 중요성을 이해하고, 다음과 같은 시각화 전략을 적용하는 것이 중요하다.

■ 프레젠테이션 시각화 전략 정리

- 프레젠테이션 자료에서 텍스트와 함께 관련된 그림 또는 그래픽 자료를 활용하면 청중의 주의를 끌고, 정보를 오래 기억하게 할 수 있다.
- 텍스트의 가독성을 높이기 위해 18포인트 이상의 산세리프 계열 폰트를 사용하며, 적절한 줄 간격(1.5배)과 왼쪽 정렬을 유지한다. 긴 문장 대신 개조식 문장과 글머리표를 활용해 간결하게 작성한다.
- 텍스트와 배경의 색상 대비를 명확히 하여, 가독성을 높이도록 한다(예 검은 배경에 노란 텍스트 활용).
- 색상환을 활용해 보색(빨강-청록)이나 세 가지 이상의 인접 색상(노랑-노란 녹색-초록)을 사용하며, 명도와 채도를 조절해 조화로운 분위기를 연출한다.

- 화면 레이아웃은 일관성을 유지하며, 제목, 폰트, 색상 팔레트 사용 원칙을 통일해 시각적 안정감을 확보한다. 중요한 정보는 시선이 가장 집중되는 위치(왼쪽 상단)에 배치하고, 시계 방향 원형 배치나 지그재그 배치를 활용해 자연스러운 정보의 흐름을 구현한다.
- 시각 자료의 스타일은 청중의 특성에 맞게 조정한다. 어린이 대상 자료는 밝은 색상과 친근한 이미지를, 성인 대상 자료는 차분한 색상과 간결한 구성을 활용하여 메시지를 명확히 전달한다.
- 시각 자료 제작을 위해 마이크로소프트 365용 파워포인트, 캔바, 프레지 등의 프레젠테이션 도구를 사용할 수 있다. 프레젠테이션의 목적, 청중의 특성 및 기타 상황을 고려하여 적절한 도구를 선택하는 것이 중요하다.

4. 성공적인 프레젠테이션을 위한 전달 기법

프레젠테이션의 성공 여부는 내용, 시각적 자료의 구성 그리고 전달 기법에 의해 결정된다. 전달 기법이란 프레젠터가 메시지를 효과적으로 전달하기 위해 사용하는 다양한 표현 방식과 기술을 의미하며, 목소리 크기와 말의 속도, 얼굴 표정, 몸 동작, 시각 자료의 활용 방법, 태도, 청중과의 관계 등 언어적 및 비언어적 요소를 모두 포함한다(Ford, Mccullough, & Schutta, 2012; Hiroshi, 2007; Reynolds, 2011). 효과적인 전달 기법은 청중과의 상호작용을 증진하고, 감정적 연결을 통해 메시지를 강조하며, 명확한 의사소통으로 청중의 이해를 돕는다. 또한 이러한 기법은 청중의 주의를 끌고 유지하는 데 중요한 역할을 한다. 이 절에서는 성공적인 프레젠테이션을 위한 전달 기법을 구체적으로 탐구한다.

1) 목소리

목소리는 프레젠테이션의 성공 여부를 좌우하는 중요한 요소이다. 목소리의 크기, 속도, 높낮이, 발음은 청중의 집중도와 메시지 이해도를 크게 좌우한다.

(1) 목소리 크기

목소리가 작으면 청중에게 잘 안 들리고, 지루하게 느껴지며, 잠이 올 수 있다([그림 7-38] 참고). 프레젠터는 평소 대화보다 조금 더 큰 목소리로 말하려는 노력이 필요하며, 마이크를 사용하는 것도 효과적인 방법이다. 그러나 목소리가 지나치게 크면 청중에게 불편함을 줄 수 있으므로, 적당히 큰 목소리를 유지하는 것이 중요하다.

[그림 7-38] 프레젠터의 목소리 크기에 따른 청중의 반응

(2) 말의 속도

프레젠테이션에서 말의 속도는 메시지 전달력에 중요한 영향을 미친다. 말이 너무 빠르면 청중이 내용을 이해하기 어려워지고, 반대로 말이 너무 느리면 답답하고 지루하게 느껴질 수 있다([그림 7-39] 참고). 일반적으로 긴장 상태에 있을 때 말이 빨라지는 경향이 있으므로 프레젠터는 의식적으로 천천히 말하도록 한다. 또한 청중의 반응을 보며 적절한 속도를 유지하도록 한다.

[그림 7-39] 프레젠터의 말 속도에 따른 청중 반응

(3) 목소리의 높낮이

단조로운 목소리는 청중의 집중력을 떨어뜨릴 수 있다. 청중은 변화가 없는 단조로운 목소리로 진행하는 프레젠테이션을 가장 듣기 힘들어한다. 강조가 필요한 부분에서는 목소리를 높이고, 크기를 키우며, 속도를 늦추는 변화를 주어야 한다([그림 7-40] 참고). 강조할 단어나 어구 앞뒤로 짧은 멈춤(pause)을 주는 것도 효과적이다. 이러한 목소리의 변화를 통해 청중의 주의를 환기시킬 수 있다. 또한 전반적으로 평소보다 약간 높은 톤('도레미파솔라시도'에서 '솔' 정도)으로 말하면 프레젠테이션에 생동감을 더할 수 있다. 초보 프레젠터는 [그림 7-41]과 같이 강조할 부분을 표시한 대본을 작성하고, 이를 활용해 연습하면 큰 도움이 된다.

청·중·들·은·단·조·로·운·목·소·리·로·진·행·하·는·프·레·젠·테·이·션·을
가·장·듣·기·힘·들·어·합·니·다.

목소리의 **크고** 작음,

음의 높고 낮음

속도의 빠르고 ~느~~~림~~에

적절한 변화를 주어야 합니다.

[그림 7-40] 프레젠터의 목소리 변화

높은 언덕 위에 커다란 상자 공장이 있었습니다.
언덕을 따라 터벅터벅 걸어 올라가니 낮은 울타리가
빙 둘러싸고 있었고 커다란 문이 보였습니다.
문을 확 열었더니 아주 기다란 복도가 나타났습니다.
복도 끝으로 성큼성큼 걸어가 나선형의 계단을 따라
터벅터벅 올라가니 예쁜 모양의 문이 나타났습니다.
옆으로 문을 확 열고 방으로 들어갔더니 거기에는
커다란 상자, 작은 상자, 조그만 상자, 쪼끄만 상자가
아주 높다랗게 쌓여 있었습니다.
그런데 갑자기 상자들이 와르르 무너져 내려
깜짝 놀라 눈을 떠 보니 휴우~~ 다행히도 꿈이었습니다.

[그림 7-41] 프레젠터의 목소리 강약 조절을 위한 대본

(4) 발음

발음은 메시지의 명확성과 직결된다. 우리가 건강한 식습관을 위해 밥을 꼭꼭 씹어 먹듯이, 프레젠터는 한 단어, 단어를 흘려보내지 말고 정성껏 발음해야 한다. 부정확한 발음은 청중에게 불편함을 줄 수 있으며, 커뮤니케이션 오류를 초래할 수 있다([그림 7-42] 참고). 또한 공식적인 프레젠테이션에서는 표준어를 사용하는 것이 바람직하며, 지방 사투리는 자제하도록 한다. '음' '저' '에'와 같은 췌사(쓸데없는 군더더기 말)의 사용 역시 최소화하도록 한다.

[그림 7-42] 발음이 부정확한 프레젠터

[그림 7-43]에 제시된 기초 발음 연습 대본을 활용해 연습하면 도움이 된다.

가갸거겨고교구규그기
나냐너녀노뇨누뉴느니
다댜더뎌도됴두듀드디
라랴러려로료루류르리
마먀머며모묘무뮤므미
바뱌버벼보뵤부뷰브비
사샤서셔소쇼수슈스시
아야어여오요우유으이
자쟈저져조죠주쥬즈지
차챠처쳐초쵸추츄츠치
타탸터텨토툐투튜트티
파퍄퍼펴포표푸퓨프피
하햐허혀호효후휴흐히

얄리얄리 얄라셩 얄라리 얄라
머루랑 달래랑 먹고 청산에 살리라
얄리얄리 얄라셩 얄라리 얄라

간장 공장 공장장은 강공장장이고,
된장 공장 공장장은 장공장장이다.

작년에 온 솥 장수는 새 솥 장수고,
금년에 온 솥 장수는 헌 솥 장수다.

앞집에 있는 말뚝이 말 맬 말뚝이냐
말 안 맬 말뚝이냐

한국관광공사 곽진관 관광과장

[그림 7-43] 기초 발음 연습용 대본

2) 몸 동작

프레젠테이션에서 몸 동작은 메시지 전달에 있어 매우 중요한 역할을 한다. 선행 연구에 따르면, 의사소통에서 말의 내용이 차지하는 영향력은 7%에 불과한 반면, 목소리는 38%, 몸 동작은 55%를 차지한다고 한다(Reynolds, 2011). 이처럼 몸 동작은 성공적인 프레젠테이션을 위한 필수적인 요소이다.

(1) 프레젠터의 위치와 움직임

우선, 프레젠터는 발표 자료가 투사되는 전자칠판 또는 스크린을 가리지 않아야 한다([그림 7-44]). 또한 한 자리에 계속 서 있으면 생동감이 떨어질 수 있으므로, 적절히 자리를 이동하며 발표하는 것이 중요하다. 특히 [그림 7-44]와 같이 연설대를 두 손으로 붙잡고 움직이지 않으면 청중은 쉽게 지루함을 느낄 수 있다. 연단에서 적절히 자리를 옮기고, 발표 장소 전체를 순회하며 발표하면 청중의 관심을 유지하는 데 도움이 된다. 다만, 지나치게 빠른 움직임은 청중에게 산만한 인상을 줄 수 있으니, 천천히 움직이도록 주의해야 한다.

[그림 7-44] 프레젠터의 위치

(2) 손 위치 및 팔동작

프레젠터의 손 동작은 청중의 주의를 끌고 프레젠테이션에 생동감을 더하는 데 중요한 역할을 한다. 손의 기본 위치는 [그림 7-45]와 같이 배꼽 위치에 자연스럽게 모으는 것이다. 팔짱을 끼거나, 뒷짐을 지거나, 호주머니에 손을 넣는 등 부적절한 자세는 피해야 한다.

[그림 7-45] 프레젠터 손의 기본 위치

손과 팔을 적절히 사용하면 메시지를 효과적으로 강조하고 청중의 주의를 집중시키는 데 도움이 된다. [그림 7-46]은 강조할 때 자주 사용하는 손 동작의 예를 보여 준다. 다만, 과도한 손 동작은 오히려 청중의 집중을 방해할 수 있으므로 절제된 사용이 필요하다. 초보 프레젠터는 발표 스크립트를 작성한 후, 강조할 부분에 목소리와 손 동작을 결합해 연습하는 것이 도움이 된다. 발표 경험이 쌓이면 필요한 곳에서저절로 자연스럽고 효과적인 손동작을 할 수 있을 것이다.

[그림 7-46] 강조를 위한 손 동작

3) 얼굴 표정과 시선 처리

얼굴 표정과 시선 처리는 프레젠테이션의 분위기를 형성하고 청중과의 소통을 강화하는 핵심 요소이다. [그림 7-47]은 한 학생이 지도 교수 연구실을 방문했을 때의 상황을 보여 준다. '들어오라'는 말과는 달리 교수의 표정과 시선은 대화할 의지가 없음을 전달한다. 이처럼 표정과 시선 처리는 말보다 강력한 메시지를 전달할 수 있다.

[그림 7-47] 눈동자의 위치 및 표정의 효과

(1) 눈동자의 위치

시선을 이동할 때는 눈동자만 좌우로 움직이는 것을 피하고, 얼굴과 몸 전체를 원하는 방향으로 함께 돌리는 것이 중요하다. 눈동자만 움직이면 째리거나 흘기는 인상을 줄 수 있다. 눈동자는 항상 눈의 가운데 위치하도록 유지하며, 자연스러운 시선 처리를 통해 부드럽고 친근한 인상을 주어야 한다.

(2) 얼굴 표정

무표정하거나 엄숙한 표정 또는 화난 표정은 청중을 긴장하게 만들 수 있다([그림 7-47] 참고). 약간 미소를 띤 표정은 청중에게 편안함을 주고 긍정적인 분위기를 형성한다. 입꼬리를 살짝 올리고 광대 근육을 사용해 미소 짓는 연습은 도움이 된다. 그러나 지나치게 활짝 웃는 표정은 진지함이 부족하다는 인상을 줄 수 있으므로 조심해야 한다. 자연스럽고 부드러운 미소를 유지하는 것이 적절하다.

(3) 시선 처리

프레젠터의 시선은 항상 청중을 향해야 한다. 칠판이나 프로젝션 스크린을 바라보며 설명하거나 허공을 응시하는 것은 적절하지 않다. 청중과의 눈 맞춤(eye contact)은 메시지 전달의 신뢰성을 높이고, 발표자의 자신감을 보여 준다.

또한 청중 전체를 골고루 바라보는 것이 중요하다([그림 7-48] 참고). 특정 청중에게만 시선을 집중하면 나머지 청중에게 소외감을 주거나 불편하게 만들 수 있다. 시선을 발표 장소의 왼쪽, 중앙, 오른쪽으로 번갈아 가며 분배해 모든 청중이 발표자의 관심을 받고 있다고 느끼게 해야 한다.

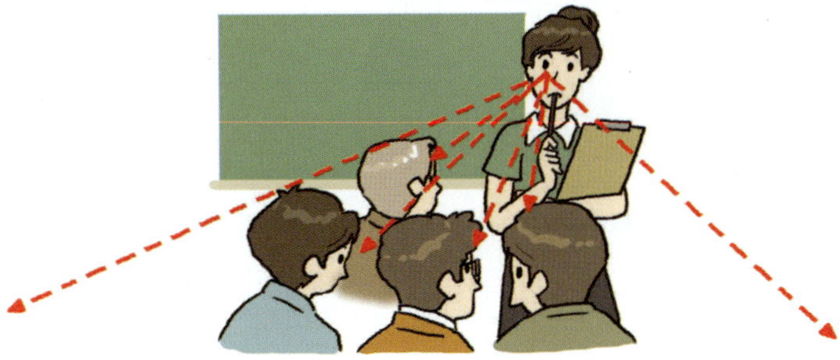

[그림 7-48] 프레젠터의 효과적인 시선 처리

4) 태도

프레젠터의 진지한 태도는 프레젠테이션의 신뢰도와 공감도를 높이는 핵심 요소이다. 청중은 발표자가 주제에 대해 진정성을 가지고 있다는 것을 느낄 때, 메시지에 더 몰입하게 된다. 진지함은 단순히 감정을 표현하는 것을 넘어, 발표 내용을 충분히 준비하고, 효과적인 전달 기법을 통해 청중에게 가치를 전달하려는 의지를 보여 주는 것이다. 예를 들어, 환경 보호에 관한 프레젠테이션에서 프레젠터가 자신의 경험과 사례를 진지하게 전달한다면, 청중은 프레젠터의 열정과 진정성을 느낄 수 있다. 이러한 태도는 메시지의 설득력을 강화하며, 청중이 환경 보호에 대해 더 큰 관심과 동기를 가질 수 있도록 유도한다.

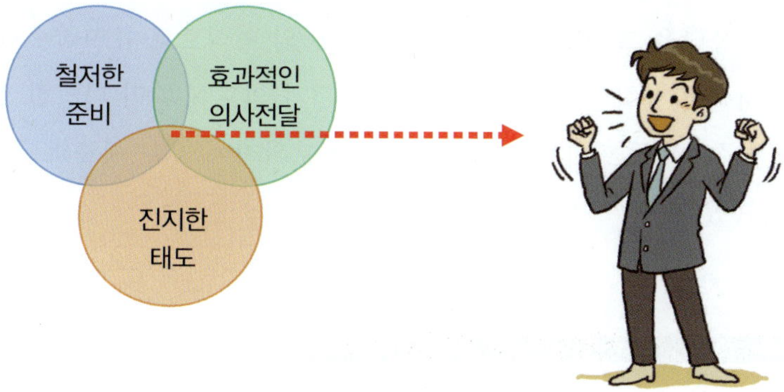

[그림 7-49] 열의가 느껴지는 강의의 조건

5) 청중과의 상호작용

프레젠터는 청중을 단순히 지식 전달의 대상으로 보는 것이 아니라, 상호작용의 주체로 인식해야 한다. 청중의 개인차를 존중하고, 그들의 의견과 반응에 귀 기울이는 태도가 중요하다. 청중의 반응을 주의 깊게 관찰하고, 이해하기 어려워하는 신호가 감지되면 추가적인 설명이나 예시를 제공하여 이해도를 높이는 것이 필요하다. 이는 청중의 몰입도를 높이고, 발표 내용을 보다 효과적으로 전달할 수 있는 기회를 제공한다.

또한 발표 중 청중의 적극적인 참여를 유도하는 질문은 효과적인 소통 방법이다. 질문을 통해 청중의 관심사를 확인하고, 논의에 참여하게 함으로써 프레젠테이션에 대한 흥미와 몰입을 높일 수 있다. 프레젠터가 권위적인 태도를 피하고, 기꺼이 청중과 소통하려는 노력을 기울일 때 심리적 거리감은 줄어들며, 청중은 더 큰 공감과 설득을 경험하게 된다.

청중과의 상호작용을 보다 효과적으로 진행하기 위해 멘티미터(mentimeter)나 슬라이도(slido)와 같은 디지털 도구를 활용할 수 있다. 이러한 도구는 무료와 유료 버전으로 제공되며, 프레젠테이션 중 청중이 모바일 기기를 통해 실시간으로 반응할 수 있는 환경을 제공한다. 이 도구들은 청중의 반응을 전자칠판 또는 스크린에 실시간으로 시각화해 논의를 진행할 수 있도록 돕는다. 예를 들어, 질문에 대한 청중의 응답을 그래프나 워드 클라우드 등의 형식으로 표현함으로써, 청중의 참여를 더욱 활성화할 수 있다. 질문의 유형과 의도에 따라 다양한 형식의 반응을 선택할 수 있어, 프레젠테이션의 목표와 분위기에 맞는 청중과의 상호작용을 진행할 수 있다.

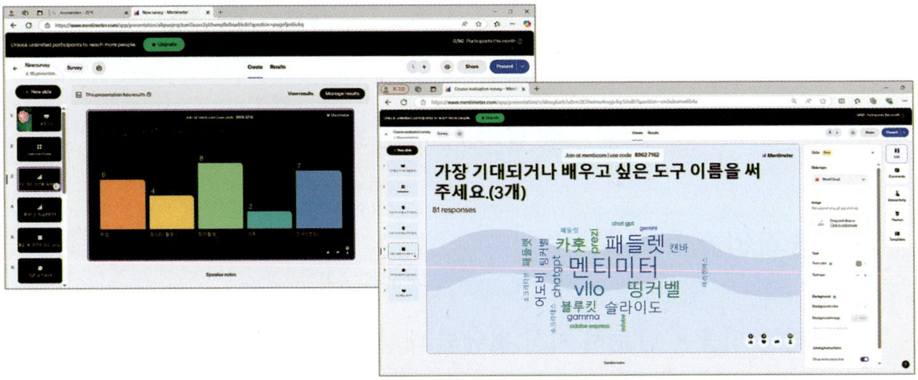

[그림 7-50] 멘티미터를 활용한 청중과의 실시간 상호작용

프레젠테이션의 성공은 내용 구성과 시각화 전략뿐만 아니라 전달 전략에 의해 크게 좌우된다. 전달 전략은 목소리, 몸 동작, 표정과 시선, 태도, 청중과의 상호작용 등 다양한 언어적, 비언어적 요소를 조화롭게 활용하는 것을 포함한다. 이러한 전략은 프레젠테이션의 설득력과 몰입도를 극대화하는 데 필수적이다. 다음은 효과적인 전달 전략의 주요 내용을 정리한 것이다.

■ 프레젠테이션 전달 전략 정리

- 목소리의 크기, 속도, 높낮이, 발음은 청중의 이해와 집중에 결정적인 영향을 미친다. 적절한 크기와 속도로 말하며, 단조로운 톤을 피하고 중요 부분에서는 변화를 주어 메시지에 생동감을 더한다.
- 몸 동작은 메시지를 보강하는 비언어적 요소로, 스크린을 가리지 않고 적절히 자리를 이동해 청중의 시선을 유지하도록 한다. 자연스럽고 명확한 손 동작은 강조 효과를 높이며, 발표의 생동감을 증진시킨다.
- 약간의 미소를 띠며 친근한 분위기를 조성하고, 모든 청중을 골고루 바라보며 눈 맞춤(eye contact)을 유지함으로써 발표자의 자신감과 진정성을 전달한다.
- 발표 주제에 대한 진지한 태도와 더불어 철저한 준비와 효과적인 의사전달 방법 구사는 청중에게 메시지의 진정성을 전달하며, 프레젠터와 청중 간의 심리적 거리를 줄이는 데 기여한다.
- 청중의 반응을 주시하고, 필요한 경우 추가 설명을 제공하며 질문을 통해 적극적인 참여를 유도한다. 멘티미터(mentimeter)나 슬라이도(slido) 같은 디지털 도구를 활용해 실시간 소통을 강화하고, 프레젠테이션의 흥미와 몰입도를 높인다.

CHAPTER 8

글쓰기

대학에서의 글쓰기는 학문적 성장과 지적 발달의 핵심적 수단이다. 대학생에게 글쓰기는 익숙하면서도 도전적인 과제로 인식되는데, 특히 신입생들은 학술적 글쓰기의 본질과 방법론에 대한 이해가 부족하여 어려움을 겪는 경우가 많다. 그러나 대학에서의 글쓰기는 비판적 사고력을 함양하고 논리적 표현 능력을 발전시키는 데 필수적인 과정으로, 전공 학습과 연구 활동 전반에 걸쳐 중추적 역할을 수행한다.

이 챕터에서는 글쓰기의 본질과 기능을 살펴보고, 효과적인 글을 작성하기 위한 구체적인 방법을 탐구한다. 먼저 글을 통해 전달해야 할 핵심 메시지를 명확히 하고, 이를 뒷받침할 근거를 체계적으로 수집하는 방안을 알아본다. 이어서 논리적인 글 구조를 구성하고, 명확하고 설득력 있는 표현을 적용하는 방법을 제시한다. 또한 초고 작성 이후 수정과 퇴고 과정을 통해 글의 완성도를 높이는 전략을 소개하며, 학문적 글쓰기에서 요구되는 형식과 기준을 구체적으로 정리한다.

이를 통해 학생들은 글을 논리적으로 구성하는 방법을 익히고, 학업뿐만 아니라 다양한 실무 환경에서도 활용할 수 있는 효과적인 글쓰기 역량을 갖추게 될 것이다.

1. 글쓰기의 기본 이해

"1학년 때는 글쓰기가 교양 과목의 하나일 뿐이라고 생각했어요. 하지만 학년이 올라갈수록 글쓰기의 중요성을 절실히 깨달았죠. 2학년 때 기업분석 보고서를 쓰면서 논리적인 글쓰기의 중요성을, 3학년 때 인턴십 지원서를 쓰면서 설득력 있는 글쓰기의 필요성을 알게 됐어요. 특히 지난 학기에 있었던 일이 가장 기억에 남아요. 교수님께서 기업의 ESG 경영 사례를 조사해서 발표하라고 하셨는데, 저희 조는 발표 자료는 훌륭했지만 최종 보고서 작성이 미흡했어요. 다른 조는 발표는 평이했지만 보고서가 체계적이어서 더 좋은 평가를 받았죠. 그때 글쓰기가 단순히 생각을 정리하는 것이 아니라 전문성을 보여 주는 도구라는 걸 확실히 알게 됐어요. 취업 준비를 하면서는 더욱 실감하고 있어요. 자기소개서, 직무적성검사의 논술형 문항, 면접 전 제출하는 사전과제까지……. 모든 과정에서 글쓰기 능력이 요구되거든요. 얼마 전에는 제가 운영하는 학과 스터디 카페 글을 보고 한 기업의 채용 담당자분이 연락을 주셨어요. 블로그에 꾸준히 올린 전공 관련 글들이 제 실력과 열정을 보여 주는 포트폴리오가 된 거죠."

1) 글쓰기의 의미와 중요성

현대 사회에서 '글쓰기'는 단순한 의사소통의 도구를 넘어 자신을 표현하고 발전시키는 핵심 수단이다. 특히 디지털 기술의 발달로 인해 비대면 소통이 일상화되면서 글쓰기의 중요성은 더욱 커지고 있다. 이러한 변화는 학업과 직장 생활에서도 뚜렷하게 나타나고 있으며, 효과적인 글쓰기 능력은 이제 선택이 아닌 필수 역량이 되었다.

(1) 현대 사회에서 글쓰기 역할

디지털 시대의 글쓰기는 시공간의 제약 없이 자신의 생각과 감정을 전달할 수 있게 해 준다. 코로나19 이후 비대면 환경이 확대되면서 이메일, 메신저, 온라인 게시글 등 문자를 통한 소통의 비중이 급격히 증가했다. 이는 단순히 의사소통 방식의 변화를 넘어 개인의 정체성과 직결되는 현상으로 발전했다. 현대인들은 소셜 미디어를 통해 자신의 일상과 생각을 공유하고, 블로그나 전문 플랫폼을 통해 지식과 경험을 나눈다. 이 과정에서 글쓰기는 단순한 기록을 넘어 자기표현과 브랜딩의 도구로 진화했다. 링크드인(LinkedIn)과 같은 전문 네트워크에서는 개인의 글쓰기 능력이 전문성을 드러내는 중요한 지표가 되고 있으며, 이는 취업과 경력 관리에도 직접적인 영향을 미친다.

(2) 학업과 직장에서 글쓰기

대학에서의 글쓰기는 학문적 역량을 키우는 핵심 도구이다. 학생들은 보고서, 에세이, 논문 등 다양한 형태의 글쓰기를 통해 자신의 연구 성과를 드러내고 사고를 발전시켜 나간다. 이는 전공을 불문하고 모든 대학생에게 요구되는 기본적인 능력이며, 단순한 정보 나열이 아닌 체계적이고 분석적인 사고의 결과물이다.

대학 글쓰기는 자료를 수집하고 이를 체계적으로 분석하여 독창적인 통찰을 도출하는 과정을 요구한다. 예를 들어, '기후 변화와 지속 가능성'이라는 주제를 다룬 보고서를 작성한다고 가정해 보자. 성공적인 보고서를 작성하기 위해서는 단순히 기후 변화에 관한 기존 데이터를 나열하는 것이 아니라, 수집한 자료를 기반으로 기후 변화의 원인, 현재 상황 그리고 이를 해결하기 위한 지속 가능한 방법을 논리적으로 분석해야 한다. 이 과정에서 학생은 비판적 사고를 발휘하여 문제의 본질을 파악하고, 자신의 견해를 근거와 함께 제시해야 한다. 이처럼 글쓰기는 단순히 학점을 위한 과제가 아니라, 학생들의 사고를 확장시키는 도구이다.

직장에서의 글쓰기는 업무 수행의 핵심 요소로, 직무의 효율성과 결과물의 질에 직접적으로 영향을 미친다. 업무 중 작성되는 문서는 보고서, 제안서, 기획서, 이메일 등 다양한 형태로 존재하며, 이들은 모두 명확하고 효과적인 커뮤니케이션 수단으로 사용된다. 대학에서 배운 글쓰기 기술은 직장에서의 실무 글쓰기에 자연스럽게 연결된다. 대학 시절 작성했던 논리적이고 체계적인 리포트 작성 기술은 직장에서 기획서나 보고서를 작성하는 데 큰 도움이 될 수 있다. 따라서 대학생들은 학업 과제에서 글쓰기를 통해 자신의 사고력과 표현력을 적극적으로 연마해야 하며, 이를 바탕으로 실무에서 요구되는 문서 작성 기술을 효과적으로 활용할 수 있다.

[그림 8-1] 현대사회에서의 글쓰기

학업과 직장에서의 글쓰기는 단순히 과제나 업무를 완수하기 위한 수단이 아니라, 사고를 표현하고 지식을 전달하며 관계를 형성하는 중요한 도구이다. 글쓰기를 통해 자신의 아이디어를 명확히 전달하고, 문제를 효과적으로 해결하며, 팀원과 조직 내에서 신뢰를 쌓아 갈 수 있다.

2) 좋은 글의 특징

좋은 글이란 독자의 이해도를 최우선으로 고려하며, 필자의 생각과 의도가 명확하게 드러나야 한다. 이는 불필요한 내용을 제외한 간결한 표현과 체계적인 구조를 통해 실현되며, 논리적인 전개를 통해 독자의 이해와 공감을 이끌어 낼 수 있어야 한다. 또한 주제의 적절성과 목적의 부합성이 전제되어야 한다.

■ **좋은 글의 특징**

- 첫째, 독창성을 갖추어야 한다: 주제의 참신성, 접근 방법의 새로움, 자료의 신규성
- 둘째, 필자의 관점과 주장이 명확해야 한다: 논지를 선명하게 전개
- 셋째, 독자의 공감을 이끌어 내야 한다: 주장을 뒷받침하는 타당한 논거 제시
- 넷째, 내용의 통일성이 확보되어야 한다: 글의 전체적 완성도를 결정하는 핵심 요소
- 다섯째, 주제를 효과적으로 부각시키는 문체 선택이 중요하다: 필자의 주제 의식과 태도를 반영하는 표현 수단
- 여섯째, 정확하고 간결한 표현이 요구된다: 언어 규범에 부합하는 표현, 불필요한 군더더기 제거, 최소한의 표현으로 최대한의 의미 전달

출처: 서강대학교 글쓰기센터(https://writing.sogang.ac.kr/front/guide/guide_01.html).

(1) 명확성, 간결성, 논리성

좋은 글의 첫 번째 조건은 명확성(clarity)이다. 명확성이란 필자의 의도와 생각이 독자에게 정확하게 전달되는 특성을 의미한다. 이는 적절한 어휘 선택과 정확한 문장 구성을 통해 실현된다(Williams & Bizup, 2017). 예를 들어, "현대사회는 빠르게 변화하고 있다."라는 모호한 문장보다는 "디지털 기술의 발달로 인해 산업 구조와 일상생활의 패턴이 급속히 변화하고 있다."와 같이 구체적으로 표현하는 것이 더 명확하다. 특히 전문용어를 사용할 때는 그 개념을 명확히 정의하고, 독자의 이해를 돕기 위한 구체적인 예시를 제시하는 것이 바람직하다.

간결성(conciseness)은 불필요한 내용을 제외하고 핵심적인 정보만을 전달하는 능력이다. 군더더기를 제거하고, 본질적인 내용에 집중해야 한다. 이는 단순히 문장을 짧게 쓰는 것이 아니라, 전달하고자 하는 내용을 가장 효과적인 방식으로 표현하는 것이다. 간결한 글은 독자의 주의를 집중시키고 메시지를 전달하는 데 도움이 된다(Strunk & White, 2000). "그는 결정을 내리기 전에 신중하게 생각했다."라는 문장은 간결하고 분명하지만, "그는 다양한 가능성을 고려한 후 충분히 숙고한 끝에 최종 결정을 내렸다."라는 표현은 불필요한 수식이 많아 가독성을 떨어뜨린다.

논리성(logical flow)은 글의 전개 과정이 합리적이고 체계적임을 의미한다. 주장과 근거가 명확한 인과관계로 연결되어야 하며, 전체적인 구성이 일관된 흐름을 유지해야 한다(Minto, 2009). 환경 문제에 대한 글을 쓸 때 "환경오염이 심각하다(현상) → 이산화 탄소 배출이 주된 원인이다(원인) → 신재생에너지 사용을 확대해야 한다(해결방안)"와 같이 논리적으로 전개하는 것이 효과적이다. 또한 객관적 사실과 주관적 해석을 명확히 구분하고, 논리적 비약이나 모순이 없도록 주의해야 한다.

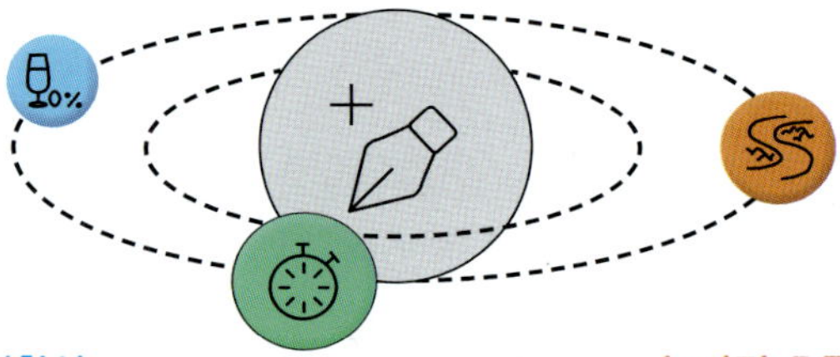

[그림 8-2] 좋은 글의 특징

논리적 글쓰기를 위해서는 몇 가지 기술적인 요인이 필요하다(장소진, 2012; Hwang & Kim, 2021).

첫째, 단락 간 자연스러운 연결이 중요하다. 각 단락은 개별적인 내용을 담고 있지만, 전체 글의 흐름 속에서 유기적으로 연결되어야 한다. 이를 위해 문단의 첫 문장에서 이전 단락의 내용을 자연스럽게 이어 주거나, 핵심 개념을 반복하여 독자의 이해를 돕는 것이 효과적이다.

둘째, 적절한 접속어의 사용이 필요하다. 접속어는 글의 논리적 구조를 명확하게 만들어 주며, 문장 간 관계를 분명히 하는 역할을 한다. 원인과 결과를 설명할 때는 '따라서' '그 결과' '이로 인해' 등의 표현을 사용할 수 있으며, 대조적인 개념을 제시할 때는 '반면에' '그러나' '그에 비해' 등의 접속어를 활용할 수 있다.

셋째, 인과관계를 명확히 제시해야 한다. 논리적인 글쓰기는 주장과 근거가 명확한 인과관계를 이루고 있을 때 더욱 설득력을 가진다. 예를 들어, "스마트폰 사용 시간이 증가하면 수면의 질이 저하된다."라는 주장을 뒷받침하기 위해, "스마트폰의 블루라이트가 멜라토닌 분비를 억제하여 숙면을 방해한다."라는 과학적 근거를 제시하는 것이 효과적이다.

넷째, 객관적 자료와 통계를 활용하는 것도 논리적 글쓰기의 핵심 요소이다. 독자의 신뢰를 얻기 위해서는 단순한 주장이 아니라 객관적인 데이터를 근거로 제시해야 한다. "청소년의 스마트폰 의존도가 높아지고 있다."라는 주장보다는 "2024년 조사에 따르면, 우리나라 10대의 31%가 하루 3~4시간 스마트폰을 사용하는 것으로 나타났다."는 구체적인 통계를 포함하는 것이 더욱 설득력 있다.

마지막으로, 반론에 대한 고려와 대응이 필요하다. 논리적인 글은 자신의 주장을 강화하는 동시에, 예상되는 반론에 대한 답변을 포함함으로써 더욱 완성도를 높일 수 있다. "온라인 강의는 학습 효율성을 저하시킨다."라는 주장에 대해 "일부 연구에서는 온라인 강의가 자기주도적 학습을 촉진한다는 결과도 있다."라는 반론을 제시한 후, "그러나 자기주도적 학습 역량이 낮은 학생들에게는 오히려 학습 격차를 초래할 가능성이 높다."라는 반박 논리를 제시하는 방식이 효과적이다. 이와 같은 기술을 활용하면 글의 논리적 구조를 강화할 수 있으며, 독자에게 보다 명확하고 설득력 있는 주장을 전달할 수 있다.

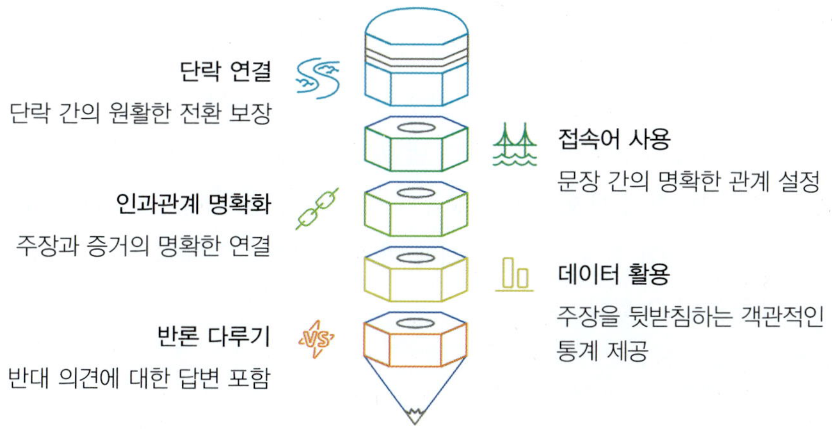

[그림 8-3] 논리적 글쓰기를 위한 기술

(2) 독자 중심의 글쓰기

글쓰기에서 독자 중심의 접근은 효과적인 의사소통을 실현하는 핵심 요소이다. 이는 필자의 생각을 일방적으로 전달하는 것이 아니라, 독자의 특성과 상황을 고려하여 내용을 구성하고 전개하는 것을 의미한다(Anderson, 2022; Hwang & Kim, 2021). 동일한 주제라도 독자의 배경과 목적에 따라 다른 접근이 필요하다. 예컨대, 전문가를 대상으로 할 때는 전문 용어와 객관적 데이터를 중심으로 서술하는 것이 적합하지만, 일반 독자를 대상으로 할 때는 쉬운 용어와 친숙한 사례를 활용하는 것이 효과적이다.

독자 중심의 글쓰기를 실현하기 위해서는 먼저 독자 분석이 선행되어야 한다. 독자의 지식수준, 관심사, 요구사항을 정확히 파악하고, 이를 바탕으로 내용의 깊이와 서술 방식을 결정해야 한다. 대학생을 대상으로 하는 글이라면, 전문 용어는 충분한 설명과 함께 제시하고, 학생들의 실제 경험과 연계된 사례를 활용하는 것이 바람직하다. 또한 복잡한 개념은 단계적으로 설명하고, 필요한 경우 시각 자료를 활용하여 이해를 돕는다.

글의 구조와 표현 방식 역시 독자를 고려하여 결정해야 한다. 각 단락은 핵심 내용을 먼저 제시하고 구체적인 설명을 덧붙이는 방식으로 구성하여 독자가 글의 흐름을 쉽게 파악할 수 있도록 한다. 문장의 길이와 난이도는 독자의 수준에 맞게 조절하고, 논리적 흐름을 체계적으로 유지하여 독자의 이해를 돕는다.

특히 설득적 글쓰기에서는 독자의 관점이 더욱 중요하다. 독자가 공감할 수 있는 논거를 제시하고, 예상되는 반론에 대해서도 충분한 설명과 대안을 준비해야 한다. 예를 들어, 환경 보호의 필요성을 주장할 때는 환경 파괴의 심각성뿐만 아니라, 이것이 독자의 일상생활과 미래에 미치는 영향을 구체적으로 설명하는 것이 설득력을 높일 수 있다.

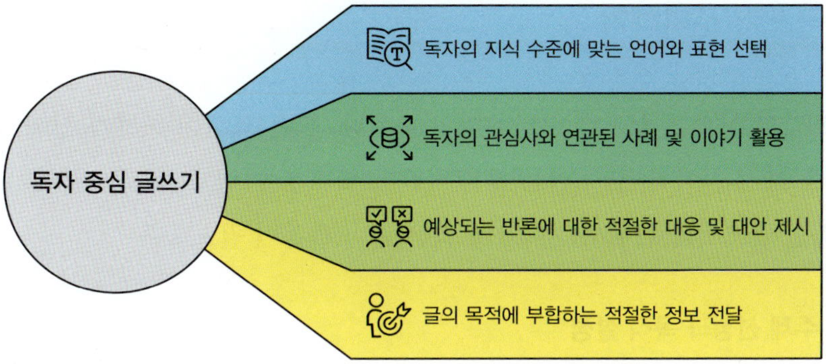

[그림 8-4] 독자 중심의 글쓰기 실천 방법

독자 중심의 글쓰기는 단순히 글의 스타일을 결정하는 문제가 아니라, 글의 본질적인 목적을 효과적으로 달성하기 위한 핵심 원칙이다. 독자의 특성을 고려하고 그들의 반응을 예측하여 내용을 구성하면, 글의 전달력과 설득력이 높아질 뿐만 아니라 독자의 이해도와 공감도 또한 증대된다. 필자가 자신의 메시지를 효과적으로 전달하고자 한다면, 독자의 입장에서 고민하고, 독자의 기대에 부합하는 글을 작성하는 습관을 기르는 것이 필수적이다.

2. 글쓰기 프로세스

글쓰기는 체계적인 과정을 통해 완성되는 지적 활동이다. 성공적인 글쓰기를 위해서는 주제 선정에서부터 최종 원고 완성에 이르기까지 단계별로 세심한 준비와 노력이 필요하다. 이 절에서는 글쓰기의 전 과정을 준비하기, 개요 작성하기, 초고 작성하기, 수정과 퇴고하기(Anderson, 2022; Holt, 2019)의 네 단계로 나누어 살펴본다.

1) 글쓰기 준비하기

글쓰기의 시작은 철저한 준비에서 비롯된다. 많은 학생이 주제가 정해지면 바로 글을 쓰기 시작하지만, 이는 체계적인 글쓰기를 어렵게 만드는 원인이 된다. 효과적인 글쓰기를 위해서는 다음과 같은 준비 과정이 필요하다.

(1) 주제 선정과 목적 설정

주제 선정은 글쓰기의 방향을 결정하는 중요한 첫 단계이다. 대학에서 과제로 부여받는 주제는 대개 광범위한 경우가 많다. 이런 경우, 주제의 범위를 적절히 좁혀 구체화하는 작업이 필요하다. 예를 들어, '대학생의 미디어 이용'이라는 광범위한 주제가 주어졌다고 가정해 보자. 이를 다음과 같이 단계적으로 구체화할 수 있다.

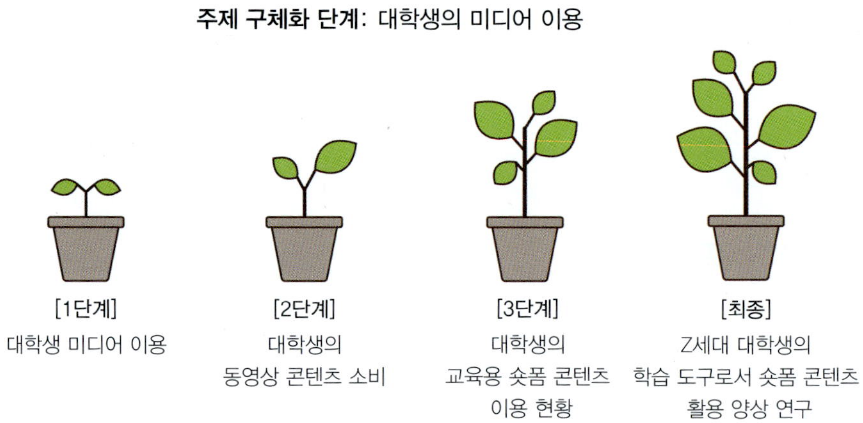

[그림 8-5] 주제 구체화 단계 예시

주제가 구체화되면 글의 목적을 명확히 설정해야 한다. 목적 설정 시에는 다음 사항을 고려한다.

- 이 글을 통해 무엇을 전달하고자 하는가?

• 독자들에게 어떤 영향을 주고자 하는가?
• 글의 결과물이 어떻게 활용될 것인가?

(2) 자료 수집과 분석

자료 수집은 주장의 타당성을 뒷받침하는 근거를 마련하는 과정이다. 대학생의 글쓰기에서는 특히 학술적 자료의 활용이 중요하다. 다음에서 '코로나19 이후 대학생의 학습 방식 변화'라는 주제로 자료를 수집하고 분석하는 과정을 구체적으로 살펴보도록 하자.

① 자료 수집 범위 설정

• **수집할 자료의 유형 결정** : 결과물의 신뢰성과 타당성을 확보할 수 있는 자료를 선정한다.

유형		예시
학술적 자료	– 학술논문, 학위논문 – 전문 학술서적 – 연구보고서	– 교육공학 관련 학술지 논문 – 교육심리학 분야 연구 – 원격교육 관련 서적
공신력 있는 기관의 자료	– 정부부처 발행보고서 – 국책연구기관의 통계자료 – 대학 교수학습센터의 연구자료	– 교육부의 비대면 수업 통계 – 대학교육협의회의 실태조사 – 각 대학 교수학습센터의 보고서
현장 자료	– 설문조사 결과 – 인터뷰 기록 – 관찰일지	– 학생 대상 설문조사 – 교수자 인터뷰 – 온라인 강의 플랫폼(LMS) 이용 데이터

• **시간적 · 공간적 범위 설정**: 연구의 시의성과 실현 가능성을 고려하여 범위를 설정한다.

시간적 범위	공간적 범위
– 코로나19 발생 이전(2019년)~현재(2024년) – 학기별 비교를 위해 각 학기 중간 시점(4월, 10월) 데이터 수집	– 국내 4년제 대학교 – 수도권 소재 3개 대학을 표본으로 선정

- 핵심 키워드 선정: 자료 검색의 효율성을 높이기 위해 핵심 키워드를 선정한다.

■ 주제어 도출

- 대주제: 코로나19, 대학교육, 학습방식
- 세부주제: 원격교육, 블렌디드 러닝, 학습 효과
- 관련 개념: 수업만족도, 학업 성취도, 자기주도학습

② 자료 수집방법

- 학술 데이터베이스 활용

RISS 검색 전략	국내 학술지 검색
– 검색식: "코로나19" AND ("대학생" OR "대학교육") AND ("학습방식" OR "학습변화") – 발행연도: 2019~2024 – 자료유형: 학술지논문, 학위논문 – 정렬기준: 인용 횟수 순	– 교육공학연구 – 교육정보미디어연구 – 고등교육연구

- 도서관 소장 자료 검색

단행본 검색	학내 발간자료
– 교육공학 개론서 – 원격교육 관련 전문서적 – 학습심리학 관련 도서	– 교수학습개발센터 연구보고서 – 대학교육혁신원 정책보고서 – 학과별 교육과정 개편안

- 관련 기관의 통계 자료 수집

정부/공공기관 자료	개별대학 자료
– 교육부: 대학 원격교육 실태조사 – 한국교육학술정보원: 대학 이러닝 통계 – 대학교육협의회: 학사운영 현황 분석	– 학기별 강의평가 결과 – LMS 활용 현황 통계 – 만족도 조사 결과

③ 자료의 분석과 정리: 핵심 내용 요약

1. 학습 환경의 변화	2. 학습 방식의 변화	3. 학습 성과의 변화
– 온라인 플랫폼 활용 증가 – 학습 공간의 다변화	– 자기주도적 학습 강화 – 비동기식(asynchronous) 학습 증가	– 학업 성취도 추이 – 학습 만족도 변화

자료를 정리하면서 핵심 내용을 요약할 때 주의해야 할 사항이 있다. 그것은 바로 부적절한 출처 표시로 인한 표절(剽竊) 문제다. 우리는 흔히 보고서를 쓸 때 출처를 밝히지 않고 다른 사람의 글을 베끼는 경우만을 표절이라고 생각하는 경우가 많다. 그러나 출처를 밝히되 그 내용이 부정확하거나 필요한 부분에 적절한 인용 부호를 사용하지 않는 경우 역시 표절 문제가 발생하게 된다. 인용 표기 방법은 다음의 알아 두기와 같다.

알아 두기

인용 표기 방법(저자를 가나다, ABC 순으로 정리한다.)

1. 논문

고혜원(2016),「첨삭을 활용한 글쓰기 수업 모형 연구」,『교양학연구』4집, 다빈치미래교양연구소, p. 24.

2. 저서

박영목(2008).『작문교육론』, 도서출판 역락, pp. 125–126.

3. 번역서

패터 바이스.『아우슈비츠 강제수용소』, 황성근 옮김, 한국문화사, 2003, p. 87.

4. 신문기사

"법인세 정상화 왜 필요한가?", 〈한겨레 신문〉, 2019년 8월 16일, 제5편.

5. 인터넷 글

"개성적인 문체로 나만의 글을 완성하려면 어떤 자세와 과정이 필요한가?", 〈멀티잡스〉, 2025년 1월 12일. https://blog.naver.com/smbizkhnet/223723806368, (2025.02.10).

6. 사전

「다원적 국가론」, 『민중에센스 국어사전』, 민중서림, 2001.

7. 해외 단행본

Vincent C. Kavaloski, Interdisciplinary Education and Humanistic Aspiration, New York, 1998, p. 224.

8. 해외 논문

Joseph J. Kockelmans, "Why Interdisciplinary?", in: Joseph J. Kockelmans(Editor). Interdisciplinary and Education, 1979, Pennsylvania State University, p. 127.

출처: 김은정 외(2023), p. 118.

2) 개요 작성하기

개요는 글의 뼈대로서, 전체적인 구조와 논리적 흐름을 결정한다. 체계적인 개요 작성은 글쓰기 과정에서 방향성을 잃지 않게 하며, 균형 잡힌 내용 구성을 가능하게 한다. 개요 작성은 크게 아이디어를 생성하는 '브레인스토밍 기법'과 이를 체계적으로 구조화하는 '개요 작성법'의 두 단계로 구성된다.

(1) 브레인스토밍 기법

브레인스토밍은 글쓰기의 초기 단계에서 주제와 관련된 다양한 아이디어를 자유롭게 떠올리는 과정이다. 이는 창의적 사고를 촉진하고 주제에 대한 폭넓은 시각을 확보하는 데 도움을 준다. 특히 개요 작성의 첫 단계로서 브레인스토밍은 글의 내용을 풍부하게 하는 토대가 된다. 브레인스토밍의 창시자인 오스본(Osborn, 1953)은 이 과정에서 참여자가 지켜야 할 네 가지 규칙을 제시했다. 아이디어에 대한 비판 금지, 자유로운 발표, 다량의 아이디어 창출 그리고 아이디어의 확장이 그것이다.

개요를 효과적으로 작성하기 위해 브레인스토밍 기법을 활용할 때 다음 세 가지 기본 원칙을 이해하고 준수해야 한다.

① 판단 유보의 원칙

브레인스토밍 과정에서는 떠오르는 생각에 대한 모든 판단을 유보해야 한다. '이런 생각은 너무 엉뚱하지 않을까?' 또는 '이 아이디어는 현실성이 없어.' 같은 자기검열은 창의적 사고를 제한할 수 있다. '대학생 주거 문제 해결방안'이라는 주제로 브레인스토밍을 할 때, '컨테이너를 개조한 기숙사 건설'이나 '지하철역 유휴공간 활용' 같은 아이디어들도 일단 모두 기록해야 한다. 이때 중요한 것은 아이디어의 질적 수준이 아닌, 가능한 한 많은 아이디어를 생성하는 것이다.

② 자유 연상의 원칙

기존의 사고방식이나 관념에서 벗어나 자유롭게 생각을 확장해야 한다. '대학생 학습 동기 향상 방안'이라는 주제를 다룬다고 가정했을 때, 단순히 '장학금 지원 확대'나 '상담 프로그램 운영'과 같은 전통적인 방안에 국한되지 않고, '게이미피케이션을 활용한 학습 시스템 도입'이나 '학생 주도형 커리큘럼 설계' 같은 혁신적인 아이디어까지 자유롭게 떠올려야 한다. 이를 위해서는 다음과 같은 다양한 관점에서 문제에 접근할 필요가 있다.

- 교육적 관점: 학습 방법, 교육 과정
- 기술적 관점: 디지털 도구, 플랫폼 활용
- 심리적 관점: 동기부여, 자기효능감
- 사회적 관점: 동료학습(peer learning), 협동학습
- 제도적 관점: 학사제도, 평가방식

③ 결합과 개선의 원칙

개별적으로 제시된 아이디어들을 서로 연결하고 발전시켜 새로운 아이디어를 창출해야 한다. 예를 들어, '대학생 취업 지원 방안'이라는 주제에서 다음과 같은 아이디어의 결합과 발전이 가능하다.

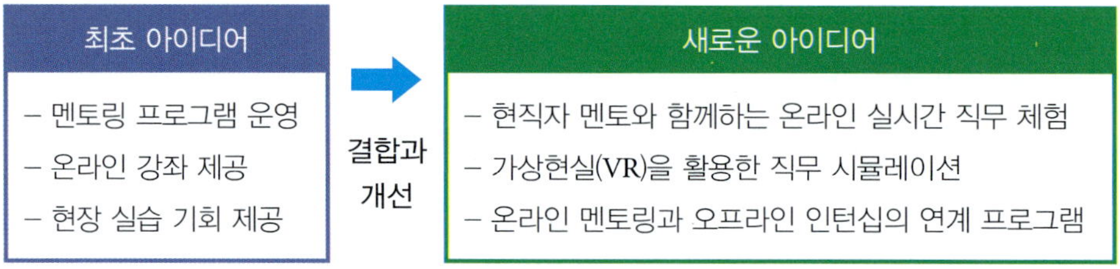

[그림 8-6] 결합과 개선의 예

이러한 세 가지 원칙은 서로 유기적으로 연결되어 있으며, 이들을 종합적으로 적용할 때 브레인스토밍의 효과를 극대화할 수 있다. 특히 학술적 글쓰기를 위한 브레인스토밍에서는 이러한 원칙들을 통해 주제에 대한 다각적 접근과 깊이 있는 탐구가 가능해진다.

(2) 개요 작성법

개요 작성은 브레인스토밍을 통해 도출된 아이디어를 논리적으로 구조화하는 과정으로, 글의 뼈대를 형성하는 중요한 단계이다. 체계적인 접근 없이 무작정 문장을 이어 나가는 것은 쉽지 않으며, 이때 개요 작성이 필수적이다. 개요는 글의 논리적 흐름을 시각적으로 정리한 지도이자 설계도로써, 글의 전개 방향을 명확히 설정하는 역할을 한다. 이를 위해 소주제를 설정한 후, 논리적 순서에 따라 배열하고 연결함으로써 전체적인 글의 구조를 완성해 나간다.

■ 개요 작성의 예

- 주제: 생성형 AI를 활용한 교육환경의 변화
- 주제문: 생성형 AI는 교수-학습 방식을 혁신적으로 변화시키며, 맞춤형 학습과 창의적 교육을 촉진하는 중요한 역할을 한다.
- 개요

1. 문제 제기: 교육환경의 변화와 생성형 AI의 부상
2. 생성형 AI의 교육적 활용 분야
   1) 맞춤형 학습 지원
   2) 교수자의 교육 설계 및 평가 보조
   3) 창의적 학습 활동 촉진
3. 생성형 AI 활용의 기대 효과
   1) 학습자의 자기주도적 학습 강화
   2) 교육 격차 해소 및 접근성 확대
   3) 교육 콘텐츠의 다양성과 효율성 증대
4. 생성형 AI 활용의 한계와 과제
   1) 윤리적 문제와 데이터 편향
   2) 교수자의 역할 변화와 새로운 교육 패러다임
   3) 기술 의존성 증가에 따른 부작용
5. 요약 및 강조: 생성형 AI의 올바른 활용을 통한 교육 혁신 방향

개요는 일반적으로 서론, 본론, 결론의 삼단 구성으로 이루어진다. 모든 글이 동일한 형식을 갖출 필요는 없지만, 학술적 글쓰기에서는 일반적으로 서론-본론-결론의 구조를 따르는 것이 효과적이다.

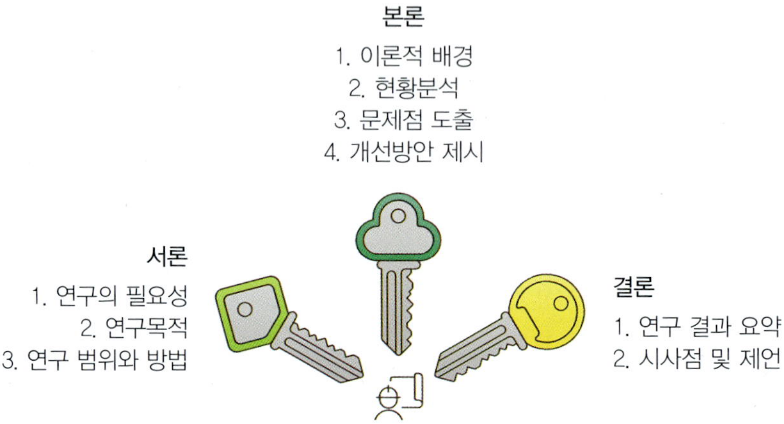

[그림 8-7] 개요의 기본 구성

개요 작성 시에는 각 항목 간의 논리적 연결성과 균형을 고려해야 한다. 하위 항목은 상위 항목을 뒷받침하는 동시에 다른 하위 항목과 유기적으로 연결되어야 한다. 또한 각 항목의 중요도에 따라 적절한 비중을 배분하는 것도 중요하다.

3) 초고 작성하기

개요가 완성되면 본격적인 글쓰기 단계로 들어간다. 초고(草稿)란 글의 첫 번째 완성본을 의미하며, 이 단계에서는 개요를 바탕으로 자신의 생각을 자유롭게 풀어내는 것이 중요하다. 많은 학생이 초고를 쓸 때 문장의 완성도나 표현의 적절성을 지나치게 신경 쓰느라 글쓰기 자체에 어려움을 겪는다. 이와 관련하여 『유혹하는 글쓰기』의 저자 스티븐 킹(Stephen King)은 "초고는 글이 아니다."라고 말하며, 초고가 완성된 작품이 아닌 원석과 같은 것임을 강조한다. 그의 말처럼 초고 단계에서는 일단 생각을 글로 옮기는 데 집중하고, 다듬는 작업은 퇴고 단계에서 하는 것이 효율적이다.

(1) 문단 구성의 원칙

문단은 글의 기본 단위로, 하나의 완결된 생각을 담는 그릇이다. 효과적인 문단 구성을 위해서는 다음과 같은 원칙을 따른다.

① 한 문단에는 하나의 핵심 내용만 다룬다. 여러 주제를 한 문단에서 다루면 글의 초점이 흐려지고 독자가 혼란스러울 수 있다.

② 효과적인 문단은 주제문(topic sentence), 뒷받침 문장(supporting sentences), 마무리 문장(concluding sentence)이라는 세 가지 요소로 구성된다.

주제문	• 문단의 첫 문장으로 핵심 내용을 제시 • 간단명료하게 작성
뒷받침 문장	• 주제문을 설명하고 발전시키는 문장들 • 구체적인 예시, 통계, 근거 등을 포함
마무리 문장	• 문단의 내용을 정리하는 문장 • 다음 문단과의 자연스러운 연결 고려

(2) 논리적 전개 방식

글의 목적과 성격에 따라 적절한 전개 방식을 선택하는 것이 중요하다. 전개 방식은 상황에 따라 복합적으로 활용할 수 있다. 중요한 것은 글의 목적과 독자를 고려하여 가장 효과적인 전개 방식을 선택하는 것이다.

① 연역적 전개

- 일반적 원리에서 구체적 사례로
- 주장을 먼저 제시하고 근거로 뒷받침
- 예 운동은 신체 건강뿐만 아니라 정신 건강에도 긍정적인 영향을 미친다. 연구에 따르면, 규칙적인 운동을 하면 스트레스가 감소하고 우울감이 완화된다.

② 귀납적 전개

- 구체적 사례에서 일반적 원리로
- 다양한 사례를 통해 결론 도출
- 예 최근 연구에서 A 고등학교 학생들의 성적이 향상된 것으로 나타났다. B 대학교에서도 운동 프로그램을 도입한 후 학생들의 집중력이 증가했다. 이러한 사례들을 종합해 보면, 규칙적인 운동이 학업 성취도 향상에 긍정적인 영향을 미친다고 할 수 있다.

③ 비교 · 대조

- 두 개 이상의 대상을 비교하여 유사점과 차이점 분석
- 특정 개념이나 현상의 장단점 분석할 때 유용
- 예 종이책과 전자책은 모두 정보를 전달하는 매체이지만, 종이책은 집중력을 높이는 데 유리하고 전자책은 휴대성과 접근성이 뛰어나다.

4) 수정과 퇴고하기

초고를 완성한 후에는 글을 다듬고 완성도를 높이는 퇴고 과정이 필요하다. 많은 사람이 퇴고를 단순히 맞춤법을 검토하는 과정으로 생각하지만, 이는 글의 전반적인 완성도를 높이는 종합적인 작업이다. 퇴고는 거친 원석을 다듬어 빛나는 보석으로 만드는 과정과 같다. 퇴고는 크게 내용 · 구조 · 표현 검토의 세 단계로 나누어 진행한다. 마치 조각가가 전체적인 형태를 잡고, 세부를 다듬고, 마지막으로 표면을 매끄럽게 하는 것처럼, 각 단계를 체계적으로 거치면서 글의 완성도를 점진적으로 높여 나가는 것이 중요하다.

(1) 내용 검토

내용 검토는 글의 핵심이 되는 생각과 논리를 점검하는 단계이다. 이 단계에서는 글의 전체적인 내용을 검토하면서 다음 사항들을 중점적으로 살펴본다.

항목	번호	내용	검토		
			●	▲	×
주제의 명확성	①	글의 핵심 주장이 명확히 드러나는가?			
	②	글의 목적이 효과적으로 달성되었는가?			
논리의 타당성	③	주장을 뒷받침하는 근거가 충분한가?			
	④	논리적 비약은 없는가?			
	⑤	인과관계가 명확한가?			
내용의 충실성	⑥	독자가 이해하기에 충분한 설명을 담고 있는가?			
	⑦	필요한 예시나 구체적 사례가 포함되어 있는가?			
	⑧	전문용어나 생소한 개념에 대한 설명이 있는가?			

(2) 구조 검토

구조 검토는 글의 전체적인 구성과 흐름을 점검하는 단계이다. 이 단계에서는 다음 사항들을 중심으로 검토한다.

항목	번호	내용	검토		
			●	▲	×
전체 구조의 균형	①	서론, 본론, 결론의 분량이 적절한가?			
	②	각 부분이 유기적으로 연결되는가?			
문단 구성	③	각 문단이 적절한 길이를 유지하는가?			
	④	한 문단에 하나의 주제만 다루고 있는가?			
	⑤	문단 간 연결이 자연스러운가?			
논리적 전개	⑥	글의 전개 순서가 적절한가?			
	⑦	앞뒤 문맥이 자연스럽게 이어지는가?			

(3) 표현 검토

표현 검토는 문장의 정확성과 표현의 적절성을 점검하는 단계이다. 이 단계에서는 다음과 같은 요소들을 확인한다.

항목	번호	내용	검토		
			●	▲	×
문장의 정확성	①	주어와 서술어가 호응하는가?			
	②	불필요한 조사나 어미는 없는가?			
	③	문장 성분이 생략되지 않았는가?			
표현의 적절성	④	어휘 선택이 적절한가?			
	⑤	반복되는 표현은 없는가?			
	⑥	불필요한 수식어는 없는가?			
맞춤법과 문법	⑦	맞춤법이 정확한가?			
	⑧	띄어쓰기가 올바른가?			
	⑨	문장부호를 적절히 사용했는가?			

3. 학술적 글쓰기: 보고서 작성법

대학 생활에서 가장 빈번하게 접하게 되는 글쓰기 형태는 단연 보고서이다. 보고서는 단순한 과제물이 아닌, 학술적 연구와 사고의 결과물을 체계적으로 정리하고 전달하는 중요한 수단이다. 보고서 작성이 지니는 교육적 의의와 중요성을 살펴보도록 하자.

첫째, 보고서는 대학교육의 본질인 '지식 생산' 능력을 함양하는 핵심 도구이다. 중등교육이 기존 지식의 수동적 수용에 초점을 맞춘다면, 대학교육은 학습자 스스로 지식을 탐구하고 새로운 관점을 제시하는 것을 지향한다. 보고서 작성 과정에서 학생들은 자료를 수집하고 분석하며 독창적 결론을 도출하는 일련의 과정을 경험하게 된다.

둘째, 보고서 작성은 학술적 글쓰기의 기초를 다지는 훈련 과정이다. 인용 방법, 참고문헌 작성법, 논리적 구성과 같은 학술 연구의 기본적 규약과 절차를 습득하게 되며, 이는 향후 논문 작성이나 전문적 연구 활동의 토대가 된다.

셋째, 보고서 작성은 비판적 사고력과 문제해결 능력을 배양하는 과정이다. 주어진 주제에 대해 다각도로 접근하고, 선행 연구를 비판적으로 검토하며, 독창적 견해를 발전시키는 과정을 통해 학문적 성숙도를 제고할 수 있다.

넷째, 보고서 작성은 전문가로서의 의사소통 능력을 함양하는 수단이다. 연구 결과를 명확하고 설득력 있게 전달하는 능력은 향후 전문 분야에서 핵심적 역량으로 작용할 것이다(전지니 외, 2024). 이러한 맥락에서 대학생들은 보고서 작성을 단순한 과제물이 아닌, 학문적 성장을 위한 필수적 훈련 과정으로 인식해야 한다.

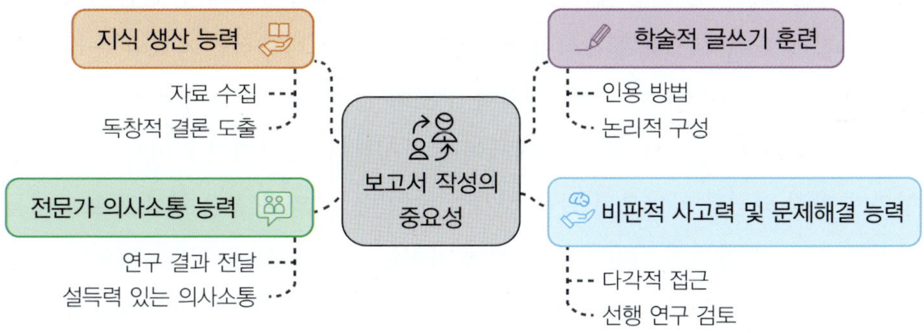

[그림 8-8] 보고서 작성의 교육적 의의

1) 대학 보고서의 이해

대학에서의 보고서는 학문적 탐구의 결과물로서, 객관적 자료와 논리적 분석을 통해 의미 있는 결론을 도출하는 글쓰기 형식이다. 보고서의 본질을 이해하기 위해서는 그 개념과 특징 그리고 다양한 유형을 살펴볼 필요가 있다.

(1) 보고서의 개념과 특징

① 학술적 글쓰기로서의 보고서

보고서는 단순한 조사 결과의 정리가 아닌, 학문적 글쓰기의 대표적인 형식으로, 객관적 자료와 근거를 바탕으로 논리적인 주장을 전개하는 데 초점을 맞춘다. "대학생의 학습 동기와 학업 성취도 간의 상관관계"라는 주제를 다룬 보고서를 작성한다고 가정하자. 이 보고서는 설문조사 결과와 통계 데이터를 분석하여, 학습 동기가 높은 학생일수록 학업 성취도가 높다는 결과를 도출한다. 이때 보고서는 단순히 데이터를 나열하는 데 그치지 않고, 이를 논리적으로 연결하여 학문적 결론을 도출해야 한다. 이처럼 보고서는 근거와 데이터를 기반으로 독자를 설득하는 데 중점을 둔다.

② 일반 글쓰기와 보고서의 차이점

일반적인 글쓰기는 개인적인 경험과 의견을 중심으로 작성되며, 글쓴이의 감정을 자유롭게 표현하는 것이 특징이다. 반면, 보고서는 객관적인 자료와 논리적 분석을 바탕으로 작성되어야 하며, 명확한 구조와 근거 제시가 요구된다. 한 학생이 "스마트폰 사용의 장단점"에 대해 에세이를 작성한다면, 자신의 스마트폰 사용 경험과 주관적 의견을 바탕으로 글을 전개할 수 있다. 그러나 같은 주제로 보고서를 작성할 경우, 스마트폰 사용이 생산성에 미치는 영향을 설문조사와 데이터 분석을 통해 입증해야 한다. "스마트폰 사용 시간과 학업 성취도 간의 상관관계"라는 조사 결과를 제시하고, 그 결과를 토대로 주장과 근거를 논리적으로 전개하는 방식이 필요하다.

[그림 8-9] 개인적 경험을 작성하는 에세이와 논리적 구조를 강조하는 보고서

이처럼 일반 글쓰기와 보고서는 작성 방식과 목적에서 본질적인 차이가 있다. 보고서는 자료 기반의 객관성과 논리성을 필수적으로 요구하며, 독자가 글쓴이의 주장을 명확히 이해할 수 있도록 구조화된 형식을 가져야 한다.

〈표 8-1〉 학술적 글쓰기와 일반 글쓰기의 차이점

구분	학술적 글쓰기(보고서)	일반 글쓰기
목적	학술적 분석과 고찰	정보 전달, 설득, 공감 유도
근거	객관적 데이터, 선행연구	개인적 경험, 주관적 의견
문체	격식체, 학술적 용어	자유로운 표현, 수사적 표현
구성	정형화된 형식 준수	자유로운 구성 가능

(2) 보고서의 유형

대학에서 작성하게 되는 보고서는 그 목적과 성격에 따라 크게 다섯 가지 유형으로 구분할 수 있다(이란, 2023).

① **조사 보고서**: 특정 주제에 대한 체계적인 자료 수집과 분석 결과를 정리하는 형식이다. "지역 사회의 재활용 현황 및 개선방안"과 같은 주제의 보고서가 이에 해당하며, 현황 파악과 문제점 도출 그리고 해결 방안 제시가 주요 내용을 이룬다.

② **실험/실습 보고서**: 주로 자연과학 계열에서 많이 활용되는 형식으로, 실험의 목적, 과정, 결과를 체계적으로 기록하고 분석한다. "식물 생장에 대한 빛의 영향 연구"와 같은 주제가 대표적이며, 실험의 재현 가능성을 높이기 위해 매우 정확하고 상세한 기록이 요구된다.

③ **사례 분석 보고서**: 특정 사례를 심층적으로 분석하여 의미 있는 시사점을 도출하는 형식이다. "스타트업 A사의 성공 요인 분석"과 같은 주제에서 볼 수 있듯이, 구체적인 사례를 통해 일반화할 수 있는 함의를 찾아내는 것이 핵심이다.

④ **현장 답사 보고서**: 실제 현장 방문을 통해 관찰한 내용을 체계적으로 정리하고 분석하는 형식이다. "지역 문화재 보존 상태 조사"와 같은 주제가 이에 해당하며, 현장의 실제 상황을 객관적으로 기록하고 이에 대한 전문적 분석을 더하는 것이 특징이다.

⑤ **에세이형 보고서**: 특정 주제에 대해 논리적 근거를 바탕으로 개인의 관점을 전개하는 형식이다. "AI 시대의 윤리적 과제"와 같은 주제에서 볼 수 있듯이, 개인의 견해를 제시하되 이를 객관적 근거와 논리적 분석으로 뒷받침하는 것이 중요하다.

2) 보고서 작성 준비하기

보고서 작성은 깊이 있는 사고와 논리적 구성을 필요로 하는 학문적 활동이다. 효과적인 보고서 작성을 위해서는 준비 및 이해, 스토리 구성, 초안 작성, 검토 및 보완, 최종 완성이라는 다섯 단계를 거치는 것이 바람직하다.

[그림 8-10] 보고서 작성을 위한 5단계

(1) 준비 및 이해하기: 자료 수집과 목적 파악

보고서를 작성하기에 앞서 가장 먼저 해야 할 일은 주제와 목적을 명확히 이해하는 것이다. 보고서의 목적이 무엇인지, 어떤 내용을 담아야 하는지 정확하게 파악해야 한다. 이를 위해 다음과 같은 과정을 거친다.

① **과제의 요구 사항 분석**: 보고서의 주제와 목적을 파악하고, 요구 사항을 정리한다.
② **자료 수집 및 조사**: 신뢰할 수 있는 자료를 확보하고, 필요한 경우 문헌 조사나 데이터 분석을 수행한다.
③ **참고문헌 정리**: 기존 연구나 관련 보고서를 참고하여 개념적 틀을 설정한다.

이 단계에서는 충분한 시간을 투자하여 자료를 폭넓게 조사하는 것이 중요하다. 자료가 충분히 확보되지 않으면 이후 단계에서 논리적 전개가 어려울 수 있다.

알아 두기

주제와 목적을 정확하게 파악하기 위해 보고서에서 요구하는 서술 방식을 이해하고 각 용어가 지닌 의미를 명확히 인지하는 것은 꼭 필요하다. 다음은 보고서에서 자주 사용되는 주요 서술 용어다(김은정 외, 2023; 이란, 2023).

1. 분석(analysis)

'분석'은 어떤 대상이나 개념을 구성 요소로 나누어 그 관계나 특징을 논리적으로 파악하는 과정을 의미한다. 보고서에서 분석적 서술은 개념을 세부적으로 해체하고, 각각의 요소를 설명하는 방식으로 이루어진다.

2. 해석(interpretation)

'해석'은 특정 현상이나 개념의 의미를 설명하고, 그 이면에 있는 의미를 밝히는 과정을 의미한다. 단순한 설명을 넘어, 필자의 견해나 학문적 관점을 반영하는 것이 특징이다.

3. 평가(evaluation)

'평가'는 특정 대상이나 개념의 가치를 판단하고, 그 장단점을 분석하여 결론을 도출하는 과정을 의미한다. 평가적 서술에서는 비교 대상과 평가 기준이 명확해야 한다.

4. 설명(explanation)

'설명'은 특정 개념이나 현상에 대해 독자가 이해할 수 있도록 정보를 체계적으로 전달하는 과정을 의미한다. 보고서에서는 배경 지식이 필요한 주제에 대해 설명을 추가하는 경우가 많다.

5. 비교(comparison)와 대조(contrast)

'비교'는 두 개 이상의 대상 간의 공통점을 분석하는 것이고, '대조'는 차이점을 강조하는 과정을 의미한다. 보고서에서 비교 · 대조적 서술은 주어진 개념들을 명확히 구분하고, 논리를 강화하는 데 유용하다.

6. 정의(definition)

'정의'는 특정 개념이나 용어의 의미를 명확히 규정하고, 독자가 개념을 올바르게 이해할 수 있도록 하는 과정을 의미한다.

7. 논증(argumentation)과 논의(discussion)

'논증'은 특정 주장에 대한 근거를 제시하여 그 타당성을 입증하는 과정이며, '논의'는 다양한 견해를 검토하고 결론을 도출하는 과정을 의미한다.

8. 기술(description)

'기술'은 특정 개념, 현상, 과정 등을 객관적으로 서술하는 것을 의미한다. 보고서에서 기술적 서술은 연구 방법이나 실험 과정 등을 설명하는 데 자주 활용된다.

9. 요약(summary)과 리뷰(review)

'요약'은 핵심 내용을 간략하게 정리하는 것이며, '리뷰'는 기존 연구나 문헌을 평가하는 과정을 의미한다.

10. 성찰(reflection)과 예시(example)

'성찰'은 연구나 논의를 통해 도출된 의미를 깊이 탐색하는 과정이며, '예시'는 특정 개념이나 주장을 뒷받침하기 위한 구체적인 사례를 제시하는 과정을 의미한다.

11. 묘사(description), 분류(classification), 구분(distinction)

'묘사'는 특정 대상의 특징을 상세히 서술하는 것이고, '분류'는 특정 기준에 따라 대상을 체계적으로 정리하는 과정이며, '구분'은 서로 다른 개념을 구별하는 과정을 의미한다.

12. 주장(claim)과 논지(thesis)

'주장'은 특정 입장을 명확히 밝히는 것이며, '논지'는 글 전체에서 일관되게 유지되는 핵심적인 논거를 의미한다.

(2) 스토리 구성하기: 전체적인 흐름과 맥락 정리

보고서는 단순한 정보의 나열이 아니라 논리적인 흐름을 바탕으로 구성되어야 한다. 따라서 초안을 작성하기 전에 전체적인 스토리를 구성하는 과정이 필요하다. 스토리 구성 단계에서는 개념도를 활용하거나 마인드맵을 작성하는 것도 효과적이다.

① 보고서의 개요 작성: 서론, 본론, 결론의 기본 구조를 설정한다.

② 논리적 전개 방식 정하기: 주장과 근거를 체계적으로 배열하고, 독자가 이해하기 쉬운 흐름으로 구성한다.
③ 주요 핵심 메시지 결정: 보고서를 통해 전달하고자 하는 핵심 내용을 명확히 정리한다.

(3) 초안 작성하기: 구체적인 내용 작성

이제 본격적으로 보고서의 초안을 작성하는 단계이다. 초안을 작성할 때는 처음부터 완벽한 문장을 만들려고 하기보다, 핵심 내용을 중심으로 빠르게 초안을 작성한 후 점진적으로 다듬는 것이 효과적이다.

① 서론 작성: 연구 또는 보고서의 목적을 명확히 설명하고, 독자의 관심을 유도하는 방식으로 시작한다.
② 본론 작성: 핵심 주제를 중심으로 논리를 전개하며, 수집한 자료와 데이터를 활용하여 근거를 제시한다.
③ 결론 작성: 보고서의 핵심 요점을 요약하고, 시사점이나 제언을 포함한다.

(4) 검토 및 보완하기: 이해관계자 검토 및 수정

초안 작성이 완료되면 반드시 검토 및 수정 과정을 거쳐야 한다. 보고서는 명확성과 정확성이 요구되므로, 객관적인 시각에서 글을 점검하고 개선하는 과정이 필요하다. 이 단계에서는 시간을 충분히 확보하여 여러 번 검토하는 것이 중요하다.

① 논리적 흐름 점검: 문장이 논리적으로 연결되는지, 주장과 근거가 명확하게 전달되는지 확인한다.
② 맞춤법 및 문법 검사: 맞춤법 오류나 문법적 실수가 있는지 정확하게 검토한다.
③ 타인의 피드백 반영: 교수님, 친구 또는 전문가의 피드백을 받아 수정, 보완한다.

(5) 완성하기: 최종 점검 및 마무리

보고서를 최종적으로 제출하기 전, 모든 요소가 완벽하게 정리되었는지 다시 한번 확인하는 과정이 필요하다. 이 단계에서 사소한 실수가 전체 보고서의 신뢰도를 낮출 수 있으므로, 마지막까지 점검하는 것이 중요하다.

① **형식과 스타일 확인**: 글의 형식이 보고서 작성 기준에 부합하는지 점검한다.
② **참고문헌 및 인용 정리**: 모든 자료의 출처가 올바르게 표기되었는지 확인한다.
③ **제출 준비**: 보고서 파일을 정리하고, 필요한 경우 출력 및 제본을 진행한다.

알아 두기

보고서 작성에서 시간 계획의 수립은 성공적인 결과물 도출을 위한 핵심 요소이다. 체계적인 시간 관리는 단순히 마감 기한을 준수하는 것을 넘어 효율적인 작업 수행을 가능하게 한다. 각 단계에서 필요한 충분한 시간을 확보함으로써, 심도 있는 분석과 고찰이 가능해지기 때문이다. 다음은 보고서 작성에 대한 타임테이블 예시이다.

〈표 8-2〉 대학생을 위한 보고서 작성법 개발 타임테이블(예시)

task	1st	2nd	3rd	4th	5th	6th	7th	8th
목적 파악	■	■						
기존 자료 분석	■	■	■					
개요 작성(목차 구성)			■	■	■			
초안 작성				■	■	■	■	
피드백 반영 및 수정					■	■	■	
최종 검토 및 마무리						■	■	■

3) 보고서 구조와 작성법

학술적 보고서는 일정한 형식과 구조를 바탕으로 작성되어야 한다. 보고서의 기본 구조는 표지, 목차, 서론, 본론, 결론으로 구성되며, 각 부분은 그 특성에 맞는 작성 방법을 따라야 한다. 이러한 구조는 독자로 하여금 보고서의 내용을 체계적으로 이해할 수 있게 하며, 보고서에 작성된 내용을 효과적으로 전달하는 데 도움을 준다.

(1) 표지와 목차 작성

보고서의 표지는 독자가 처음 접하는 부분으로, 보고서의 정체성을 나타내는 중요한 요소이다. 표지에는 보고서의 제목, 제출자 정보(학과, 학번, 이름), 제출일자, 교과목명과 담당 교수명 등의 정보가 포함되어야 한다. 이러한 정보는 보고서의 성격과 작성 맥락을 명확히 전달하는 역할을 한다.

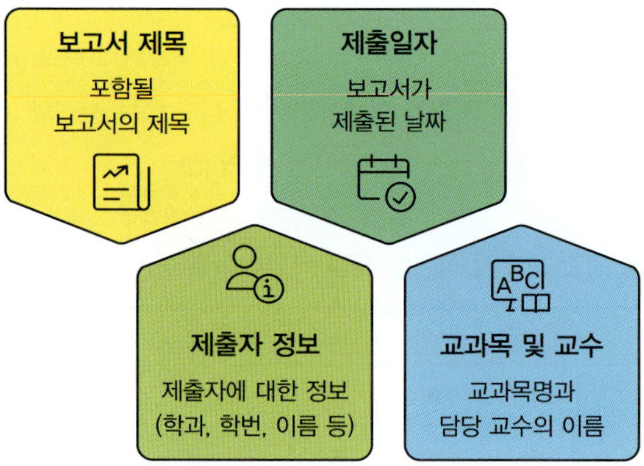

[그림 8-11] 보고서 표지 내용

목차는 보고서의 전체적인 구조를 보여 주는 지도와 같은 역할을 한다. 체계적인 번호 체계를 사용하여 내용의 위계질서를 표현하며, 각 장과 절의 제목은 명확하고 간결하게 작성해야 한다. 또한 모든 항목에 정확한 페이지 번호를 표기하여 독자가 원하는 내용을 쉽게 찾을 수 있도록 해야 한다.

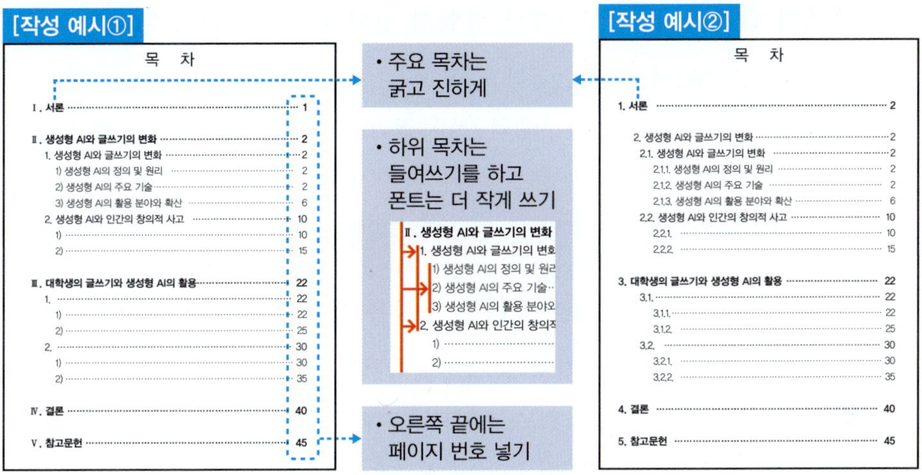

[그림 8-12] 목차 작성 예시

(2) 서론 작성하기

서론은 보고서의 시작점으로, 본격적인 논의에 앞서 독자의 관심을 유도하고 연구의 필요성을 설명하는 예비 단계이다. 효과적인 서론은 독자로 하여금 보고서의 전체 내용에 대한 흥미를 불러일으키며, 앞으로 전개될 내용에 대한 명확한 방향성을 제시한다.

> "어떤 글에서건 가장 중요한 문장은 맨 처음 문장이다. 첫 문장이 독자를 둘째 문장으로 끌고 가지 못하면 그 글은 죽은 것이다. 그리고 둘째 문장이 독자를 셋째 문장으로 끌고 가지 못하면 마찬가지로 그 글은 죽은 것이다. 이렇게 독자가 완전히 걸려들 때까지 한 문장 한 문장 끌고 가는 것이 글의 가장 결정적인 부분인 도입부이다."
>
> – 글쓰기 생각쓰기[Zinsser(2001), p. 55] –

윌리엄 진서(William Zinsser)의 말과 같이 서론의 첫 문장은 독자의 관심을 사로잡는 중요한 역할을 한다. 서론은 다음과 같이 다양한 방식으로 시작할 수 있다(한국방송통신대학교 원격교육연구소, 2021).

① 주제와 관련된 구체적 사례나 경험적 일화를 소개하는 방식

"한 대학생이 SNS에서 공유한 글이 하루만에 1만 개 이상의 '좋아요'를 받았다. 단순한 개인 의견이었지만, 수많은 사람의 관심을 끌었고, 결과적으로 미디어 인터뷰까지 진행하게 되었다. 디지털 시대에는 개인의 의견이 사회적 파급력을 가질 수 있으며, 이에 따라 온라인 글쓰기의 책임성과 영향력을 고민해야 한다."

② 시사적이거나 일반적으로 알려진 사실을 언급하는 방식

"오늘날 전 세계적으로 인공지능(AI)이 빠르게 발전하고 있다. AI는 단순한 검색 엔진을 넘어, 인간과 자연스럽게 대화하고 창작 활동에까지 영향을 미치고 있다. 이러한 변화 속에서 우리는 AI가 인간의 창의성과 사고에 미치는 영향을 진지하게 고민해야 한다."

③ 경구(警句)나 잘 알려진 명제를 인용하는 방식

"고대 그리스 철학자 소크라테스는 '너 자신을 알라'라고 말했다. 이는 단순한 자기 인식의 중요성을 넘어서, 인간이 끊임없이 사고하고 성찰해야 한다는 점을 강조하는 말이다. 이러한 맥락에서 자기 성찰적 글쓰기의 의미를 탐구할 필요가 있다."

④ 통계자료를 활용하여 현실적 문제나 실태를 제시하는 방식

"2021년 국민독서실태조사에 따르면, 성인의 종합독서율(종이책+전자책+오디오북)은 2019년 대비 4.5%p 감소한 47.5%로 나타났다. 독서하기 어려운 가장 큰 이유로 '책 이외 매체(스마트폰/텔레비전/영화/게임 등)를 이용해서'가 23.4%로 나타나, 이는 디지털 환경에서의 매체 이용 다변화가 독서율 하락의 주요 원인 중 하나임을 나타낸다."

⑤ 핵심 개념을 정의하는 방식

"공감(empathy)이란 타인의 감정을 이해하고 함께 느끼는 능력을 뜻한다. 최근 연구에 따르면, 공감 능력이 높은 사람일수록 대인관계에서 긍정적인 평가를 받고, 협업과 소통에서도 우수한 성과를 보인다고 한다."

서론을 작성할 때는 보고서의 전체적인 흐름을 고려하여 신중하게 구성해야 한다. 우선, 본론에서 다룰 내용의 범위와 방향을 명확히 제시하는 것이 중요하다. 서론에서 논의할 핵심 주제와 초점을 분명히 밝힘으로써 독자가 보고서의 전개 방식과 논리 구조를 쉽게 이해할 수 있도록 해야 한다. 또한 보고서 주제의 필요성과 의의를 논리적으로 설명하는 것이 필수적이다. 특정 주제에 대한 연구가 왜 수행되어야 하는지에 대한 타당한 근거를 제시하고, 연구를 통해 기대할 수 있는 효과나 기여점을 강조함으로써 독자의 관심을 유도해야 한다. 이를 위해 기존 연구 동향을 간략히 언급하거나, 해당 연구가 해결하고자 하는 문제를 구체적으로 제시하는 것이 효과적이다. 마지막으로, 서론은 간결하고 명확한 문장으로 작성해야 한다. 지나치게 장황한 배경 설명이나 광범위한 맥락 제시는 독자의 이해를 방해할 수 있으며, 보고서의 핵심 논점을 흐릴 수 있다. 따라서 핵심적인 정보만을 포함하여 논리적으로 정리하고, 간결한 문체를 유지하는 것이 바람직하다.

(3) 본론 구성하기

본론은 보고서의 핵심 내용을 담는 부분으로, 논리적 구성과 체계화된 전개가 매우 중요하다. 본론의 내용은 주제별로 명확히 구분되어야 하며, 각 장과 절은 유기적으로 연결되어야 한다. 이러한 구성을 통해 독자는 논리의 흐름을 자연스럽게 따라갈 수 있다.

① 구성 내용

본론은 다음과 같은 내용으로 구성하는 것이 좋다(이란, 2023). 먼저, 해당 주제와 관련된 기존 연구나 자료를 요약하고 해설하는 것이 중요하다. 이는 독자가 해당 주제에 대한 배경지식을 갖출 수 있도록 도와주며, 이후 논지를 전개하는 데 있어 논리적 기반을 마련하는 역할을 한다. 예를 들어, 특정 사회현상을 분석하는 글이라면, 관련 통계 자료나 선행 연구를 활용하여 현상의 전반적인 흐름을 설명할 수 있다.

글쓴이가 자신의 논지를 뒷받침하기 위해 어떤 방법을 사용했는지를 설명하는 것도 중요한 요소이다. 연구나 분석을 수행하는 과정에서 채택한 접근 방식이나 근거를 명확히 제시함으로써 독자가 글쓴이의 주장에 대한 신뢰를 가질 수 있도록 해야 한다. 특정 사회 문제를 분석하기 위해 설문조사를 진행했다면, 표본 선정 방식과 조사 방법을 구체적으로 설명할 필요가 있다. 자신의 주장을 뒷받침하기 위해 활용한 조사, 인터뷰 혹은 관찰 과정에 대한 서술도 본론에서 다루어야 한다. 언제, 어디서, 어떤 방식으로 자료를 수집했는지에 대한 설명을 포함하면, 보고서의 신뢰도를 높일 수 있다.

조사 결과 등으로 얻은 주요 내용을 정리하고, 이를 바탕으로 분석 및 해석을 수행해야 한다. 결과를 단순히 나열하는 것이 아니라, 해당 결과가 글의 논지와 어떻게 연결되는지를 설명하는 것이 중요하다. 예를 들어, 특정 정책이 시민들의 삶에 미치는 영향을 연구한 글이라면, 조사 결과를 구체적인 수치와 함께 제시하고, 이를 해석하여 정책의 효과를 논의할 수 있다.

마지막으로, 본론의 후반부에서는 결과나 분석이 가지는 의미를 정리하고, 함축적 의미를 도출해야 한다. 분석 결과가 기존 연구와 어떤 차이를 보이는지, 혹은 사회적으로 어떤 시사점을 가질 수 있는지를 논의하는 것이 중요하다. 이와 같이 본론을 구성할 때는 기존 자료와 연구를 기반으로 논리를 전개하고, 자신이 사용한 방법과 과정, 분석 결과 그리고 그 의미를 체계적으로 정리하는 것이 중요하다. 이를 통해 독자는 글쓴이의 주장을 보다 명확하게 이해할 수 있으며, 글의 설득력이 강화될 수 있다.

[그림 8-13] 본론의 구성 내용

② 내용 전개 방식

본론 작성에서 가장 중요한 것은 내용의 객관성이다. 모든 주장은 신뢰할 수 있는 자료를 바탕으로 이루어져야 하며, 객관적 사실과 주관적 해석은 명확히 구분되어야 한다. 인용하는 자료의 출처는 정확하게 표기해야 하며, 필요한 경우 표나 그래프 등의 시각자료를 활용하여 내용을 효과적으로 전달할 수 있다.

또한 본론은 보고서에서 가장 많은 분량을 차지하는 핵심적인 부분으로, 체계적으로 구분하여 소제목을 두는 것이 중요하다. 소제목은 독자가 글의 내용을 보다 쉽게 이해할 수 있도록 글을 단위화하는 역할을 하며, 각 단락이 전달하는 핵심 내용을 요약적으로 제시하는 기능도 한다. 따라서 소제목을 설정할 때는 전체적인 흐름을 고려하여 통일성을 유지해야 하며, 상위 항목의 제목과 논리적 포함 관계를 갖도록 구성하는 것이 바람직하다. 본론에서는 주제에 대한 본격적인 논의가 이루어지며, 이를 효과적으로 전달하기 위해 보통 3~5개의 소주제로 나누어 설명한다.

본론의 내용은 크게 두괄식과 미괄식 두 가지 방식으로 구성할 수 있다. 두괄식 구성은 핵심 주장을 먼저 제시하고 이를 뒷받침하는 근거를 차례로 제시하는 방식이다. 예를 들어, AI 기술이 의료 진단의 정확성을 향상시켰다는 주장을 먼저 제시하고, 이어서 영상 진단 정확도 향상, 진단 시간 단축, 오진단 감소 등의 구체적 근거를 제시하는 방식이다. 이러한 구성은 독자가 글의 요지를 빠르게 파악할 수 있다는 장점이 있다.

반면, 미괄식 구성은 다양한 근거를 먼저 제시한 후 이를 종합하여 결론을 도출하는 방식이다. 예를 들어, 환경 정책의 효과를 분석할 때, 재활용률 증가, 시민 참여도 상승, 교육 효과 등의 데이터를 먼저 제시하고, 이를 바탕으로 정책의 성공적 정착이라는 결론을 도출하는 방식이다. 이는 독자가 논리의 흐름을 따라가며 자연스럽게 결론에 도달하도록 한다.

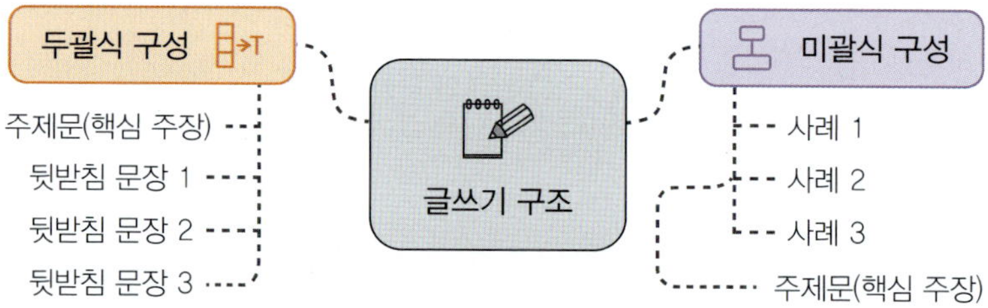

[그림 8-14] 글쓰기 구조의 두괄식과 미괄식 구성

어떠한 방식을 사용하든, 본론에서는 단락 간의 논리적 연결과 일관된 전개가 필수적이다. 또한 주제와 관련된 다양한 자료와 분석을 포함하여 독자가 쉽게 이해할 수 있도록 명확하게 서술하는 것이 중요하다. 이러한 체계적인 구성 방식을 따르면, 보고서는 보다 논리적이며 설득력 있는 글로 완성될 수 있다.

(4) 결론 도출하기

결론은 보고서의 마지막 부분으로, 전체 내용을 효과적으로 마무리하는 중요한 역할을 한다. 비록 짧고 압축적인 부분이지만, 독자가 글을 평가하는 최종 관문이라는 점에서 그 중요성이 매우 크다. 잘 작성된 결론은 앞서 전개된 내용을 명확히 정리하고, 보고서의 가치를 효과적으로 전달할 수 있다.

① 구성 요소

결론은 보고서의 마지막 부분으로, 전체 내용을 효과적으로 마무리하는 동시에 연구의 의의와 시사점을 제시하는 중요한 역할을 한다. 효과적인 결론은 다음과 같은 요소들을 포함해야 한다.

첫째, 본론에서 다룬 핵심 내용을 간략하게 요약해야 한다. 이는 단순한 내용의 반복이 아닌, 주요 발견점과 논의 사항을 정리하는 것이다. 이 과정에서 가장 중요한 결과나 시사점을 강조하여 제시하는 것이 효과적이다.

둘째, 연구의 의의와 한계점을 균형 있게 제시해야 한다. 연구를 통해 도출된 의미 있는 발견이나 시사점을 강조하되, 동시에 연구의 제한점도 명확히 인정하는 것이 바람직하다. 이는 연구의 객관성과 신뢰성을 높이는 데 도움이 된다.

셋째, 향후 연구 방향이나 실천적 제언을 제시하는 것이 바람직하다. 현재 연구의 한계점을 보완할 수 있는 구체적인 후속 연구 방향을 제안하거나, 연구 결과를 바탕으로 한 실질적인 개선 방안을 제시할 수 있다. 이때 제안하는 내용은 현실적으로 실현 가능한 수준이어야 한다.

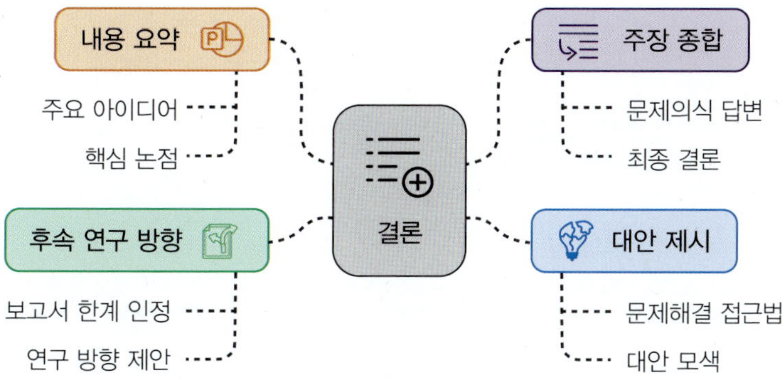

[그림 8-15] 결론의 구성 요소

② 좋은 결론의 특징과 작성 유의사항

보고서의 결론은 명료성, 타당성, 체계성 그리고 각인 효과라는 네 가지 특징을 갖추어야 한다. 먼저 명료성이란 복잡한 내용을 간단하고 명확하게 정리하는 것을 의미한다. 전문 용어나 어려운 개념은 독자가 쉽게 이해할 수 있도록 풀어서 설명하되, 핵심적인 내용만을 선별하여 제시해야 한다. 타당성은 결론의 논리적 근거를 확보하는 것이다. 본론의 내용에 기반하여 논리적 결론을 도출하고, 주장과 근거 사이의 연결성을 명확히 해야 한다. 이 과정에서 객관적 사실과 주관적 해석은 명확히 구분되어야 하며, 모든 결론은 본론의 내용과 직접적인 관련성을 가져야 한다.

체계성은 결론의 구조적 완성도를 의미한다. 본론의 핵심 내용을 논리적 순서에 따라 요약하고, 중요한 발견이나 주장을 효과적으로 부각해야 한다. 각 단락은 자연스럽게 연결되어 전체적인 흐름의 일관성을 유지해야 한다.

마지막으로 각인 효과는 독자의 기억에 오래 남을 수 있는 인상적인 마무리를 의미한다. 핵심 메시지를 효과적으로 전달하여 독자의 공감을 이끌어 내고, 후속 연구나 실천 방안을 제시함으로써 독자의 사고를 확장시키는 것이 중요하다.

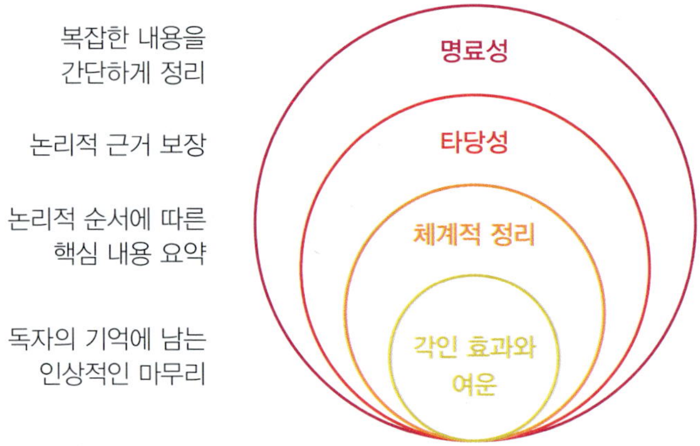

[그림 8-16] 결론 작성의 핵심 요소

결론을 작성할 때는 몇 가지 중요한 유의사항을 반드시 고려해야 한다. 우선 일관성 유지가 매우 중요하다. 본론에서 다루지 않은 새로운 내용이나 주장을 갑자기 제시해서는 안 되며, 서론에서 제기한 문제의식과 연구 목적에 부합하는 결론을 도출해야 한다. 본론의 논의 내용과 상충되는 주장이나 해석은 피해야 하며, 전체적인 논지의 흐름을 해치지 않는 범위 내에서 결론을 작성해야 한다.

간결성 유지도 중요한 고려사항이다. 불필요한 반복이나 중복을 피하고 핵심적인 내용만을 다루어야 하며, 새로운 논의나 부연 설명은 최소화해야 한다. 명확하고 간단한 문장 구조를 사용하고, 전체 보고서의 10~15% 정도의 적절한 분량을 유지하는 것이 바람직하다.

형식적 완성도와 객관성 유지도 간과해서는 안 된다. 문장의 호응 관계와 문법적 정확성을 철저히 점검하고, 문단 간의 자연스러운 연결을 확보해야 한다. 지나치게 주관적인 평가나 감정적 표현은 피하고, 연구의 한계점을 명확히 인정하면서 후속 연구에 대한 제언은 구체적이고 실현 가능한 수준에서 제시하는 것이 바람직하다.

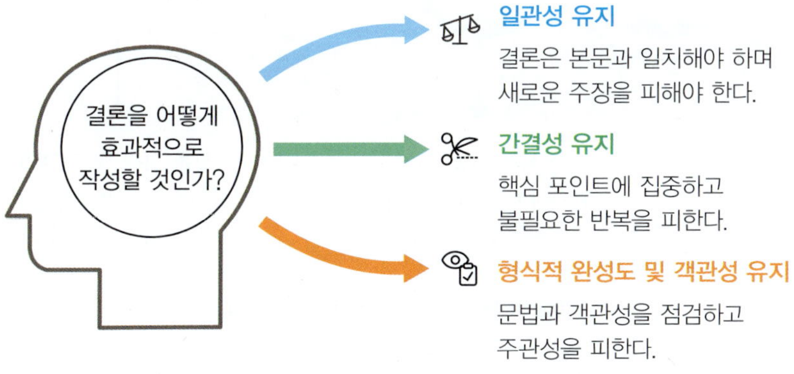

[그림 8-17] 결론 작성 시 유의사항

결론은 보고서 전체의 가치를 집약적으로 드러내는 부분이다. 잘 작성된 결론은 보고서의 완성도를 한층 높이는 반면, 부실한 결론은 훌륭한 본론의 가치마저 감소시킬 수 있다. 서론의 문제의식이 본론을 통해 충분히 논의되고 결론에서 명확한 답변으로 이어질 때, 보고서는 비로소 학술적 가치를 지닌 완성된 결과물이 될 수 있다.

4) 보고서 완성하기

보고서의 모든 구성 요소를 작성한 후에는 전체적인 완성도를 높이기 위한 최종 점검 과정이 필요하다. 이 단계에서는 내용의 통일성과 형식의 일관성 그리고 전반적인 학술적 완성도를 검토하고 보완해야 한다.

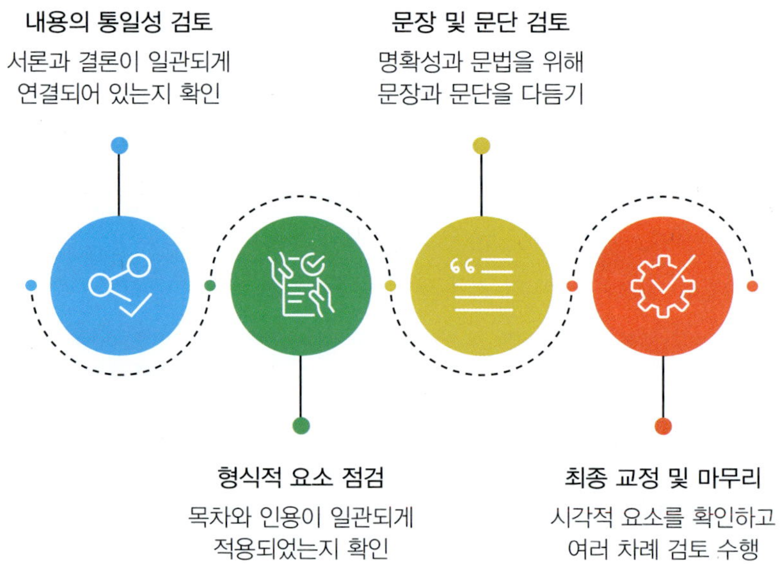

[그림 8-18] 보고서 작성 및 검토 과정

(1) 내용의 통일성 검토

보고서의 전체적인 흐름이 논리적 일관성을 유지하는지 검토해야 한다. 서론에서 제기한 문제의식이 본론을 통해 충분히 다루어졌는지, 그리고 결론에서 적절한 답변이 제시되었는지 확인한다. 각 장과 절 사이의 연결이 자연스러운지, 내용 전개에 비약이나 중복은 없는지 점검해야 한다. 또한 용어의 사용이 일관되게 이루어졌는지 확인해야 한다. 동일한 개념에 대해 서로 다른 용어를 사용하거나, 같은 용어를 다른 의미로 사용하는 경우가 없도록 해야 한다. 전문 용어나 약어의 경우, 첫 등장 시 정확한 설명이나 정의가 제시되었는지도 점검해야 한다.

(2) 형식적 요소 점검

보고서의 형식적 완성도를 높이기 위해 다음 사항들을 세밀하게 검토해야 한다. 첫째, 목차와 페이지 번호가 정확히 일치하는지 확인한다. 목차에 제시된 제목과 본문의 제목이 완전히 동일해야 하며, 페이지 번호도 정확히 대응되어야 한다. 둘째, 표와 그림의 번호 및 제목을 점검한다. 일관된 번호 체계를 사용하고, 본문에서 언급된 모든 표와 그림이 실제로 존재하는지 확인해야 한다. 셋째, 각주와 참고문헌의 형식을 통일한다. 인용 방식과 참고문헌 작성 형식이 일관되게 적용되었는지, 그리고 본문에서 인용된 모든 자료가 참고문헌에 포함되어 있는지 검토한다.

(3) 문장 및 문단 검토

개별 문장과 문단 수준에서의 검토도 필요하다. 문장은 명확하고 간결해야 하며, 문법적 오류가 없어야 한다. 특히 다음 사항들을 중점적으로 점검한다.

- 주어와 서술어의 호응 관계
- 맞춤법과 띄어쓰기의 정확성
- 문장 부호의 적절한 사용
- 문단 간의 자연스러운 연결
- 불필요한 반복이나 중복 표현

〈표 8-3〉 글쓰기 점검표

항목	번호	내용	점검		
			●	▲	×
주제	①	주제의 범위가 적절한가?			
	②	제목은 주제를 드러내고 있는가?			
구성	③	서론, 본론, 결론의 구성이 조직적인가?			
	④	주제와 관련 있는 내용으로 구성되어 있는가?			
	⑤	내용 체계가 분명하고 구조화되어 있는가?			
전개	⑥	내용의 왜곡이나 전개 과정에 비약이 없는가?			
	⑦	주장에 대한 근거를 제시하는가?			
단락 및 표현	⑧	규범(맞춤법, 띄어쓰기)에 맞게 쓰는가?			
	⑨	적절한 어휘를 사용하는가?			
	⑩	주어와 서술어의 호응이 자연스러운가?			
	⑪	소주제문에 대한 뒷받침 문장이 적절하게 갖추어져 있는가?			
윤리	⑫	주장과 인용을 구분하는가?			
	⑬	참고 자료를 제시하는가?			
전체	⑭	구성이 체계적이며 주제를 뚜렷하게 드러내는가?			
	⑮	사고가 논리적이고 창의적인가?			

출처: 김은정 외(2023), p. 126.

(4) 최종 교정 및 마무리

보고서의 최종 완성도를 높이기 위해서는 다음과 같은 과정을 거치는 것이 바람직하다. 먼저, 시간적 여유를 두고 여러 차례 검토한다. (가능하다면) 하루 이상의 시간 간격을 두고 다시 읽어 보면, 새로운 시각에서 문제점을 발견할 수 있다. 최종 인쇄 전 점검을 철저히 한다. 페이지 레이아웃, 여백, 글자 크기 등 시각적 요소들이 적절한지 확인하고, 인쇄 상태가 양호한지 점검해야 한다. 보고서 완성하기 단계는 단순한 교정 작업이 아닌, 보고서의 전반적인 품질을 높이는 중요한 과정이다. 이 단계를 통해 보고서는 형식적 완성도와 내용적 충실도를 모두 갖춘 학술적 결과물로 거듭날 수 있다.

PART 2 참 / 고 / 문 / 헌

공문선(2009). 사람을 움직이는 기술 히든 커뮤니케이션. 쌤앤파커스.

국립국어원(2024). 표준국어대사전.

권석만(2017). 젊은이를 위한 인간관계의 심리학(3판). 학지사.

김기만, 배준오(2020). 직장인을 위한 실무 파워포인트. 길벗.

김선현(2013). 색채심리학. 아담북스.

김세나(2024). 데이터 시각화는 처음입니다만 by PowerPoint. 행복한북클럽.

김은정, 강수진, 김은송, 박성호, 오은미, 박효정, 최혜경, 김명희, 김향남, 정미옥(2023). 대학생을 위한 논리적 글쓰기. 양성원.

김재성(2012). 퍼펙트 프레젠테이션. 에어콘출판사.

김형찬(2005). 논어. 홍익출판사.

박민영, 강지연, 김연정(2022). 너, 프레젠테이션 처음이지?. 시대인.

이종연(2009). 교육공학의 이해와 적용(개정판). 원미사.

이란(2023). 유학생도 쉽게 배우는 보고서 쓰기. 지식과감성#.

장소진(2012). 논증적 글쓰기와 논리적인 문장 쓰기. 교양교육연구, 6(2), 293-322.

전지니, 강수진, 권혜린, 김민지, 박종우, 엄태경, 이은선, 임준서(2024). 인공지능 시대 대학생을 위한 말하기와 글쓰기. 태학사.

정진석(2020). 더 프레젠테이션. 플랜비디자인.

프랜시스 프라이, 앤 모리스(2022). 임파워먼트 리더십: 조직을 지속적으로 성장시키는 리더는 무엇이 다른가. 한겨레출판사.

한국방송통신대학교 원격교육연구소(2021). 한눈에 보는 과제물 작성법.

Anderson, P. V. (2022). *Technical communication: A reader-centered approach* (10th ed.). Cengage Learning.

Brownell, J. (2015). *Listening: Attitudes, principles, and skills* (Subscription). Routledge.

Buber, M., & Kaufmann, W. A. (1970). *I and thou Martin Buber; a new translation with a prologue "I and You" and notes by Walter Kaufmann*. Simon & Schuster.

Buber, M. (1995). Ich und Du. 표재명 역(2001). 나와 너. 문예출판사.

campbell (2022). 색의 3요소 색상 명도 채도. https://campbellneedle.kr/색의-3요소-색상-명도-채도

Carnegie, D. (1949). *How to win friends and influence people*. Pocket Books.

Cialdini, R. B. (2016). *Persuasion: A revolutionary way to influence and persuade*. 김경일 역(2023). 설득의 심리학: 절대 거절할 수 없는 설득 프레임. 21세기북스.

Cialdini, R. B., & Cialdini, R. B. (2007). *Influence: The psychology of persuasion* (Vol. 55, p. 339). Collins.

Covey, S. R. (1991). *The 7 habits of highly effective people*. Simon & Schuster.

Conger, J. A., & Kanungo, R. N. (1988). The empowerment process: Integrating theory and practice. *Academy of management review, 13*(3), 471-482.

Duarte, N. (2008). *Slide: ology: The Art and Science of Creating Great Presentations*. O'Reilly Media.

Ford, N., Mccullough, M., & Schutta, N. (2012). *Presentation Patterns: Techniques for Crafting Better Presentations*. 윤이 역(2014). 프레젠테이션 교과서: 발표자라면 꼭 알아둬야 할 88가지 실천 기법. 위키북스.

Goleman, D. (1995). *Emotional Intelligence Bantam Books*. New York.

Gordon, T. (1970). Parent effectiveness training: The "no-lose" program for raising responsible children.

Heinich, R., Molenda, M., & Russell, J. D. (1993). *Instructional media and technologies for learning* (4th ed.). Routledge.

Hiroshi, Y. (2007). *Perfect Presentation*. 정미애 역(2010). 완벽한 프레젠테이션. 21세기북스.

Holt, S. (2019). *The writing process: A guide for successful students* (2nd ed.). Kendall Hunt Publishing.

Hwang, J. H., & Kim, S. Y. (2021). Creating logical flow when writing scientific articles. *Journal of Korean Medical Science, 36*(41), e275. https://doi.org/10.3346/jkms.2021.36.e275

Kosslyn, S. M. (2007). *Clear and to the Point: 8 Psychological Principles for Compelling PowerPoint Presentations*. Oxford University Press.

Luft, J., & Ingham, H. (1955). The Johari window, a graphic model of interpersonal awareness. Proceedings of the western training laboratory in group development, 246.

Mayer, R. E. (2009). *Multimedia Learning* (2nd ed.). Cambridge University Press.

Mehrabian, A. (1971a). *Silent messages*. Wadsworth Publishing Company.

Mehrabian, A. (1971b). *Implicit communication of emotions and attitudes*. Wadsworth Publishing Company.

Minto, B. (2009). *The pyramid principle: Logic in writing and thinking* (3rd ed.). Pearson Education.

Osborn, A. F. (1953). *Applied imagination: Principles and procedures of creative problem solving*. Charles Scribner's Sons.

Reynolds, G. (2011). *Presentation Zen: Simple Ideas on Presentation Design and Delivery* (2nd ed.). New Riders.

Riess, H., & Neporent, L. (2018). The empathy effect: Seven neuroscience-based keys for transforming the way we live, love, work, and connect across differences. Sounds True.

Rogers, C. R., & Farson, R. E. (1957). *Active listening* (p. 84). Industrial Relations Center of the University of Chicago.

Rosenberg, M. B., & Chopra, D. (2015). *Nonviolent communication: A language of life: Life-changing tools for healthy relationships*. PuddleDancer Press.

Saito Dakasi(2007). 話すチカラ・聞くチカラ. 최수진 역(2009). 말하고 듣기의 달인. 비즈니스맵.

Schein, E. H., & Schein, P. A. (2021). *Humble inquiry: The gentle art of asking instead of telling*. Berrett-Koehler Publishers.

Strunk, W., & White, E. B. (2000). *The elements of style* (4th ed.). Longman.

VandenBos, G. R. (2007). APA Dictionary of Psychology. American Psycho-logical Association.

Williams, J. M., & Bizup, J. (2017). *Style: Lessons in clarity and grace* (12th ed.). Pearson.

Wolvin, A. D. (2010). *Listening and Human Communication in the 21st Century*. Blackwell Publishing.

Zeigarnik, B. (1938). *On finished and unfinished tasks*. In W. D. Ellis (Ed.), *A Source book of Gestalt psychology* (pp. 300-314). London.

Zimmerman, M. A. (1995). Psychological empowerment: Issues and illustrations. *American journal of community psychology, 23*, 581-599.

Zinsser, W. (2001). *On Writing Well: The Classic Guide to Writing Nonfiction*. 이한중 역 (2007). 글쓰기 생각쓰기. 돌베개.

경희대학교 글쓰기센터. https://khwriting.khu.ac.kr/

서강대학교 글쓰기센터. https://writing.sogang.ac.kr/front/index.do

캔자스대학교 글쓰기 지원 센터. https://writing.ku.edu/

PART 3

팀 활동과 커뮤니케이션

PART 3에서는 대학 수업과 업무 현장에서 널리 활용되는 토의 · 토론과 팀 프로젝트 수행을 중심으로 효과적인 커뮤니케이션 방법을 다룬다. 이를 통해 독자들은 동료 간 원활한 소통의 중요성을 인식하고, 실천적인 커뮤니케이션 전략을 익힐 수 있다.

Chapter 9 '토의 · 토론하기'에서는 토의와 토론의 개념과 차이를 명확히 하고, 유형별 특징과 절차를 살펴본다. 토의 · 토론은 민주사회에서 필수적인 의사결정 방법으로, 비판적 사고와 협업 능력을 기르는 핵심적인 활동이다. 참여자의 발언과 경청의 기본자세와 규칙을 제시하며, 창의적 문제해결 기법을 활용해 보다 참신한 결과를 도출하는 방법도 소개한다. 확산적 사고와 수렴적 사고를 기반으로 다양한 아이디어를 도출하고 최적의 해결책을 찾는 과정은 팀 프로젝트 등 다양한 팀 활동에서 유용하게 적용될 수 있다.

Chapter 10 '팀 프로젝트 수행하기'에서는 팀 프로젝트의 개념과 특징을 소개하고, 기대효과를 설명한다. 팀 프로젝트는 문제해결 중심의 실천적 학습 및 업무 방식으로, 자율성과 협업을 통해 팀원들이 스스로 문제를 정의하고 해결 방안을 도출한다. 프로젝트 수행 절차를 단계별로 정리하고, 성공적인 프로젝트를 위한 팀 빌딩, 상호작용 활성화, 성찰 활동 등의 전략을 제시한다. 이를 통해 팀워크를 강화하고 프로젝트의 효율성을 높이는 구체적인 방법을 학습할 수 있다.

PART 3을 통해 독자들은 팀원과의 소통과 협업을 효과적으로 이끄는 기술을 익히고, 이를 기반으로 실제 프로젝트와 의사결정 상황에서 적극적으로 참여하고 성과를 높일 수 있는 역량을 갖추게 될 것이다.

CHAPTER 9

토의 · 토론하기

1. 토의 · 토론의 개념 및 특징

1) 토의 · 토론의 개념

토의와 토론은 종종 유사하게 사용되지만, 엄연히 다른 개념이다. 토의(discussion)는 그리스어 'dischos'에서 유래했으며, 이는 '주의 깊게 살펴보다'를 뜻한다. 반면, 토론(debate)은 라틴어 'debattuo'에서 비롯되었으며, '서로 나뉘어 싸우다'라는 의미를 담고 있다(토론교육연구소, 2007). 토의와 토론의 개념을 좀 더 자세히 알아보기로 한다.

(1) 토의의 개념

토의(討議, discussion)에 대한 정의는 다양하게 제시되고 있다. 두산백과사전에서는 토의를 '공동체의 문제를 해결하기 위해 구성원들이 협력적 사고를 통해 다양한 생각과 의견을 나누어 최적의 해결 방안을 찾아 나가는 담화 유형'으로 정의한다. 교육부(2004)는 '공동의 관심사가 되는 어떤 문제에 대하여 가장 바람직한 해결 방안을 찾으려고 집단 구성원이 협동적으로 의견을 나누는 과정'이라고 보았으며, 토론교육연구소(2007)는 '문제해결을 목적으로 다양한 의견을 교환하여 합의에 도달하려는 비형식적 대화 방식'으로 설명하였다.

이러한 정의를 종합하면 다음과 같은 요소가 포함됨을 알 수 있다.

- 공동의 주제: 토의는 모든 참여자에게 관련된 공동의 주제를 다룬다. 주제가 없다면 단순한 대화에 불과하다.
- 2명 이상의 참석자: 토의는 혼자서 진행할 수 없다. 반드시 두 명 이상의 사람이 참여해야 한다.
- 정보와 의견의 교환: 참여자들은 각자의 정보를 제공하고, 다양한 의견을 교환해야 한다.
- 학습 또는 문제해결의 목적: 토의는 단순한 대화가 아닌 문제해결이나 학습이라는 명확한 목적을 지닌다.
- 발언과 경청의 조화: 의견을 말하는 것과 타인의 의견을 경청하는 활동이 균형 있게 이루어져야 한다. 일방적인 발언이나 수동적인 청취만으로는 토의가 성립되지 않는다.

[그림 9-1] 토의에 포함되는 요소

(2) 토론의 개념

그렇다면 토론(討論, debate or debating)은 무엇일까? 표준국어대사전에서는 '어떤 문제에 대해 여러 사람이 각각 의견을 말하며 논의함'이라고 정의한다. 송창석(2011)은 이를 '참가자들이 대립적인 주장을 통해 바람직한 결론에 도달하는 과정'이라고 하였으며, 박재현(2004)은 '어떤 논제에 대해 찬성자와 반대자가 각각 논리적인 근거를 발표하고 상대편의 논거가 부당하다는 것을 명백히 하는 말하기의

한 형태'로 설명하였다. 이러한 정의를 종합하면, 토론에는 다음과 같은 요소가 포함된다.

- **공동의 논제**: 토론은 모든 참여자가 인식하고 동의한 공동의 논제를 중심으로 진행된다. 논제에 대한 합의가 이루어지지 않거나 개념 이해가 다를 경우 토론은 성립되지 않는다.
- **상반된 주장**: 토론은 서로 다른 입장을 가진 참여자 간에 진행된다. 주장이나 결론이 같다면 토론은 의미를 잃게 된다. 참여자는 자신의 주장이 옳다는 것을 논리적으로 입증하고자 토론에 참여한다.
- **논증과 실증의 전개**: 토론은 단순한 의견 교환이 아니라, 자신의 주장을 정당화하기 위한 논리적 논증과 실증이 중심이 된다. 토론 과정의 핵심은 이러한 논리적 입증에 있다.
- **엄격한 규칙**: 토론은 참여자 모두가 지켜야 할 명확한 규칙 아래에서 진행된다. 이는 토론 절차와 상대에 대한 예의를 포함하며, 발언 기회의 공정성을 보장하는 것을 기본으로 한다.
- **발언과 경청의 조화**: 토론은 자신의 주장을 명확히 표현하는 것과 함께 상대의 주장을 경청하는 과정이 필요하다. 상대의 논리를 정확히 이해해야 반박과 논증이 가능해진다.

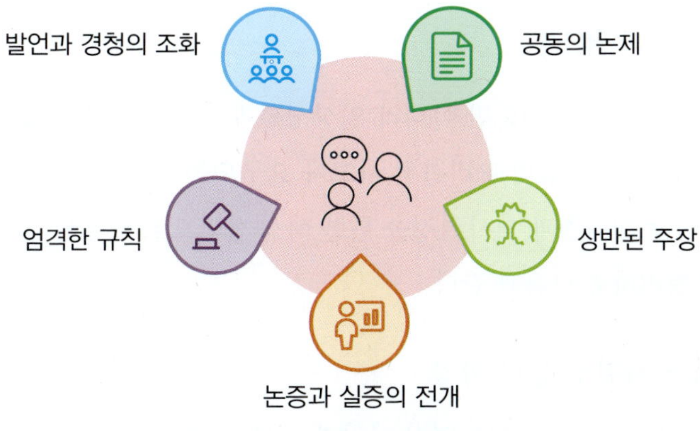

[그림 9-2] 토론에 포함되는 요소

(3) 토의와 토론 비교

토의와 토론을 주제, 목적, 참석자, 상호작용, 말하기와 듣기, 필요한 능력 측면에서 비교하고, 예시를 제시하자면 〈표 9-1〉과 같다.

〈표 9-1〉 토의와 토론 비교

구분	토의	토론
주제의 성격	• 합의가 필요한 주제	• 선택이 필요한 주제
목적	• 최선의 결과 도출	• 대안의 우열을 가림
참석자(두 명 이상)의 입장	• 동일하거나 유사한 입장 가능	• 상반된 입장 필수
상호작용 방식	• 의견 교환, 아이디어 공유	• 논증과 반박 중심
말하기와 듣기	• 자유로운 발언과 경청	• 시간 제한 및 공정한 발언 기회
필요한 능력	• 창의성, 협력적 사고, 문제해결력	• 논리성, 비판적 사고, 설득력
주제 예시	• 학교 급식 질 향상 방안 • 지역 축제 활성화 • 팀 프로젝트 역할 분담	• 무상 급식 도입 찬반 • 축제 예산 삭감 찬반 • 업무에 AI 도입 찬반

2) 토의 · 토론의 특징

(1) 토의 · 토론의 필요성

토의와 토론은 학교 수업뿐만 아니라 일상생활과 업무 현장에서도 필수적인 의사소통 방식이다. 특히 협력과 비판적 사고가 요구되는 현대 사회에서, 토의와 토론은 효과적인 문제해결과 의사결정을 위한 핵심 방법으로 활용된다. 토의 · 토론의 필요성을 정리하면 다음과 같다.

① 사회적 의사결정 능력 함양

일상과 직장에서 우리는 끊임없이 다양한 선택과 결정을 내린다. 특히 민주주의가 보편화된 현대 사회에서는 타인과 의견을 나누고 합의를 통해 결론에 이르는 능력이 중요하다. 문제를 분석하고, 다양한 대안을 제시하며, 최선의 해결책을 합의하는 과정은 토의와 토론을 통해 이루어진다. 이러한 이유로 학교 수업에서도 토의 · 토론 활동이 활발히 이루어지고 있으며, 학생들이 이를 자주 경험할 수 있도록 다양한 방안이 마련되고는 한다. 이는 토의 · 토론이 개인과 공동체의 의사결정 과정에서 중요한 역할을 한다는 점을 보여 준다.

② 고급 사고력 향상

토의와 토론은 참여자들이 해당 주제와 관련된 기초 지식을 갖춘 상태에서 이루어진다. 이를 통해 참여자들은 심도 있는 논의를 진행하며, 비판적 사고, 문제해결력, 창의력, 논리력, 의사결정력, 메타인지 등 고급 사고 능력을 발휘하게 된다. 블룸(Bloom)의 인지적 영역 분류에 따르면, 적용, 분석, 평가, 창조가 이러한 고급 사고에 해당한다. 설명식 수업이 새로운 개념을 소개하고 학습자의 이해도를 높이는 데 효과적이라면, 토의 · 토론은 기초 지식을 바탕으로 문제를 분석하고 평가하며 새로운 대안을 제시하는 과정을 통해 이러한 고차원적 사고 능력을 향상시키는 데 효과적이다.

③ 도덕성 및 태도 발달

토의와 토론은 도덕적 판단력과 태도 형성에도 긍정적인 영향을 미친다. 딜레마 상황을 다루는 토의 · 토론은 타인의 의견을 경청하고 자신의 도덕적 기준을 점검하며 성장할 기회를 제공한다(Gall & Gall, 1990). 또한 태도는 인지적, 정의적, 행동적 요소가 상호작용하며 변화하는데(Albrecht et al., 1980), 이러한 변화는 일방적인 설명을 듣는 것보다는 토의와 토론 과정에서 보다 촉진될 수 있다. 즉, 다양한 관점과 가치에 대한 논의는 참여자의 인식과 감정, 행동에 영향을 미쳐 태도 변화를 유도한다.

(2) 토의 · 토론의 장점

토의와 토론은 단순히 의견을 나누는 활동이 아니라, 사회적 의사결정 능력과 사고력을 향상시키고 도덕성 및 태도를 발달시키는 데 필수적인 과정으로 주목받고 있다. 이와 관련하여 브룩필드와 프레스킬(Brookfield & Preskill, 2005)은 토의와 토론의 장점을 다음 열다섯 가지로 정리하였다.

〈표 9-2〉 토의 · 토론의 장점

장점	내용
다양한 관점의 경험	다양한 관점을 접하고 이를 객관적으로 검토하는 능력을 기를 수 있음
복잡성과 애매함에 대한 관용	명확한 결론이 나기 어려운 복잡한 문제를 경험하며 판단 유보와 인내를 배울 수 있음
가설의 탐색과 검증	다양한 가설을 제기하고 비판적으로 검토하여 사고의 깊이를 더할 수 있음
주의 깊고 겸손한 경청 태도	발표자의 주장을 주의 깊고 겸손하게 경청하는 습관을 기를 수 있음
차이에 대한 이해와 존중	소수 의견을 경청하고 차이를 이해하며 존중하는 태도를 함양할 수 있음
지적 명료성 향상	논리와 근거를 탐색하고 타인의 주장에 비판적으로 접근하여 명료한 사고력을 기를 수 있음
지식과 개인 경험의 연결	단편적인 지식을 개인의 경험과 연결하여 의미 있는 지식으로 확장할 수 있음
자신과 타인의 경험 존중	자신의 생각과 경험을 중시하고 동시에 타인의 관점과 경험을 존중하게 됨
민주적 과정과 태도의 습득	민주적 의사결정과 협력적 태도를 자연스럽게 체득할 수 있음
지식의 공동 창출	질문과 토론을 통해 지식을 생성하고 공유하는 경험을 할 수 있음

이질적 아이디어에 대한 이해	다양한 문화와 배경에서 비롯된 아이디어와 가치를 이해하는 능력을 향상시킬 수 있음
협력과 상호 지원의 습관 형성	협력과 상호 지원을 통해 함께 성장하고 이를 습관화할 수 있음
공감 능력 증진	타인의 입장에서 사고하고 감정을 이해함으로써 공감 능력을 높일 수 있음
종합 및 융합 능력 강화	다양한 의견을 종합하고 융합하여 새로운 통찰을 도출하는 능력을 기를 수 있음
변화와 혁신의 기초 마련	다양한 관점과 의견을 통해 갈등을 조정하고 변화를 위한 토대를 마련할 수 있음

2. 토의 · 토론 진행 방법

1) 토의 유형별 진행 절차

토의의 진행 절차는 유형에 따라 다소 차이가 있을 수 있다. 대표적인 여섯 가지의 토의 유형([그림 9-3] 참고)별로 진행 절차를 살펴보도록 한다.

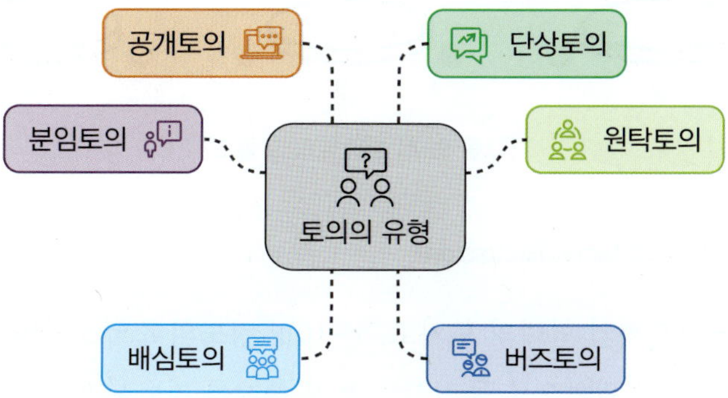

[그림 9-3] 토의의 유형

(1) 분임토의(small group discussion)

분임토의는 대규모 집단을 3~8명 내외의 소규모 그룹으로 나누어 특정 주제에 대해 논의한 후, 각 그룹의 결과를 전체와 공유하는 토의 기법이다. 이 방법은 참가자들의 활발한 참여와 다양한 아이디어를 이끌어 내고 협력적 문제해결 능력을 높이는 데 효과적이다. 진행 절차는 다음과 같다.

① **주제 설정 및 그룹 구성**: 논의할 주제를 명확히 정하고, 참가자를 3~8명 내외의 소규모 그룹으로 나눈다.
② **역할 분배**: 그룹별로 진행자, 기록자, 발표자 등의 역할을 분담한다.
③ **소그룹 논의**: 각 그룹은 주제에 대해 의견을 교환하고, 합의된 결론이나 해결 방안을 도출한다.
④ **결과 발표**: 각 그룹의 발표자가 논의 결과를 전체 참가자 앞에서 발표한다.
⑤ **최종 결론 도출**: 각 그룹의 발표 내용을 바탕으로 전체 결론을 도출하거나 심화 논의를 진행한다.

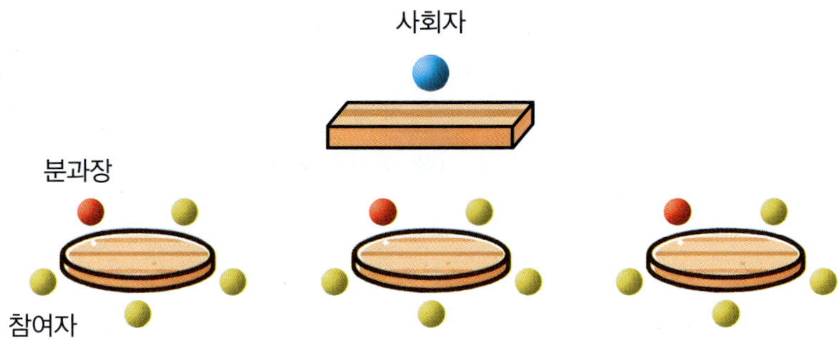

[그림 9-4] 분임토의 모형도

(2) 원탁토의(round table discussion)

원탁토의는 기본적인 형태의 토의로, 5~10명 정도의 소규모 집단에 적합한 방식이다. 참여자들이 원형으로 둘러앉아 특정 주제를 자유롭게 논의하며, 수평적이고 민주적인 의사소통을 강조한다. 이 방식이 원활하게 진행되기 위해서는 충분한 경험을 갖춘 사회자(또는 강사)와 토의 주제와 관련하여 일정 수준의 전문 지식을 갖춘 참가자가 필요하다. 진행 절차는 다음과 같다.

① **주제 소개 및 규칙 설정**: 논의 주제와 진행 규칙을 설명한다.
② **논의 진행**: 참여자들이 차례로 또는 자유롭게 의견을 제시하며 논의한다.
③ **상호 피드백 및 조율**: 서로의 의견에 대해 질문하거나 보완하며 논의를 발전시킨다.
④ **결론 도출**: 제시된 의견을 종합하여 최종 결론이나 제안을 도출한다.

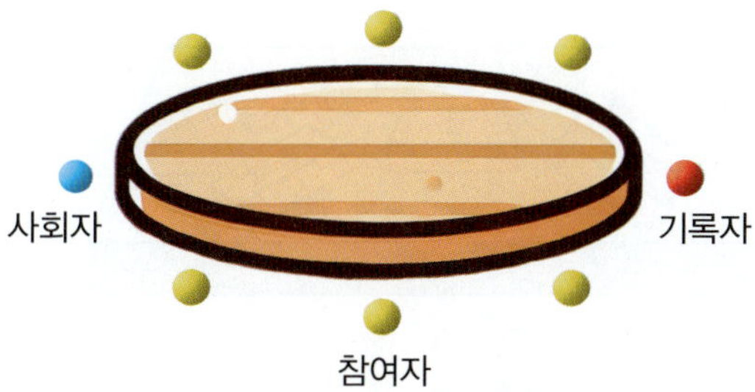

[그림 9-5] 원탁토의 모형도

(3) 배심토의(panel discussion)

배심토의는 미리 선정된 배심원과 다수의 일반 청중으로 구성되며, 사회자의 진행에 따라 이루어지는 토의 형태이다. 배심원은 해당 주제의 전문가일 필요는 없지만, 주제에 대한 흥미와 기본 지식을 갖추고 있어야 하며, 청중 앞에서 자신의 의견을 명확하게 표현할 수 있어야 한다. 참여자의 수가 많을 때 적용하기 적절한 방식이며, 배심원으로 참여하지 않는 청중은 주로 경청하는 역할을 한다. 다만, 사회자의 허락을 받아 질문하거나 의견을 제시할 기회를 가질 수도 있다.

배심토의는 토의로 진행될 수도 있고, 토론으로 진행될 수도 있다. 즉, 배심원들 간의 다양한 관점을 공유하고 논의하는 방식으로 진행될 수도 있으며, 찬반 논쟁을 중심으로 진행될 수도 있다. 진행 절차는 다음과 같다.

① **주제 선정**: 토의의 형식을 택했을 경우 다양한 관점을 내포한 주제를, 토론을 선택한 경우에는 찬반 논의가 가능한 주제를 선정한다.

② **배심원 구성:** 토의일 경우 다양한 관점을 가진 4명 정도의 배심원으로 구성하며, 토론일 경우 찬성 측과 반대 측 배심원을 각각 2~4명으로 구성한다.

③ **토의 또는 토론 진행:** 토의일 경우 배심원들이 자유롭게 의견을 교환하고 논의한다. 토론일 경우 찬성 측과 반대 측이 차례로 주장을 펼치고 상대측 논리를 반박한다.

④ **결론 도출 및 정리:** 사회자가 논의 내용을 요약하고 전체 토의 또는 토론을 마무리한다. 필요에 따라 청중의 질문을 반영하여 심화 논의를 진행할 수도 있다.

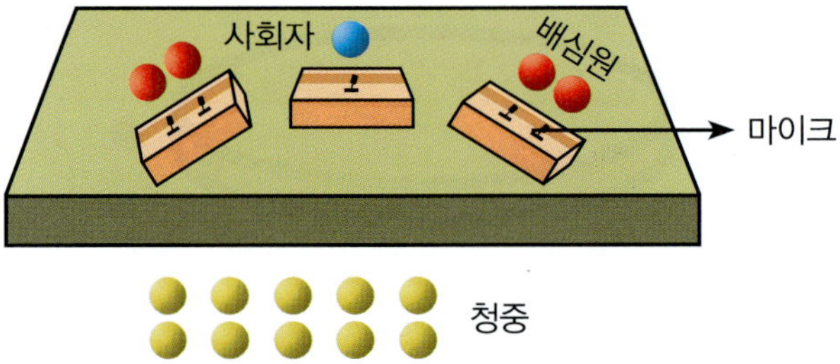

[그림 9-6] 배심토의 모형도

(4) 버즈토의(buzz group discussion)

버즈토의는 대규모 집단을 3~6명 내외의 소집단으로 나누어, 각 소집단이 주어진 주제에 대해 약 6분간 집중적으로 토의하는 형태이다. 사회자는 각 소집단의 토의 결과를 보고받은 뒤, 유사한 결과를 낸 그룹끼리 묶어 추가 토의를 유도한다. 최종적으로 전체가 모여 각 집단의 토의 결과를 공유하고 이를 통합하여 결론을 도출한다. 버즈토의는 참가자들이 서로 친근감을 느끼고 자유롭게 발언할 수 있는 기회를 제공함으로써, 적극적인 참여와 활발한 토의를 이끌어 내는 데 효과적이다. 진행 절차는 다음과 같다.

① **소집단 구성:** 전체 참여자를 3~6명씩 소규모 집단으로 나눈다.

② **1차 집중 토의 진행:** 각 소집단이 짧은 시간 동안 주제에 대해 논의하고 의견을 정리한다.

③ **결과 발표:** 각 소집단의 논의 결과를 전체 앞에서 발표한다.

④ **2차 집중 토의 진행**: 유사한 결과를 도출한 그룹들을 다시 묶어 2차 토의를 진행하고, 논의를 심화한다.

⑤ **최종 통합 및 결론 도출**: 모든 결과를 종합하여 전체 결론을 도출하고 토의를 마무리한다.

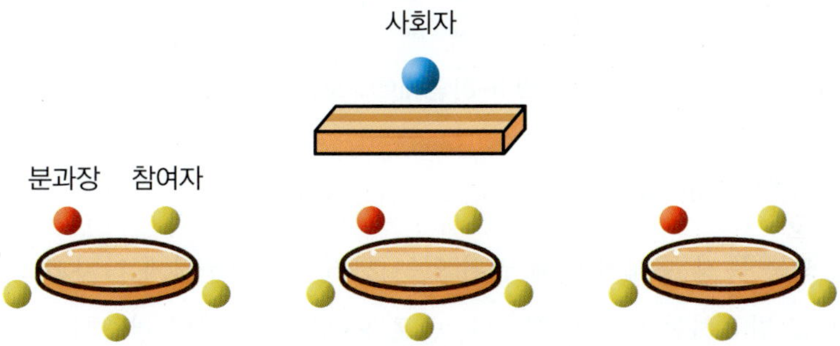

[그림 9-7] 버즈토의 모형도

(5) 공개토의(forum)

공개토의는 토의 주제에 대해 1~3명의 외부 전문가가 각각 10~20분간 발표한 후, 발표자와 청중 간 활발한 질의응답이 이루어지는 토의 형태이다. 사회자는 발표와 토론이 원활하게 진행되도록 발표자와 청중의 발언을 적절하게 조율하고 통제해야 한다. 공개토의는 전문가의 심층적 견해를 바탕으로 청중이 자유롭게 질문하고 의견을 제시하는 개방적인 토의 방식이다. 이를 통해 다양한 관점을 공유하고 논의를 심화하는 데 효과적이다. 진행 절차는 다음과 같다.

① **주제 선정**: 토의할 주제를 선정한다.

② **토의 도입 및 규칙 안내**: 토의 주제에 대한 간략한 설명과 토의 진행 규칙을 안내한다.

③ **전문가 발표**: 주제에 대해 외부 전문가가 차례로 발표한다.

④ **자유 토의 및 질의응답 진행**: 청중이 자유롭게 질문하거나 의견을 제시하고, 발표자가 이에 응답한다.

⑤ **결론 도출 및 정리**: 논의된 내용을 사회자가 요약하고 토의를 마무리한다.

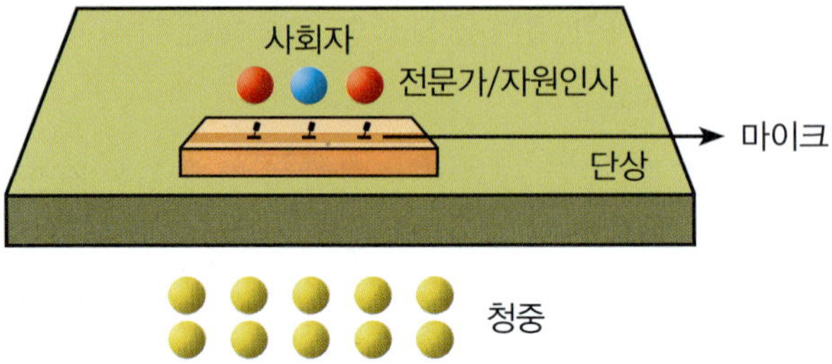

[그림 9-8] 공개토의 모형도

(6) 단상토의(symposium)

단상토의는 특정 주제에 대해 권위 있는 2~5명의 전문가가 각자의 의견을 강연 형식으로 발표하는 토의 방식이다. 발표 후에는 사회자나 청중이 주제나 발표 내용에 대해 질문할 수 있으며, 전문가는 이에 응답한다. 단상토의는 공개토의와 진행 방식이 유사하지만, 전문가 중심의 구조화된 발표가 특징이다. 공개토의가 보다 개방적인 참여와 청중 중심의 논의를 강조한다면, 단상토의는 주제를 다양한 관점에서 심도 있게 다루는 데 중점을 둔다. 진행 절차는 다음과 같다.

① 주제 선정: 토의할 주제를 선정한다.
② 전문가 발표: 선정된 주제에 대해 전문가가 강연 형식으로 발표한다.
③ 질의응답 및 자유 토의 진행: 청중이 질문하거나 의견을 제시하고, 발표자가 이에 응답한다.
④ 결론 도출 및 정리: 논의된 내용을 사회자가 요약하고 토의를 마무리한다.

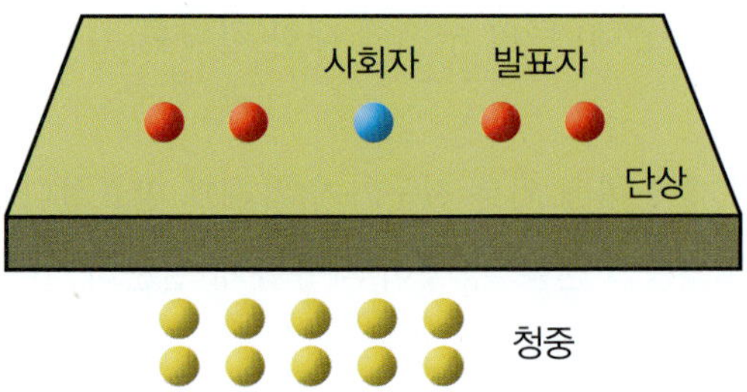

[그림 9-9] 단상토의 모형

2) 토론 진행 절차

토론은 특정 주제에 대해 찬성과 반대의 입장을 명확히 구분하고, 양측이 논리적으로 주장을 펼치며 상대의 논리를 반박하여 결론에 도달하는 과정이다. 이는 다양한 의견을 교환하고 합의를 도출하는 것을 중시하는 토의와는 그 목적과 방식에서 분명한 차이가 있다. 토의가 다양한 관점을 존중하며 의견의 조율과 협력을 강조한다면, 토론은 논리적 설득과 비판적 사고를 통해 상대 주장의 타당성을 검토하고 반박하는 데 주안점을 둔다. 따라서 토론에서는 명확한 규칙과 역할 분담이 보다 필수적이며, 논리 전개와 근거 제시가 핵심이 된다. 일반적인 토론의 진행 절차는 [그림 9–10]과 같으며, 각 단계에서 수행해야 할 주요 내용은 다음에 정리되어 있다.

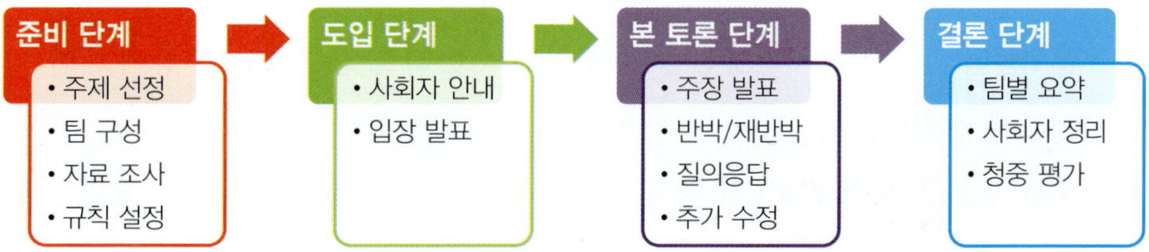

[그림 9–10] 토론 진행 절차

① 준비 단계

- **주제 선정**: 찬성과 반대의 입장이 명확히 나뉘는 주제를 선정한다. 주제는 논쟁성이 분명하고, 참여자들이 논리적으로 접근할 수 있는 것이 바람직하다.
- **팀 구성 및 역할 분담**: 찬성팀과 반대팀을 구성하고, 중립적인 사회자를 선정한다. 각 팀은 주장 발표자, 반박자, 요약자 등으로 역할을 분담한다.
- **자료 조사 및 논리 구성**: 주제와 관련된 근거 자료를 조사하고, 주장과 반박에 사용할 논리를 체계적으로 정리한다.
- **토론 규칙 설정**: 발언 시간, 반박 횟수, 질의응답 방식 등 토론 진행에 필요한 규칙을 명확히 정한다.

② 도입 단계

- **사회자의 개회 및 안내**: 사회자는 토론의 주제와 목적을 설명하고, 토론 규칙을 안내한다. 이어서 찬성팀과 반대팀을 소개한다.
- **입장 발표**: 각 팀의 대표자는 팀의 기본 입장을 간략하게 발표한다. 입장 발표는 본 토론에서 전개될 논지의 방향을 제시하는 역할을 한다.

③ 본 토론 단계

- **주장 발표**: 찬성팀과 반대팀은 각각의 주장을 논리적으로 설명하고 그 근거를 명확히 제시한다.
- **반박 및 재반박**: 각 팀은 상대 팀의 주장과 근거에 대해 논리적으로 반박하며 필요시 재반박을 통해 논점을 명확히 한다.
- **질의응답**: 팀 간 질문과 답변을 통해 상대의 논리를 검증하고, 주장에 대한 이해도를 높인다.
- **추가 주장 및 입장 강화**: 각 팀은 새로운 근거를 추가하거나 기존 주장의 논리를 보완하여 자신의 입장을 강화한다.

④ 결론 단계

- **팀별 요약 발표**: 각 팀은 토론의 핵심 내용을 정리하고, 최종 입장을 요약하여 발표한다.
- **사회자의 종합 정리 및 마무리**: 사회자는 토론 과정을 간략히 정리하고, 토론을 마무리한다. 필요에 따라 청중의 평가나 투표를 통해 결론을 내릴 수도 있다.

3) 토의 · 토론 성공 전략

토의와 토론은 단순한 의견 교환이 아니라, 논리적이고 협력적인 논의를 통해 효과적인 의사결정과 문제해결을 이끌어 내는 과정이다. 이러한 목적을 달성하고 바람직한 결과를 얻기 위해서는 모든 참여자가 적절한 자세로 임하고, 토의 · 토론에서 요구되는 기본 규칙을 이해하고 준수해야 한다. 이번 절에서는 토의 · 토론에 참여할 때 갖추어야 할 기본자세와 지켜야 할 주요 규칙에 대해 살펴본다.

(1) 토의 · 토론 시 기본자세

토의 · 토론에는 다양한 유형이 있지만, 참여하는 이들이 갖춰야 하는 기본적인 태도와 자세는 공통적이다. 정문성(2022)은 토의 · 토론에서 자신과 타인에 대해 필요한 기본자세(〈표 9-3〉 참고)를 설명하였는데, 이를 요약하면 다음과 같다.

먼저 자신에 대하여 필요한 자세로는 토의 · 토론에서 다루는 주제를 충분히 이해하고, 자신이 주장하고자 하는 내용을 명확히 인지해야 한다. 의견을 제시하기 전에는 자신의 생각을 논리적으로 정리하고, 강압보다는 상대를 설득하는 태도로 접근하는 것이 중요하다. 또한 토론에서는 승패와 관계없이 과정을 통해 배움을 얻는 자세가 필요하며, 항상 너그러운 승자이거나 명예로운 패자가 되도록 노력해야 한다. 자신이 속한 편의 주장을 지지하더라도 상대방을 존중하며, 최선의 논의를 통해 결론을 도출하는 자세를 지녀야 한다.

다음으로, 타인에 대해 필요한 자세는 상대방과 그들의 의견을 존중하는 것이다. 상대의 주장이 나와 다르더라도 반대를 위한 반대를 지양하고, 논의 과정에서 정직하게 임하는 태도가 중요하다. 또한 동료와 협력하며 부족한 부분을 보완해 주고, 토의 · 토론에 참여하는 모든 이들과 긍정적인 관계를 형성하기 위해 노력해야 한다.

〈표 9-3〉 토의 · 토론에 임하는 자세

자신에 대하여	• 주제에 대해 거시적인 안목을 갖고 주장하고자 하는 것을 충분히 알고 있어야 한다. • 자신의 생각을 정리하여 합리적인 의견을 제시하도록 한다. • 강압보다는 상대를 설득하는 태도로 다가가야 한다. • 승패를 넘어 과정에서 배우는 자세를 지니도록 한다. • 너그러운 승자, 명예로운 패자가 된다. • 내가 지지하는 편에 유리한 최선의 논의를 한다.
타인에 대하여	• 의견은 다르지만 타인의 권리를 존중한다. • 자기 팀, 상대 팀, 사회자(심판) 모두를 존중한다. • 반대를 위한 반대 의견은 지양한다. • 논의와 논거에 대해 정직하여야 한다. • 부족한 동료와 상대를 도와주고, 참가자와 좋은 관계를 맺는다.

출처: 정문성(2022).

또한 에트워터(Atwater, 1984)는 토의 · 토론이 시작되기 직전, 진행되는 과정, 종료된 직후에 갖춰야 하는 자세와 주의해야 할 점을 〈표 9-4〉와 같이 제안하였다. 토의와 토론은 단순한 승패를 결정하는 활동이 아니라, 전 과정을 통해 다양한 것을 배우고 성장할 수 있는 기회임을 인식하는 것이 중요하다.

〈표 9-4〉 토의 · 토론의 시작 직전, 진행 과정, 직후의 자세

토의 · 토론 시작 직전	• 숨을 깊고 천천히 들이쉰다. 마음을 편안히 한다. • 준비한 메모지를 순서대로 정리해 놓는다. • 발표를 하러 나갈 때는 미소를 지으면서 청중을 바라본다. • 토의 · 토론 주제를 완전히 이해한다.
토의 · 토론 진행 과정	• 바른 자세로 앉아서 서로의 토론에 집중한다. • 정확한 용어를 사용한다. • 구체적이고, 정직하고, 간결하고, 자연스럽고, 당당해야 한다. • 청중이 이해할 수 있는 용어를 사용한다. • 어렵거나 애매한 용어는 분명한 개념 정의를 하고 사용한다.
토의 · 토론 직후	• 조용히 앉아 결과를 기다린다. • 자신의 토의 · 토론을 스스로 평가해 본다.

출처: Atwater (1984).

(2) 토의 · 토론에서의 규칙

토의 · 토론을 성공적으로 운영하기 위해서는 명확한 규칙을 설정하는 것이 중요하다. 토의 · 토론에서 공통으로 적용되는 규칙은 발언과 경청에 대한 것들이다(〈표 9-5〉 참고). 먼저, 참여하는 사람 누구에게나 발언의 기회가 주어져야 하고, 그 의견은 존중되어야 한다. 그리고 서로의 의견은 모두에게 공유되어야 하고, 질문은 분명하게, 답변은 명확하게 해야 한다.

〈표 9-5〉 토의 · 토론 규칙

- 모든 사람에게 말할 기회가 주어진다.
- 모든 사람에게 차례로 의견을 물어볼 수 있다.
- 모든 사람은 의견을 공유한다.
- 다른 사람의 발표를 잘 들어야 한다.
- 다른 사람의 의견을 존중한다.
- 누구나 대안을 낼 수 있다.
- 자신의 의견을 수정할 수 있다.
- 같은 팀이라고 생각하고 토의 · 토론에 임한다.
- '왜 그렇습니까?' '찬성합니까?' '어떻게 생각합니까?' '당신의 의견은 무엇입니까?' 등 분명한 질문을 해야 한다.

출처: Swan (2007).

토의 · 토론에 참여하는 참가자와 사회자가 지켜야 할 규칙은 각각 다르다(〈표 9-6〉 참고). 먼저, 참가자들은 발언 시 손을 들어 발언 기회를 얻거나 정해진 순서에 따라 발표해야 한다. 발언권을 얻은 후에는 사회자가 정해 준 시간을 넘기지 않도록, 명확하면서도 간결하게 의견을 제시해야 한다. 의견을 제시할 때는 타당한 근거를 바탕으로 논리적으로 이야기하며, 침착하고 정중한 태도를 유지하는 것이 중요하다. 또한 다른 사람의 의견이 타당하지 않다고 생각하더라도 상대방의 말을 중간에 끊지 않아야 하며, 주제에서 벗어난 발언은 삼가야 한다.

사회자는 공정하게 토의 · 토론 활동을 이끌어야 하고, 어느 한쪽 편에 치우치지 않아야 한다. 참가자나 양 팀 모두에게 공평한 시간과 발언 기회를 제공해야 한다. 진행 과정에서는 참가자들이 주제에서 벗어나지 않도록 중심을 잡아 주는 역할이 중요하다. 또한 중간중간 의견을 정리하거나 질문을 요약해 활동이 원활하게 진행되도록 도와야 한다.

〈표 9-6〉 토의 · 토론 참가자 및 사회자 규칙

참가자 규칙	• 손을 들어 말할 기회를 얻거나 순서에 따라 발표한다. • 사회자가 정한 발언 시간 또는 전체 활동 시간을 넘기지 않도록 한다. • 상대방의 인격을 모독하거나 무시하는 말을 하지 않는다. • 타당한 근거를 제시하며 자신의 주장이나 의견을 말하되, 분명하고 간결하게 말한다. • 감정을 겉으로 드러내지 않고, 침착하고 정중하게 말한다. • 논리적으로 생각하며 상대방의 주장과 의견을 듣는다. • 비판적 듣기와 더불어 자신의 생각보다 타당한 의견이나 주장을 적극 수용한다. • 다른 사람이 말하는 중간에 끼어들지 않도록 한다. • 주제와 상관없는 말은 하지 않도록 하고, 토의 · 토론 활동에 집중한다.
사회자 규칙	• 공정하게 토의 · 토론 활동을 이끌어 간다. • 토의 · 토론 주제에서 벗어나지 않도록 중심을 잡는다. • 참가자 모두에게 말할 기회와 시간을 공평하게 준다. • 토의 · 토론 참가자에게 사실과 의견을 구분하여 말할 수 있도록 안내한다. • 적절한 시점에 질문과 요약을 제공하여 논의가 원활하게 진행되도록 돕는다. • 가능하면 사회자는 말을 줄이고 조율에 집중한다.

3. 토의와 창의적 문제해결 기법

토의는 다양한 관점을 공유하며 문제를 해결하는 과정이다. 이 과정에서 창의적 문제해결 기법은 독창적이고 효과적인 아이디어를 도출하는 데 중요한 도구로 활용될 수 있다. 이 절에서는 토의에 창의적 문제해결 기법을 적용해 참신한 해결책을 생성하는 방법에 대해 살펴보기로 한다.

1) 창의적 문제해결이란

창의적 문제해결(creative problem solving)은 기존의 해결 방식이나 논리적 접근을 넘어서 새로운 방법으로 문제를 해결하는 과정이다. 이러한 과정에서는 아이디어의 발산과 수렴을 통해 예상치 못한 해결책을 도출하며, 다양한 관점에서 문제를 탐구하는 데 초점을 둔다. 창의적 문제해결과 일반적 문제해결은 모두 문제를 해결하고자 하는 목표를 가지고 있으며, 문제를 분석하고 해결책을 찾아가는 과정이라는 점에 공통점이 있다. 하지만 일반적인 문제해결은 주로 논리적이고 체계적인 방법으로 이미 검증된 해결책을 찾는 반면, 창의적 문제해결은 독창적이고 혁신적인 아이디어를 통해 문제를 해결하려는 시도라는 점에서 차이가 있다(이종연, 고범석, 진석언, 구양미, 서정희, 2007; Treffinger, Isaksen, & Dorval, 2000).

2) 확산적 사고와 수렴적 사고

창의적 문제해결은 주어진 문제와 관련해서 양적으로 많은 아이디어를 도출해 내는 것으로부터 시작한다. 여기서 '양적으로 많다'라는 것은 아이디어의 개수뿐만 아니라 그 다양성도 포함한다. 확산적 사고(divergent thinking) 또는 발산적 사고는 문제나 과제에 대해 수적으로 풍부하고 다양한 아이디어를 도출하는 사고 과정이다(김영채, 2001; 이종연, 구양미, 2007). 이를 촉진하기 위한 기본 원칙은 다음과 같다.

■ 확산적 사고 촉진을 위한 원칙

- 판단을 유보한다.
- 다양하고 풍부하게 생각한다.
- 평범한 아이디어를 넘어서 새로운 관점을 추구한다.
- 아이디어가 부글부글 끓어 나도록 충분한 시간을 갖는다.
- 여러 아이디어를 조합해 보거나 다른 사람의 아이디어에 자신의 생각을 보태도 좋다.

반면에 수렴적 사고(convergent thinking)는 논리 · 비판적 사고라고도 불리는데, 생성된 여러 아이디어 중에서 가장 효과적이고 실행 가능한 해결책을 선택하는 과정이다. 수렴적 사고를 촉진하기 위한 기본 원칙은 다음과 같다.

■ 수렴적 사고 촉진을 위한 원칙

- 명확한 목적의식을 가지고 판단한다.
- 아이디어를 자세하고 분명하게 제시한다.
- 성급하게 판단하지 않는다.
- 명확한 판단기준을 설정하고 이를 기반으로 검토한다.

문제해결 과정에서는 확산적 사고와 수렴적 사고가 반복되는 양상을 보이며, 이를 흔히 '다이아몬드 프로세스([그림 9-11])'로 표현한다. 확산적 사고를 돕기 위한 사고기법에는 브레인스토밍, 브레인라이팅, 포스트잇 기법, 속성열거법, 체크리스트, 스캠퍼(SCAMPER), 육색모자, 마인드맵 등이 있다. 반면, 수렴적 사고기법에는 평가행렬법, ALU(Advantage, Limitation, Unique), PMI(Plus, Minus, Interesting), 육색모자, 마인드맵 등이 있다. 육색모자, 마인드맵은 확산적 사고기법으로도, 수렴적 사고기법으로도 활용될 수 있다.

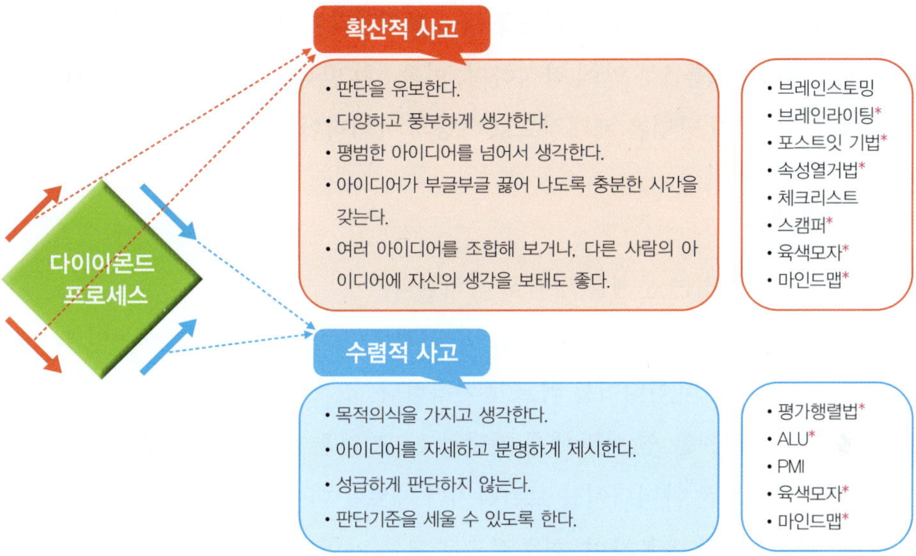

[그림 9-11] 확산적 사고와 수렴적 사고

3) 브레인라이팅

(1) 개요

브레인라이팅(brainwriting)은 대표적인 확산적 사고기법으로, 브레인스토밍의 변형이라고 할 수 있다. 우선, 브레인스토밍은 1940년대 미국 광고인 알렉스 오스본(Alex Osborn)이 제안한 창의적 문제해결 기법이다. 이 방법은 자유롭게 아이디어를 제시하고, 비판 없이 다양한 생각을 도출하는 것을 목표로 한다. 참가자들이 함께 모여 문제에 대해 다양한 아이디어를 말로 표현하고, 이를 통해 창의적인 해결책을 찾는 과정이다. 이에 비해 브레인라이팅은 1970년대 독일의 창의성 전문가 베른트 로어바흐(Bernd Rohrbach)에 의해 개발된 방식이다. 참가자들이 말을 하지 않고 대신 종이에 자신의 아이디어를 적어 냄으로써 생각을 공유하는 방식이다. 브레인라이팅은 조용한 환경에서 독창적인 생각을 발휘할 수 있도록 돕는다. 이는 말로 표현하는 데 부담을 느끼는 사람들에게 특히 효과적이다(Dakahasi Makoto, 2007).

브레인라이팅의 대표적인 형태는 '6-3-5 브레인라이팅'으로, 6명의 참가자가 각각 3개의 아이디어를 5분 안에 작성하며, 이를 6회 반복해 총 108개의 아이디어를 도출할 수 있다. 이 방법은 체계적으로 다량의 아이디어를 창출하는 데 적합하다.

(2) 진행 방법

① 팀이 해결하려는 문제를 명확히 정의한다.

② 6명의 참여자는 각자 다음의 〈표 9-7〉과 같은 양식지에 약 5분 동안 각자의 이름과 3개의 아이디어를 빠르게 기록한다.

③ 5분 후 양식지를 옆 사람에게 전달하고, 또 다른 옆 사람으로부터 전달받은 양식지에 기존 아이디어를 보완하거나 새로운 아이디어를 적는다.

④ 이 과정을 6회 반복하며, 최종적으로 모든 아이디어를 모아 토론 및 평가를 진행한다.

〈표 9-7〉 브레인라이팅 양식지

주제:			
참가자	1차 아이디어	2차 아이디어	3차 아이디어
참가자A	아이디어1	아이디어2	아이디어3
참가자B	아이디어1-1	아이디어2-1	아이디어3-1
참가자C	아이디어1-2	아이디어2-2	아이디어3-2
참가자D	아이디어1-3	아이디어2-3	아이디어3-3
참가자E	아이디어1-4	아이디어2-4	아이디어3-4
참가자F	아이디어1-5	아이디어2-5	아이디어3-5

(3) 활용 예시

① 대학 축제 아이디어 기획: 학생들이 '야간 불꽃놀이' '음악 페스티벌' 같은 아이디어를 작성하고, 다른 참가자들이 테마나 참여 방식을 추가하며 참신한 행사를 기획한다.

② **학생 프로젝트 아이디어 창출**: 팀원이 제시한 '기후 변화 분석' 아이디어에 '지역 커뮤니티 협업'을 추가하며 창의적이고 구체적인 프로젝트를 완성한다.
③ **스타트업 창업 아이디어 구상**: '친환경 제품 판매' 아이디어에 '대학생 구독 서비스'나 'SNS 마케팅 전략'을 더해 실행 가능한 창업 계획을 수립한다.

4) 포스트잇 기법

(1) 개요

1970년대 초, 3M의 아트 프라이(Art Fry)가 발명한 포스트잇 노트는 1980년 상업적으로 출시된 이후 사무실과 가정에서 필수품으로 자리 잡았다. 현재 포스트잇은 브레인스토밍과 같은 창의적 문제해결에서 중요한 도구로 널리 사용되며, 아이디어를 시각적으로 정리하는 데 특히 유용하다.

포스트잇 기법(post-it method)은 간단히 아이디어를 적어 벽이나 보드에 붙이고, 이를 나열하거나 분류하면서 아이디어를 구조화한다([그림 9-12] 참고). 이러한 시각화 과정은 창의적인 사고를 촉진하며, 여러 사람이 함께 작업할 때 협업과 문제해결을 효과적으로 지원한다(이종연 외, 2007).

이러한 포스트잇 기법은 오프라인 환경뿐만 아니라 온라인에서도 활용 가능하다. 실제 포스트잇 대신 패들렛(Padlet), 미로(Miro), 잼보드(Jamboard)와 같은 디지털 협업 도구를 활용하면 원격 상황에서도 아이디어를 공유하고 분류할 수 있다. 온라인 도구는 실시간 협업, 자동 저장, 손쉬운 이동과 복사, 다양한 시각화 기능 등의 장점이 있어 분산된 환경에서도 효과적인 브레인스토밍이 가능하다. 반면, 물리적 포스트잇은 직접 붙이고 옮기며 아이디어를 체감할 수 있다는 점에서 몰입감과 현장감을 줄 수 있으며, 사용이 간단하고 도구 활용에 대한 부담이 적다는 장점이 있다. 상황에 따라 오프라인과 온라인 방식을 적절히 선택해 활용할 수 있다.

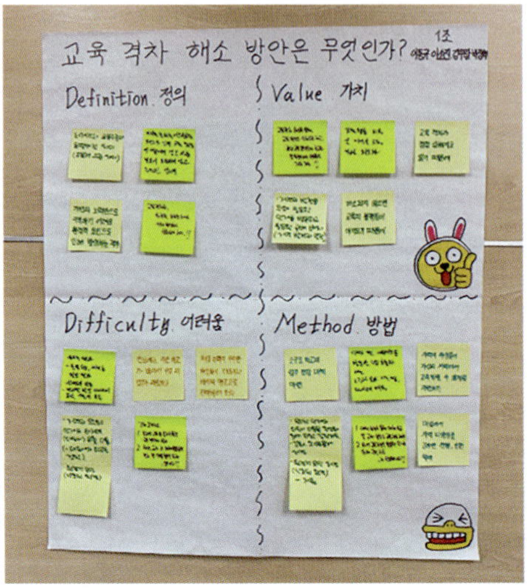

[그림 9-12] 카테고리별로 분류된 포스트잇 활용 사례

(2) 진행 방법

① 문제를 설정한 후, 해결책이나 관련된 아이디어를 포스트잇에 하나씩 적는다. 포스트잇 한 장에 한 개의 아이디어만 적는 것이 중요하다.

② 각 참가자는 자신의 아이디어를 공유하고, 포스트잇을 벽이나 보드에 붙인다. 아이디어가 여러 개라면 여러 개의 포스트잇을 붙이도록 한다.

③ 모든 아이디어를 카테고리별로 분류하거나, 우선순위를 정하여 중요한 아이디어를 추려 낸다.

④ 분류된 아이디어를 바탕으로 토론하고 평가하여 최종 해결책을 도출한다.

(3) 활용 예시

① 그룹 프로젝트 아이디어 정리: 팀원들이 각자의 아이디어를 포스트잇에 적어 보드에 붙이고 정리하며, 중복된 아이디어를 피하고 새로운 관점을 발견해 실행 계획을 세운다.

② 취업 준비 전략 세우기: 강점, 개선점, 관심 분야 등을 포스트잇에 적어 정리

하고 범주화하여 우선순위를 정한 뒤 구체적인 계획을 수립한다.

③ **대학생 회의에서 의사결정:** 동아리 회의에서 의견을 포스트잇으로 작성해 '장소' '프로그램' '예산' 등을 정리하고, 이를 토대로 효율적인 의사결정을 한다.

5) 속성 열거법

(1) 개요

속성 열거법(attribute listing)은 1930년대 미국의 저널리즘 교수이자 창의적 사고 전문가인 로버트 플랫 크로포드(Robert Platt Crawford)가 제안한 확산적 사고 기법이다. 이 방법은 제품이나 문제를 개별 속성으로 분해하고, 각 속성을 변형하거나 조합하여 개선하거나 새로운 아이디어를 도출한다([그림 9-13] 참고). 문제를 구성 요소별로 세분화하고 이를 바탕으로 다양한 변형과 결합을 시도함으로써 창의적 해결책을 발견할 수 있다. 속성 열거법은 복잡한 문제를 분석하고 개선하는 데 유용하며, 특히 디자인과 제품 개발 분야에서 널리 활용된다(김영채, 2001; Starko, 2010).

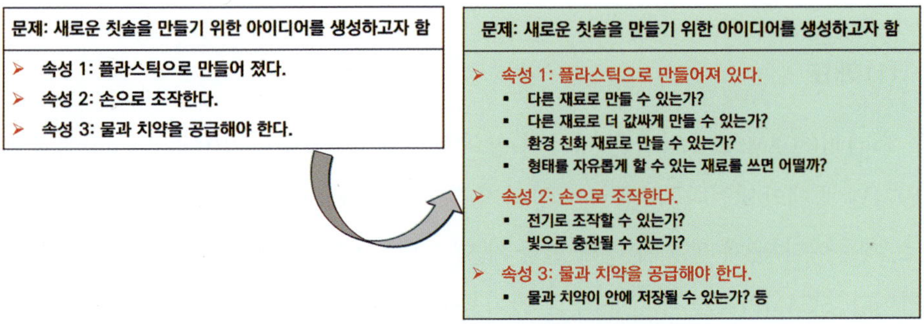

[그림 9-13] 속성열거법 활용 사례

(2) 진행 방법

① 대상이나 문제의 속성을 모두 나열한다. (예 모양, 기능, 색상, 재료 등)

② 나열된 속성 하나하나에 대해 변형 가능성을 고려하거나, 기존과 다른 방식으로 새로운 속성을 제안한다.
③ 각 속성을 바탕으로 새로운 조합을 만들어 내거나, 기존 문제를 개선할 수 있는 방법을 도출한다.

(3) 활용 예시

① **노트북 디자인 개선:** '크기' '무게' '재질' '배터리 수명' 등의 속성을 나열하고, 더 가볍거나 배터리 수명을 늘리는 등의 변형을 통해 학생들의 라이프스타일에 맞는 노트북을 제안한다.
② **카페 메뉴 개발:** '재료' '맛' '크기' '포장 방식' 등의 속성을 나열해 비건 재료 사용이나 친환경 포장을 고려한 차별화된 메뉴를 개발한다.
③ **스마트폰 앱 기능 확장:** 'UI 디자인' '알림 방식' '데이터 처리 속도' 등의 속성을 나열해 사용자 맞춤형 알림 기능이나 직관적인 인터페이스를 추가해 사용자 경험을 개선한다.

6) 스캠퍼

(1) 개요

스캠퍼(SCAMPER) 기법은 미국의 창의성 전문가 밥 에벌리(Bob Eberle)에 의해 1971년에 제안되었다. 스캠퍼는 창의적 문제해결과 아이디어 도출을 위한 기법으로, 제품이나 문제 상황에 대해 일곱 가지 질문을 던져 새로운 아이디어를 찾는 방법이다. SCAMPER는 각 질문의 앞 글자를 따서 만들어진 약어로, [그림 9-14]와 같이 Substitute(대체), Combine(결합), Adapt(응용), Modify(변경), Put to other use(다른 용도로 사용), Eliminate(제거), Reverse/Rearrange(역전/재배열)의 7단계로 구성된다(강석원, 2018).

물론 스캠퍼 기법을 사용할 때 반드시 이 7단계를 모두 거쳐야 하는 것은 아니다. 이 기법은 각 단계가 독립적으로 작동할 수 있으며, 문제나 상황에 따라 특정 단계만 선택적으로 사용할 수도 있다. 예를 들어, 어떤 상황에서는 단순히 대체(Substitute)와 결합(Combine)만으로도 충분히 참신한 해결책이 나올 수 있다. 반면에 더 복잡한 문제는 7단계를 모두 거치는 경우도 있다. 따라서 스캠퍼는 주어진 문제의 특성이나 아이디어의 필요성에 따라 유연하게 적용할 수 있다.

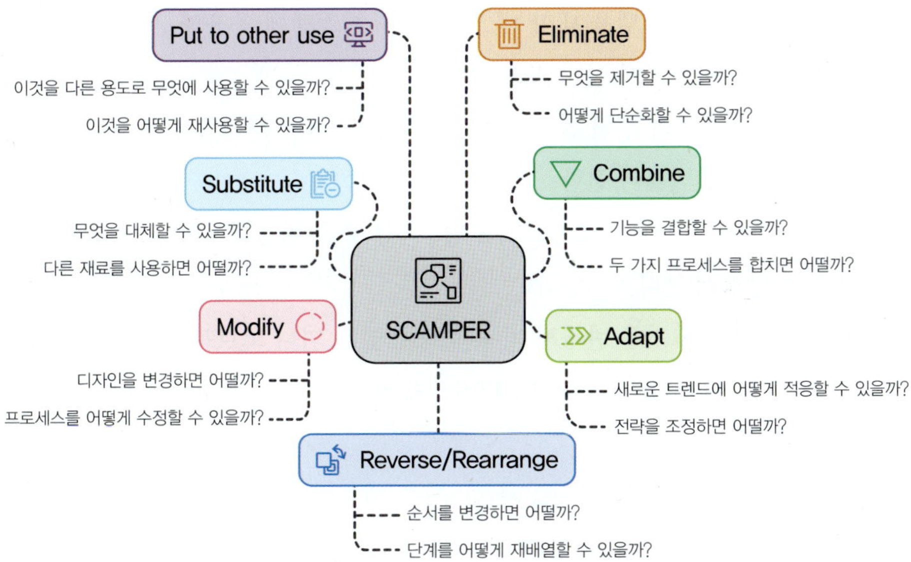

[그림 9-14] 스캠퍼(SCAMPER) 7단계

(2) 진행 방법

① Substitute(대체): 특정 요소(사용되는 재료나 부품)를 다른 것으로 바꿀 수 있을지 생각해 본다.

- 음료 패키지에서 플라스틱을 친환경적인 종이로 대체함
- 강의 방식에서 대면 수업을 온라인 수업으로 대체해 시간과 장소의 제약을 줄임

② Combine(결합): 두 가지 이상의 요소나 제품 기능을 결합하여 새로운 아이디어를 도출해 본다.

- 커피숍과 워킹 스페이스를 결합해, 공부와 일에 적합한 공간을 만듦
- 스마트폰 카메라와 AR 기술을 결합해 실시간으로 사진에 필터를 적용하는 기능을 추가함

③ Adapt(응용): 다른 상황에서 성공한 방법을 현재 문제에 적용할 수 있는지 생각해 본다.

- 자동차 공유 시스템을 대학 내 도서 공유 시스템에 응용해, 학생들이 필요 없는 책을 서로에게 쉽게 빌려 줌
- 온라인 쇼핑몰의 추천 알고리즘을 대학 수강신청 시스템에 응용해 학생들에게 맞춤 강의를 추천함

④ Modify(변경): 특정 요소의 크기, 모양, 색상 등을 변경해 성능을 향상시킬 수 있을지 탐색해 본다.

- 노트북 화면 크기를 변경해 더 휴대성이 높은 미니 노트북을 제작함
- 스마트폰 어플리케이션의 UI 디자인을 변경해 사용자 경험을 더 직관적으로 개선함

⑤ Put to other use(다른 용도로 사용): 기존 제품이나 아이디어를 다른 용도로 사용할 수 있는지 생각해 본다.

- 쓰지 않는 CD를 컵받침으로 재활용함
- 대학의 실험 장비를 다른 과목의 창의적 프로젝트에 응용해 학생들의 실험 기회를 확대함

⑥ Eliminate(제거): 불필요한 요소, 과정, 기능을 제거하여 더 간단하고 효율적인 해결책이 있는지 찾아본다.

- 앱에서 복잡한 로그인 절차를 제거해 간편하게 로그인할 수 있도록 함
- 제품 포장에서 불필요한 이중 포장을 제거해 비용 절감과 환경 보호를 도모함

⑦ Reverse/Rearrange(역전/재배열): 순서를 바꾸거나 요소를 재배치하여 새로운 해결책이 될 수 있을지 탐구해 본다.

- 학생 발표를 수업의 마지막이 아니라 초반에 배치해 더 활발한 참여를 유도함
- 카페의 동선을 재배열해, 주문 및 결제 대기 시간을 줄임

(3) 활용 예시

① 스마트폰: SCAMPER 7단계를 모두 거쳐 탄생한 제품

- Substitute: 기존 휴대용 전화기 키패드를 터치스크린으로 대체함
- Combine: 음악 플레이어, 전화기, 인터넷 브라우저를 하나로 결합함
- Adapt: 기존의 MP3 플레이어와 PDA에서 성공한 기술을 응용함
- Modify: 크기, 모양, 디자인을 사용자가 쉽게 휴대할 수 있는 방식으로 수정함
- Put to other use: 단순한 전화기가 아니라, 생활 필수품으로 자리 잡게 함
- Eliminate: 교체형 배터리가 없어지면서 보다 얇고 견고해짐
- Reverse/Rearrange: 기존 휴대전화 UI/UX를 재구성해 직관적 사용이 가능하도록 함

② 스타벅스 커피 캡슐(Nespresso): SCAMPER 일부 단계만 거쳐 탄생한 제품

- Combine: 커피머신과 캡슐 시스템을 결합해 편리하게 커피를 즐길 수 있는 방식을 제공함
- Substitute: 커피 가루를 대체하는 캡슐 방식으로, 사용자가 신선한 커피를 쉽게 내릴 수 있도록 변경함

7) 육색모자: 확산적 사고기법

(1) 개요

육색모자(six thinking hats) 기법은 1985년 영국의 심리학자이자 창의성 전문가인 에드워드 드 보노(Edward de Bono)가 개발한 확산적 사고기법이다. 여섯 가지 색상의 모자가 각기 다른 사고방식을 상징하며, 특정 모자를 통해 그 관점에서 문제를 생각한다([그림 9-15] 참고). 이 기법은 팀원들이 특정 관점에 집중하도록 유도해 객관적이고 균형 잡힌 사고를 촉진하며, 다양한 아이디어를 도출하고 문제를 다각적으로 분석하는 데 효과적이다(김영채, 2001; De Bono, 2017).

각 색깔 모자의 역할을 알아보면 다음과 같다.

① **하얀색 모자**(white hat): 현재 프로젝트와 관련된 객관적인 시장 조사 자료를 분석하는 것처럼 객관적인 사실과 정보를 중시하는 관점이다. 감정이나 의견을 배제하고, 문제와 관련된 데이터를 수집하고 분석하는 데 집중한다.

② **빨간색 모자**(red hat): 팀원이 제안한 아이디어에 대한 감정적 반응을 표현하는 것처럼 감정과 직관에 기반한 사고를 나타낸다. 논리적인 분석이 아닌, 사람들이 느끼는 감정이나 직관적 반응에 초점을 맞춘다.

③ **검은색 모자**(black hat): 새로운 사업 아이디어의 잠재적 위험 요소를 파악해 보는 것처럼 비판적 사고와 위험 분석에 중점을 둔다. 문제의 부정적인 측면, 잠재적인 리스크, 약점을 평가하며, 실패할 가능성을 분석한다.

④ **노란색 모자**(yellow hat): 아이디어가 가져올 긍정적인 영향을 예측해 보는 것처럼 긍정적 사고와 낙관적인 관점을 상징한다. 아이디어의 장점과 이점, 성공 가능성을 강조하며, 긍정적인 결과를 상상한다.

⑤ **초록색 모자**(green hat): 프로젝트에 적용할 참신한 아이디어나 접근 방식을 제안하는 것처럼 창의적 사고와 발상에 초점을 맞춘다. 새로운 아이디어, 대안, 해결책을 도출하며, 자유롭게 상상하고 창의적으로 사고하는 데 주력한다.

⑥ **파란색 모자**(blue hat): 아이디어 도출 후 결론을 내리는 과정을 관리하거나,

다른 모자들의 의견을 종합하여 최종 결론 도출하는 것처럼, 메타 사고, 즉 사고 과정을 이성적으로 조정하고 관리하는 역할을 한다. 문제해결 과정의 구조를 설정하고, 사고의 흐름을 감독하며, 각 모자의 역할을 적절하게 배분한다.

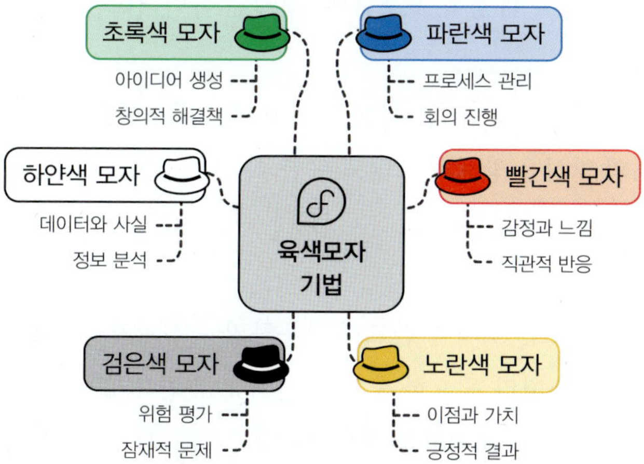

[그림 9-15] 육색모자

(2) 진행 단계

육색모자 기법에서 모자의 순서는 반드시 고정되어 있지는 않지만, 확산적 사고기법으로 활용할 때는 아이디어를 자유롭게 발산하고 탐색하는 것이 목적이므로, 창의적인 사고와 다양한 관점을 먼저 고려하는 순서가 효과적이다. 확산적 사고는 가능한 많은 아이디어를 생성하고, 이를 통해 문제를 다각도로 분석하는 과정이기 때문에, 모자의 순서는 아이디어의 발산을 극대화하는 방향으로 다음과 같이 설정된다.

① **초록색 모자:** 창의적 사고를 발산하기 위해 먼저 다양한 아이디어를 자유롭게 도출한다.

② **노란색 모자:** 도출된 아이디어 중에서 긍정적인 면과 기회를 탐구하여 아이디어의 가능성을 확장한다.

③ **빨간색 모자**: 감정적 반응과 직관을 반영하여 아이디어에 대한 감정적 평가를 진행한다.

④ **하얀색 모자**: 이제 객관적인 사실과 데이터를 활용해 아이디어의 실현 가능성을 검토한다.

⑤ **파란색 모자**: 사고 과정을 조정하며, 제시된 아이디어를 구조화하고 논의를 정리한다.

⑥ **검은색 모자**: 비판적 사고는 확산적 사고에서 최소한으로 사용하여, 창의적 아이디어의 발산을 방해하지 않도록 한다.

(3) 활용 예시

육색모자 기법은 모든 모자를 반드시 사용하거나 정해진 순서로 적용할 필요가 없다. 문제나 상황에 따라 필요한 모자만 선택해 유연하게 활용할 수 있으며, 이를 통해 의사결정 과정을 최적화할 수 있다.

① 대학 온라인 강의 확대 방안 – 확산적 사고기법으로써 모든 색깔 모자 적용

- **초록색 모자**: 혼합형 수업, VR/AR 기술 활용 강의, 맞춤형 학습 플랫폼 도입 등 창의적인 아이디어를 제안하여 온라인 강의의 가능성을 탐색한다.
- **노란색 모자**: 시간과 공간의 제약 없는 학습, 운영비 절감, 글로벌 학생 접근성 확대 등 온라인 강의의 긍정적 효과를 논의한다.
- **검은색 모자**: 기술적 문제, 강의 질 저하, 인터넷 접근 격차 등 온라인 강의의 부정적 측면을 분석하고, 해결 방안을 고려한다.
- **빨간색 모자**: 학생과 교수진의 감정적 반응을 반영한다. 학생들은 비대면 학습의 편리함을 선호하지만, 사회적 고립감이나 실시간 상호작용 부족에 대해 불만을 가질 수 있다. 교수진은 강의 효과성에 대해 엇갈린 감정을 가질 수 있다.

- **하얀색 모자:** 참여율, 학습 성과, 학생 만족도 등의 데이터를 분석하며, 다른 대학의 성공적 사례와 문제점을 비교하여 객관적인 정보를 바탕으로 논의한다.
- **파란색 모자:** 제안된 아이디어를 구조화하고 실행 우선순위를 정한다. 예를 들어, 단기적으로는 혼합형 수업과 맞춤형 학습 도구를 도입하고, 장기적으로 VR 강의를 목표로 설정한다.

② 대학 무전공제 확대 방안을 위한 확산적 사고기법(일부 모자 활용)

- **초록색 모자:** 전공 체험 프로그램, 멘토링, 워크숍 등 다양한 전공 탐색 기회를 제안한다.
- **노란색 모자:** 적성에 맞는 전공 발견, 융합적 사고와 창의적 문제해결 능력 강화 등 긍정적 효과를 탐구한다.
- **하얀색 모자:** 전공 선택 패턴, 취업률 등의 데이터를 분석해 무전공제가 미치는 실질적 영향을 평가한다.

8) 마인드맵: 확산적 사고기법

(1) 개요

마인드맵(mind map)은 영국의 심리학자 토니 부잔(Tony Buzan)이 1970년대에 기억력, 창의적 사고 그리고 학습법에 대한 연구를 바탕으로 개발했다. 마인드맵은 중앙의 핵심 아이디어에서 출발해 다양한 연관 아이디어를 방사형으로 확장하는 창의적 사고기법이다. 이 기법은 주제와 관련된 생각을 시각적으로 표현함으로써, 아이디어를 구조적으로 정리하고 연결된 사고를 촉진한다. [그림 9-16]과 같은 마인드맵은 아이디어 간의 관계를 시각화하여 명확하게 보여 주고, 새로운 연결이나 확장을 통해 창의적인 해결책을 찾는 데 도움을 준다. 브레인스토밍처럼 다양한 아이디어를 생성하는 데 유용한 시각화 전략이라고 할 수 있다(이종연 외, 2007).

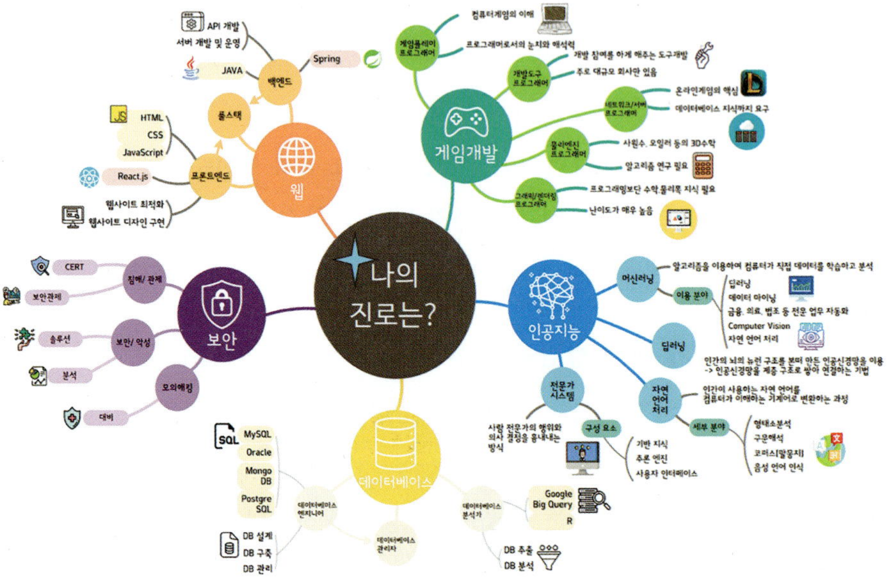

[그림 9-16] 마인드맵

(2) 진행 방법

① 중앙에 핵심 주제, 즉 주어진 문제나 해결하고자 하는 과제를 적는다.

② 중앙 주제에서 가지를 뻗어 나가며 관련된 아이디어를 방사형으로 적는다. 이때 주요 카테고리나 주제를 우선적으로 정리한다.

③ 각 가지에서 더 세부적인 아이디어나 항목을 추가해 나가며, 더 구체적으로 확장한다.

④ 마인드맵을 완성한 후, 아이디어를 분석하고 필요한 경우 다른 아이디어들과 연결하거나 재구성하여 더욱 적절한 해결책을 도출한다.

(3) 활용 예시

① 과제 아이디어 정리: 중앙에 '기말 과제'라는 주제를 적고, 각 가지에 주제 선정, 자료 수집, 발표 방식 등 관련된 아이디어를 뻗어 나가며 정리한다. 이를 통해 과제 준비 과정을 체계적으로 시각화하고, 놓친 부분을 쉽게 파악할 수 있다.

② 사업 아이디어 도출: 중앙에 '스타트업'을 적고, 각 가지에서 타깃 고객, 제품 특성, 마케팅 전략 등과 관련된 아이디어를 확장해 나가며 창의적인 사업 모델을 구성할 수 있다. 새로운 시장 접근 방식이나 제품 차별화 방안도 자연스럽게 도출될 수 있다.

9) ALU

(1) 개요

ALU(Advantage, Limitation, Uniqueness) 기법은 대안이나 아이디어의 장점(Advantages), 제한점(Limitations), 독특한 요소(Unique qualities)를 분석하는 수렴적 사고기법이다. 창시자와 기원은 명확하지 않지만, 의사결정을 보다 현명하게 내리기 위해, 대안이나 아이디어의 긍정적 측면과 부정적 측면을 동시에 고려하면서 독창적이거나 특별한 요소를 추가적으로 탐구할 수 있도록 한다(〈표 9-8〉 참고). 이 기법은 PMI(Plus, Minus, Interesting)와 유사한 의사결정 도구로, 대안에 대한 포괄적인 이해를 돕고 최적의 선택을 가능하게 한다(Treffinger, Isaksen, & Dorval, 2018).

〈표 9-8〉 ALU 예시

대학에서 영어강의 확산을 위한 대안1: 외국인 교수를 신규 채용한다.		
A	장점	• 내국인 전임교수들의 부담을 덜 수 있다.
L	제한점	• 외국인 교수 신규채용을 위한 예산이 배정되어야 한다. • 신규채용 규모가 그리 크지 않을 것이기 때문에 영어강의의 수적 증가에 큰 기여를 하기 힘들다. • 우수한 외국인 교수 초빙이 쉽지 않다.
U	독톡한 특성	• 100% 영어강의가 실시된다. • 외국인 교수 관리 및 지원조직이 편성되어야 한다.

(2) 진행 단계

① Advantages(장점): 먼저, 문제나 대안이 가지는 긍정적인 측면과 이점을 분석한다. 이는 해당 대안이 제공하는 주요 이점이나 혜택을 강조한다.

② Limitations(제한점): 다음으로, 제약 사항이나 문제가 될 수 있는 요소를 검토한다. 해당 대안이 가지는 단점이나 위험 요소를 파악하여 현실적인 한계를 분석한다.

③ Unique Qualities(독특한 요소): 마지막으로, 독창적이거나 차별화된 요소를 탐색한다. 다른 대안과 비교해 해당 대안의 특별하거나 독특한 점을 찾아내어 평가에 반영한다.

(3) 활용 예시

① 대학생 동아리 행사 기획

- Advantages: 다양한 참여 기회를 제공하고, 동아리 홍보 효과가 있음
- Limitations: 예산 부족과 장소 제한 문제
- Unique Qualities: 지역 사회와의 협업을 통해 사회적 가치를 창출할 수 있는 가능성

② 신제품 출시 계획

- Advantages: 시장에서 수요가 높고, 현재 트렌드에 부합
- Limitations: 초기 투자 비용이 높고, 경쟁이 치열함
- Unique Qualities: 제품에 차별화된 기능을 추가해 독창적인 브랜드 이미지를 구축할 수 있음

③ 해외 교환학생 프로그램 참여

- Advantages: 다양한 국제 경험과 외국어 능력 향상
- Limitations: 비용 부담과 현지 적응의 어려움
- Unique Qualities: 특정 국가에서 제공하는 독특한 문화적 경험과 네트워킹 기회를 제공할 수 있음

10) 평가행렬법

(1) 개요

평가행렬법(evaluation matrix)은 1981년 영국의 디자인 엔지니어 스튜어트 퓨(Stuart Pugh)가 설계 옵션을 체계적으로 비교하기 위해 개발한 질적 의사결정 도구이다. 이 방법은 여러 기준을 설정한 뒤, 각 대안을 점수화해 객관적이고 논리적인 결정을 지원한다(〈표 9-9〉 참고). 특히 복잡한 상황에서 대안의 장단점을 명확히 비교하고, 정량적 평가를 통해 최적의 선택을 도출하는 데 유용하다(이종연 외, 2007).

〈표 9-9〉 평가행렬법 적용 사례

과제: 대학에서 영어강의 확대 방안 마련하기					
	재정 투자	영어 강좌 수	교수 만족도	학생 만족도	총점
1. 학과당 영어강의 의무 개설 강좌 수 부과	5	5	1	3	14
2. 교수업적 평가 시 영어강의 실시 여부 반영	4	3	2	3	12
3. 영어강의 실시 시 금전적 인센티브 제공	3	4	3	3	13
4. 영어강의 전담 외국인 교수 채용	1	1	4	4	10
5. 영어강의 지원 조교 제공	2	2	3	4	11

(2) 진행 방법

① 평가할 대안을 나열한다. 문제해결을 위해 선택 가능한 여러 대안을 목록화한다.

② 평가 기준을 설정한다. 각 대안을 비교하기 위해 중요한 기준을 정한다. 예를 들어, 비용, 효율성, 실행 가능성 등이 평가 기준이 될 수 있다.

③ 각 평가 기준에 대해 가중치를 부여한다. 평가 기준의 중요도를 고려하여 각 기준에 가중치를 설정한다.

④ 각 대안에 대해 점수를 매긴다. 설정된 평가 기준에 따라 각 대안이 해당 기준에서 어느 정도 부합하는지 점수(보통 1~5점)를 부여한다.

⑤ 총합 점수를 계산하고 비교한다. 가중치와 점수를 곱한 값을 더해 각 대안의 총합 점수를 계산한 후, 가장 높은 점수를 받은 대안을 선택하거나 우선적으로 고려한다.

(3) 활용 예시

① 새로운 소프트웨어 도입

- 대안: A 소프트웨어, B 소프트웨어, C 소프트웨어
- 평가 기준: 사용 편의성, 가격, 기능성, 지원 서비스
- 결과: 각 소프트웨어를 점수화하고 가중치를 반영해 총합 점수를 계산, 가장 높은 점수를 받은 소프트웨어를 선택한다.

② 대학생 동아리 행사 장소 선정

- 대안: 캠퍼스 강당, 근처 카페, 외부 공원
- 평가 기준: 비용, 접근성, 참가자 수용 능력, 분위기
- 결과: 각 장소를 평가한 후 행사 목적에 가장 적합한 장소를 선택한다.

③ 취업 지원 회사 결정

- 대안: 회사 A, 회사 B, 회사 C
- 평가 기준: 급여, 근무 환경, 성장 가능성, 위치
- 결과: 각 회사를 점수화한 뒤 자신에게 가장 적합한 회사를 선택한다.

11) 육색모자: 수렴적 사고기법

(1) 개요

육색모자 기법은 문제를 다양한 관점에서 분석하고 결론을 도출하는 데 활용되는 창의적 사고기법으로, 확산적 사고와 수렴적 사고 모두에 적용된다. 특히 수렴적 사고로 활용할 때는 모자 사용 순서가 사고의 흐름과 결론에 큰 영향을 미친다.

순서의 중요성은 아이디어 도출과 평가 과정에서 특히 두드러진다. 예를 들어, 흰색 모자(객관적 데이터)로 논의를 시작하면 명확한 정보를 기반으로 사고를 전개할 수 있다. 이후 초록색 모자(창의적 사고)를 통해 다양한 아이디어를 탐색하고, 검은색 모자(비판적 사고)로 아이디어의 현실성을 평가하는 방식이 효과적이다(김영채, 2001; 이광형, 2017; De Bono, 2017).

올바른 순서를 따르지 않고 모자를 무작위로 사용하면, 창의적 아이디어가 충분히 발현되기 전에 부정적 평가로 제한되거나, 중요한 위험 요소를 간과할 가능성이 있다. 따라서 육색모자 기법은 사고 단계에 따라 논리적이고 체계적으로 적용해야 하며, 이를 통해 다각적이고 균형 잡힌 결론에 도달할 수 있다.

(2) 진행 단계

① **파란색 모자**: 사고 과정을 관리하며 문제를 명확히 정의하고, 각 단계의 목표를 설정한다.

② **하얀색 모자**: 객관적인 데이터와 사실을 바탕으로 문제를 정의하고 분석하여 논의의 기반을 마련한다.

③ **초록색 모자**: 창의적 사고를 통해 가능한 해결책을 자유롭게 도출하고, 아이디어를 확장한다.

④ **노란색 모자**: 도출된 아이디어의 긍정적인 면과 이점을 평가하며 실행 가능성을 탐구한다.

⑤ **검은색 모자**: 아이디어의 잠재적 위험 요소와 한계를 분석하여 리스크를 평가한다.

⑥ **빨간색 모자:** 최종 결론을 내리기 전에 감정적 반응과 직관적 판단을 반영해 논의를 보완한다.

⑦ **파란색 모자:** 전체 과정을 다시 조정하며 아이디어를 종합적으로 평가하고, 최종 결론을 도출한다.

(3) 활용 예시: 대학 동아리 지원 프로그램 개선

① **파란색 모자:** '동아리 지원 프로그램의 효과를 높이는 방법'을 목표로 설정하고 각 모자의 역할과 순서를 정했다.

② **하얀색 모자:** 동아리 지원 프로그램의 참여율, 예산 사용 내역, 설문 조사 결과 등 객관적인 데이터를 수집하고 분석하여 현재 상황을 명확히 파악했다.

③ **초록색 모자:** 성과 기반 지원금 제도, 온라인 홍보 플랫폼 강화, 학생 참여 평가 시스템 등 창의적인 개선 방안을 자유롭게 제시하며 아이디어를 확장했다.

④ **노란색 모자:** 제시된 아이디어의 긍정적 측면을 논의했다. 성과 기반 제도가 동아리 활동의 동기부여를 높이고, 홍보 강화로 신입생 유입이 증가할 가능성을 탐구했다.

⑤ **검은색 모자:** 각 아이디어의 잠재적 위험과 한계를 분석했다. 예를 들어, 평가 기준의 공정성 문제와 동아리 운영의 어려움 등 부정적인 요소를 검토했다.

⑥ **빨간색 모자:** 성과 기반 제도와 관련하여 창의성 억제 우려와 동기부여 기대감 등 학생들의 감정적 반응과 직관적인 의견을 반영했다.

⑦ **파란색 모자:** 제안된 아이디어를 종합하고 최종 결론을 도출했다. 성과 기반 제도와 온라인 홍보 강화 방안을 결합하여 실행 가능한 개선 방향을 설정했다.

12) 마인드맵: 수렴적 사고기법

(1) 개요

마인드맵은 중심 주제에서 시작해 계층적이고 구조적인 방식으로 관련된 아이디어를 시각적으로 정리하는 도구로, 주로 확산적 사고에 사용되지만 수렴적 사고에도 효과적으로 활용할 수 있다. 문제해결 과정에서 마인드맵을 수렴적 사고기법으로 사용하면, 다양한 아이디어를 구조화하여 논리적이고 체계적인 결론을 도출하는 데 도움을 준다(이종연 외, 2007).

[그림 9-17]과 같이, Xmind와 같은 프로그램이 제공하는 논리도와 매트릭스 템플릿은 복잡한 문제를 체계적으로 분석하는 데 유용하다. 논리도는 각 대안의 장점, 제한점, 독특한 특성을 계층적으로 정리할 수 있으며, 매트릭스는 아이디어 간의 관계를 시각화하여 우선순위를 평가하거나 결론을 도출하는 과정을 지원한다. 예를 들어, [그림 9-18]은 논리도를 사용하여 특정 대안의 장점, 한계, 독특한 요소를 정리한 사례를 보여 준다. 이러한 시각적 도구는 아이디어를 체계적으로 정리하고 대안의 비교 · 분석을 통해 명확하고 논리적인 결론을 도출하는 데 유용하다.

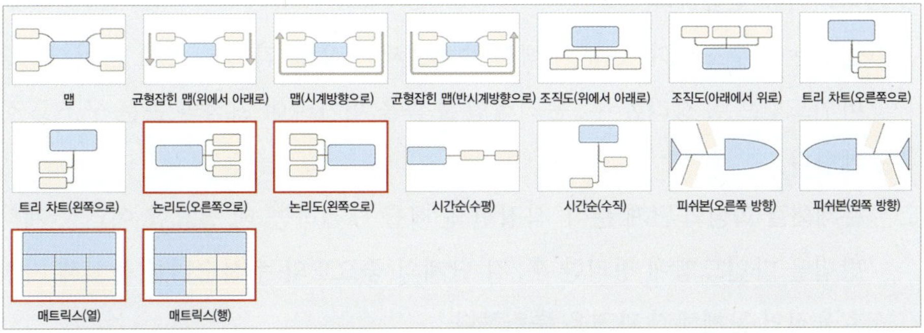

[그림 9-17] 마인드맵 템플릿 종류

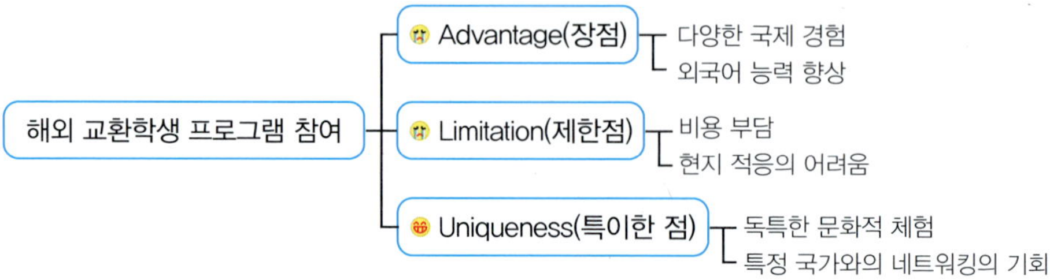

[그림 9-18] 마인드맵을 수렴적 사고기법으로 사용한 사례

(2) 진행 방법

① 중심에 핵심 문제를 배치한다.

② 주요 대안을 가지로 설정한다.

③ 각 가지에 대해 장점, 제한점, 독특한 요소를 정리하며 세부적으로 확장한다.

④ 구조화된 아이디어를 분석하여 대안 간의 비교와 평가를 통해 결론을 도출한다.

(3) 활용 예시

① **프로젝트 아이디어 정리:** 여러 팀원이 제안한 아이디어를 마인드맵에 정리해, 유사한 아이디어를 그룹화하고 우선순위를 설정하여 최종적인 프로젝트 아이디어를 도출한다.

② **연구 논문 구조 설계:** 논문의 핵심 주제에서 시작해, 각 장의 주요 아이디어를 마인드맵으로 정리한 후, 논리적인 흐름을 평가하여 최적의 논문 구조를 설계한다.

③ **문제해결 과정의 단계 분석:** 복잡한 문제를 해결하는 데 필요한 여러 단계와 방법을 마인드맵에 정리한 후, 각 단계의 중요도와 우선순위를 분석해 가장 효율적인 문제해결 과정을 수립한다.

CHAPTER 10

팀 프로젝트 수행하기

1. 팀 프로젝트의 개념 및 특징

1) 팀 프로젝트의 개념

팀 프로젝트는 공동의 목표를 달성하기 위해 여러 명이 협업하여 문제를 해결하고 결과물을 도출하는 실행 중심의 활동이다. 킬페트릭(Kilpatrick, 1918)은「프로젝트 방법(The Project Method)」에서 프로젝트 학습을 학습자가 실제적이고 복잡한 문제나 질문을 탐구하는 과정을 통해 지식과 기술을 학습하는 방법으로 설명하였다. 이후 프로젝트 방식은 학교 교육뿐만 아니라 기업과 다양한 조직에서도 협업과 문제해결을 위한 핵심 업무 방식으로 자리 잡았다. 팀 프로젝트는 단순한 과제가 아닌, 현실적인 문제를 해결하고 가시적인 결과를 창출하기 위한 실천적 과정이다.

팀 프로젝트의 핵심 요소는 '문제(질문, 과제 또는 업무)'와 '결과물'로 요약된다(Blumenfeld et al., 1991). 프로젝트는 주어진 문제를 정확히 분석하고, 관련 자료를 수집 및 검토한 후 해결 방안을 도출하여 결과물을 산출하는 단계로 이루어진다([그림 10-1] 참고). 이 과정에서 팀원들은 각자의 역할을 분담하고 협력하여 최종 결과물을 만들어 낸다.

결과물은 학습 환경에서는 교수자나 동료 학습자에게 공유되는 산출물이지만,

실제 업무 현장에서는 고객, 이해관계자 또는 조직의 목표를 충족하는 구체적이고 실용적인 산출물이 된다. 따라서 팀 프로젝트는 학습과 업무를 아우르는 문제해결과 실행 중심의 접근법으로, 개인과 조직 모두에게 중요한 성과 창출 방법으로 자리 잡고 있다.

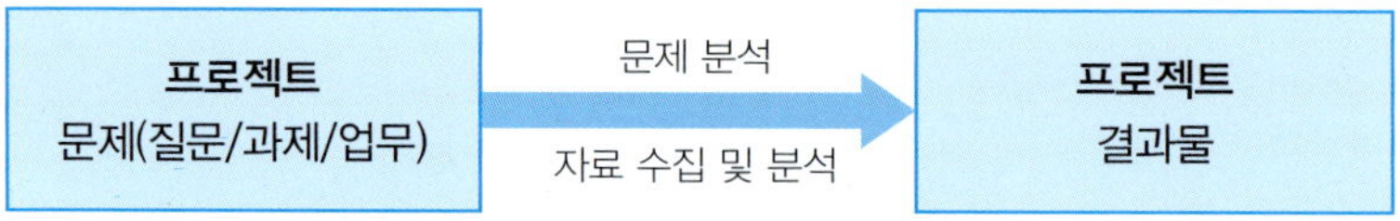

[그림 10-1] 프로젝트 개념도

2) 팀 프로젝트의 특징

팀 프로젝트의 핵심 특징은 실제적인 문제해결과 결과물 도출을 통해 학습하고 성장하는 것이다. 이는 전통적인 지식 전달 방식과 비교하여 명확한 차이를 보인다(〈표 10-1〉 참고). 팀 프로젝트는 교육 환경뿐 아니라 업무 현장에서도 협업과 문제해결, 혁신적인 결과 창출을 위한 실천적 접근법으로 활용된다. 성공적인 팀 프로젝트 수행을 위해서는 복잡하고 실제적인 과제를 설정하고, 참여자 간 협업과 역할 분담이 필요하며, 참여자와 관리자의 역할 역시 기존 방식과는 다르다.

〈표 10-1〉 전통적인 방식과 프로젝트 기반 접근법의 비교

구분	전통적인 수업/업무 방식	프로젝트 기반 방식
시작 방식	지식 전달 또는 업무 지시	문제로부터 시작
문제의 성격	내용 이해 확인을 위한 인위적, 단순한 문제	복잡하고 실제적인 문제
참여자 역할	수동적 수행자	능동적 참여자 및 협업자
관리자 역할	지식 전달자, 업무 지시자	조력자, 코치, 촉진자
평가의 성격	결과 중심 평가	과정과 결과를 모두 평가

(1) 학습의 시작

전통적인 방식에서는 학습이나 업무 수행의 목표와 과정이 명확히 정해져 있으며, 주로 지식이나 과업을 전달하는 방식으로 시작된다. 그러나 팀 프로젝트에서는 문제 또는 과제를 발굴하거나 제시하는 것에서 출발한다. 교육 환경에서는 교수자가 문제를 제시하거나 학습자가 주도적으로 문제를 탐색하고, 업무 환경에서는 조직의 목표나 고객의 요구에 따라 문제를 정의하는 경우가 많다. 팀원들은 이 문제를 기반으로 아이디어를 도출하고, 탐구와 기획을 통해 해결 방안을 찾기 위해 협력한다.

(2) 문제의 성격

팀 프로젝트에서 다루는 문제는 단순히 결과가 정해진 과업이 아닌 현실적이고 복잡한 비구조화된 문제이다. 이는 정답은 존재하지 않으며 참여자마다 다양한 해결 방안을 제시할 수 있음을 의미한다. 교육 환경에서는 융합적 사고와 다양한 학문적 접근을 요구하며, 업무 현장에서는 프로젝트 팀이 고객 요구나 시장 변화에 대응하여 창의적이고 실용적인 해결책을 도출해야 한다. 장경원(2023)은 프로젝트 과제가 "여러 개념, 원리, 절차를 포함하며, 다양한 관점과 학문적 접근이 가능한 간학문적 성격을 지닌다."라고 강조하였다. 〈표 10-2〉는 구조적 문제와 비구조적 문제의 특징과 예시를 비교한 것이다.

〈표 10-2〉 구조적 문제와 비구조적 문제 비교

구분	구조적 문제	비구조적 문제
특징	• 문제해결을 위해 고려해야 할 조건, 제한점이 분명하게 제시된다. • 주어진 상황과 관계없이 일반적인 규칙, 개념을 적용하여 해결할 수 있다. • 해결하는 사람마다 정답이 일치하고 해결 방안이 고정되어 있다.	• 여러 가지 개념이나 원리가 적용된다. • 문제 파악이 쉽지 않고 해결 과정에서 새로운 조건이나 제한점이 발견될 수 있다. • 참여자마다 해결 방안이 다를 수 있다.

예시	• (교육) Keller 모형의 특징을 서술하고, 교육적 시사점을 기술하시오. • (업무) 기존 프로세스를 설명하고, 조직 지침에 따라 업무 절차를 수행하시오.	• (교육) Keller 모형을 이용하여 학생들의 동기를 유발할 수 있는 수업 계획서를 작성하시오. • (업무) 신제품 기획을 위한 마케팅 전략을 수립하고, 해당 전략의 실행 방안을 제안하시오.

(3) 참여자 환경과 역할 변화

전통적인 수업과 업무에서는 교수자나 관리자 중심으로 업무가 지시되고 통제된다. 그러나 팀 프로젝트에서는 학습자와 팀원들이 스스로 계획하고 실행하는 주체가 된다.

교육 환경에서는 학생들이 자율성과 책임감을 바탕으로 문제를 해결하며, 업무 현장에서는 프로젝트 팀원 각자가 역할을 분담하고 상호 협력하여 공동의 목표를 달성한다. 팀원들은 자료를 수집하고, 분석하며, 해결안을 논의하고 설계하여 실행한다. 질문하기, 논쟁하기, 예측하기, 설계 및 계획하기, 결론 도출하기 등 협력적 활동이 반복적으로 이루어진다.

팀 프로젝트에서 교수자나 프로젝트 관리자는 지시자가 아니라 조력자와 촉진자의 역할을 수행한다. 학습자나 팀원이 과업을 원활하게 수행하도록 안내하고, 필요시 피드백을 제공하며, 팀원 간 갈등이나 의사결정에서 중재자 역할을 하기도 한다. 결과적으로 참여자들은 협업을 통해 자기주도 학습 능력과 문제해결 능력을 강화하며, 자신감과 성취감을 얻는다.

〈표 10-3〉 프로젝트 참여자의 역할 비교

구분	리더(교수자/관리자)의 역할	팀원(학습자/구성원)의 역할
주요 역할	프로젝트 설계자	문제해결 주체
학습 및 업무 수행	학습 촉진자/업무 촉진자	자기주도적 학습자/자율적 실행자
협업 및 업무 지원	과정 지원 및 결과 평가자	협력적 학습자/협업자

(4) 평가의 성격

팀 프로젝트에서는 결과물뿐 아니라 과정 중심 평가가 강조된다. 학습 환경에서는 교수자 외에도 동료 학습자, 본인 스스로가 평가에 참여하며, 업무 환경에서는 프로젝트 관리자는 물론 동료 직원, 이해관계자 등이 평가를 수행한다. 단순히 산출물의 질적 수준을 평가하는 것을 넘어, 협업 과정에서의 참여도, 책임감, 커뮤니케이션 능력 등을 종합적으로 반영한다. 램브로스(Lambros, 2004)는 팀 프로젝트 평가에서 동료 평가(팀원 평가)를 중요한 요소라고 보았으며, 팀 내 참여와 기여도를 5점 척도로 평가하는 방식이 일반적으로 사용된다. 다음 〈표 10-4〉는 이를 반영한 평가 도구 예시이다.

〈표 10-4〉 팀 활동 평가 도구

각각의 질문에 대하여 해당하는 점수를 기입하세요.
매우 우수함=5, 우수함=4, 보통=3, 부족함=2, 매우 부족함=1

내용	팀원 이름			
팀 활동에 참여하였다.				
프로젝트 최종 해결안을 성공적으로 개발하는 데 공헌하였다.				
다른 사람의 의견을 경청하고 존중하였다.				
질문을 제기하고 다른 사람의 질문에 대답하였다.				
역할을 지속적으로 성실하게 수행하였다.				
양질의 정보를 찾아 제공하였다.				
다른 팀원들과 협력하여 문제해결에 기여하였다.				
긍정적이고 건설적인 의견과 피드백을 제공하였다.				
리더십을 발휘하였다.				
다른 팀원을 칭찬하고 격려하였다.				
점수 합계				

출처: Lambros (2004).

3) 팀 프로젝트의 효과

팀 프로젝트는 참가자들의 협업 능력과 문제해결 능력을 기르는 데 매우 효과적인 방식으로 알려져 있다. 선행 연구에 따르면 프로젝트 수행 경험은 전문 지식 습득, 비판적 사고력 향상, 자기주도 학습 태도 형성 등 다양한 측면에서 긍정적인 영향을 미친다. 이러한 역량은 학교 교육의 지향점일 뿐 아니라 실제 업무 현장에서도 필수 역량으로 간주된다. 팀 프로젝트를 통해 얻을 수 있는 주요 효과들을 정리하면 다음과 같다.

(1) 전문 지식 습득과 적용 능력 향상

팀 프로젝트는 새로운 개념을 배우고 이를 실제 상황에 적용할 기회를 제공한다. 프로젝트 수행 과정에서 주어진 문제를 해결하는 동안 핵심 개념을 보다 깊이 있게 이해하고 자신의 것으로 체화하게 된다. 실제 연구에서도 프로젝트 참가자들이 주요 개념을 효과적으로 습득하고, 배운 지식을 실무나 다른 과제에 응용하는 능력이 향상되었다고 보고된다(Wirkala & Kuhn, 2011). 특히 프로젝트를 통한 학습은 장기 기억에도 도움이 되는 것으로 나타났다. 프로젝트 기반 학습을 한 그룹은 1년 후에도 학습한 내용의 70% 이상을 기억한 반면에 전통적인 방식으로 학습한 그룹은 약 15%만을 기억했다(Crockett, Jukes, & Churches, 2011). 이처럼 팀 프로젝트를 통해 습득한 지식은 오래 유지되며, 다양한 맥락에 적용할 수 있는 실질적인 지식으로 남는 것을 알 수 있다.

(2) 문제해결 능력과 비판적 사고력 개발

21세기에 필수적인 문제해결 능력과 비판적 사고력은 팀 프로젝트를 통해 효과적으로 계발될 수 있다. 프로젝트 수행 과정에서 참여자들은 해결해야 할 문제를 정의하고, 다양한 접근 방식을 탐색하며, 창의적인 해결책을 모색한다. 이 과정에서 데이터를 분석하고 결과를 논리적으로 평가하는 훈련이 이루어지는데, 이를 통해 보다 높은 수준의 사고력을 발휘하게 된다. 실제로 팀 프로젝트 경험이 있는 학습자들은 문제해결 상황에서 논리적 분석 능력과 창의적 사고력이 향상되는 경향을 보였다(Wurdinger, Haar, Hugg, & Bezon, 2007). 이는 단순한 정보 암기를 넘어, 복잡한 현실 문제를 해결하는 데 필요한 사고 기술을 기르는 데 도움이 됨을 의미한다. 이러한 고차원적 사고력의 향상은 실제 업무 환경에서 발생하는 새로운 문제들을 해결하는 데에도 큰 자산이 된다(Baumgartner & Zabin, 2008).

팀 프로젝트 환경에서 참가자들은 서로 다양한 아이디어를 공유하고 피드백을 주고받으면서 문제해결을 경험한다. 이러한 협업적인 브레인스토밍 과정은 개인의 사고의 폭을 넓혀 줄 뿐 아니라, 종합적이고 비판적인 시각으로 문제를 바라보는 능력을 키워 준다. 프로젝트를 통한 문제해결 경험은 학습자들이 새롭고 도전적인 과제에 직면했을 때 유연하고 논리적으로 대응할 수 있게 해 준다.

(3) 자기주도 학습 태도와 동기 강화

팀 프로젝트는 학습자들의 자기주도적 학습 태도를 기르고 내적 동기를 강화하는 데 중요한 역할을 한다. 프로젝트를 수행하면서 참여자들은 목표 달성을 위해 계획을 세우고 역할을 분담하며, 필요한 자료를 주도적으로 조사하게 된다. 이런 과정 속에서 학습자들은 자신의 학습에 대한 책임감을 느끼고 적극적으로 참여하게 된다.

선행 연구에 따르면, 프로젝트 학습에 참여한 학생들은 학습에 대한 동기 유발과 태도 개선 면에서 긍정적인 변화를 보였다. 특히 에르난데스-라모스와 데라파스(Hernandez-Ramos & De la Paz, 2009)의 연구에서는, 팀 프로젝트 경험이 학생들의 내재적 동기를 높이고 학습 과정에 더욱 적극적으로 참여하도록 이끈다고 밝혔다. 팀 프로젝트 과제가 현실의 문제와 밀접할수록 학습자들의 흥미와 집중도는 더욱 향상되는 경향이 있는데, 이는 실제로 의미 있는 과제를 해결해 나간다는 성취감과 연관되기 때문이다. 아울러 프로젝트가 진행되는 동안 서로 의사소통하고 협력하는 경험은 대인관계 기술 향상과 함께 자신의 역할을 주도적으로 해낼 수 있다는 자신감, 즉 자기 효능감을 높여 주는 효과가 있다.

앞서 제시한 팀 프로젝트의 기대 효과를 정리하면 〈표 10-5〉와 같다.

〈표 10-5〉 팀 프로젝트의 기대 효과

프로젝트 학습/수행의 효과	
전문 지식 습득	• 전문 지식 습득 • 지식의 적용 능력 향상 • 내용에 대한 기억, 이해 정도 증가
문제해결 능력	• 비판적 사고력, 과제해결 능력 향상 • 자료수집, 조직, 분석 및 해석 능력 개발 • 프로젝트 관리 능력 개발
학습 및 업무 수행 능력과 태도	• 의사소통 기술(말하기와 쓰기)과 대인관계 기술 향상 • 자기효능감, 시간관리 능력 개발 • 호기심, 흥미, 도전정신 증가

출처: 장경원(2023).

2. 팀 프로젝트의 수행 절차

팀 프로젝트는 교육과 업무 현장에서 모두 활용되는 실천 중심의 협업 방식이다. 프로젝트를 수행하는 팀원들은 최종 결과물을 도출하기까지 다양한 자원과 도구를 활용하며, 체계적인 절차를 경험하게 된다. 여러 연구와 실제 사례에서 제시하는 프로젝트 절차는 대체로 유사하지만, 세부 단계나 방식은 프로젝트의 성격과 목표에 따라 다를 수 있다. 일반적으로 팀 프로젝트 수행 절차는 다음과 같이 기획, 수행, 결과 도출 및 공유의 세 단계로 나눌 수 있다(이종연, 2024; 장경원, 2023).

1) 프로젝트 기획 단계

첫 번째 단계는 프로젝트의 목표와 방향을 명확히 설정하고, 실행 계획을 수립하는 과정이다. 팀원들은 해결해야 할 문제나 수행해야 할 업무를 선정하고, 그에 대한 이해를 공유한다. 이후 필요한 정보와 자료를 조사하고, 프로젝트 세부 계획을 수립한다. 이때 각 팀원의 역할과 책임을 분담하고, 작업 일정과 방법을 구체화한다. 수집할 자료는 문서, 데이터, 전문가 인터뷰, 현장 조사 등 다양한 형태가 될 수 있으며, 이를 체계적으로 관리할 수 있도록 준비한다.

2) 프로젝트 수행 단계

두 번째 단계에서는 계획에 따라 프로젝트를 실제로 수행하며, 관련 정보를 수집 · 분석하고 해결 방안을 구체화한다. 팀원들은 각자의 역할에 따라 자료를 수집하고 검토하며, 필요한 경우 현장 방문, 인터뷰, 실험, 테스트 등을 실시한다. 이 과정에서 아이디어를 구체화하고, 프로토타입을 제작하거나 보고서, 프레젠테이션 자료 등 실질적인 결과물을 준비한다. 팀원 간 지속적인 의견 조율과 협업이 이루어지며, 문제가 발생하면 즉각적으로 대응하여 수정 · 보완을 반복한다.

3) 결과 도출 및 공유 단계

마지막 단계에서는 도출된 최종 결과물을 완성하고, 이를 공유 · 발표한다. 업무에서는 최종 보고서 제출, 프레젠테이션, 결과물 시연 등의 방식으로 이루어지며, 교육 현장에서는 전시나 팀 간 피드백을 통해 결과를 공유한다. 이 과정에서 다른 팀이나 이해관계자들의 의견을 수렴하고, 스스로 수행 과정을 성찰하여 추가 개선점을 도출할 수 있다. 최종적으로 프로젝트의 결과뿐만 아니라 과정 전체를 돌아보며 팀과 개인의 역량을 평가하고 향후 발전 방향을 모색한다. [그림 10-2]는 프로젝트 수행 절차를 도식화한 것이다.

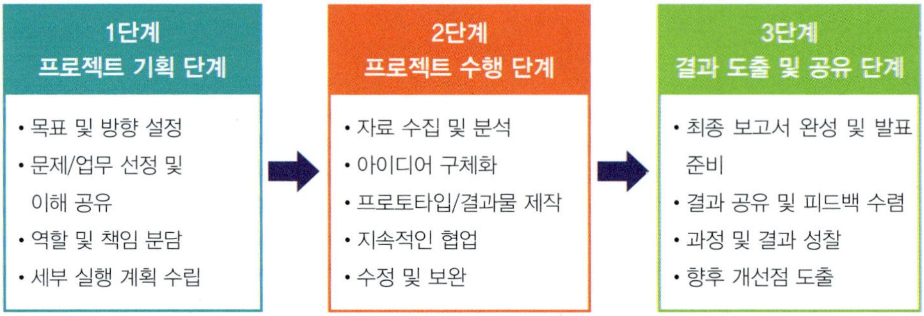

[그림 10-2] 팀 프로젝트의 수행 절차

3. 팀 프로젝트의 성공 전략

팀 프로젝트는 학습과 업무 현장에서 효과적인 문제해결과 목표 달성을 위해 널리 활용되고 있다. 프로젝트가 성공하기 위해서는 참여자 간 신뢰와 협력, 그리고 효율적인 상호작용이 필수적이다(Barron et al., 1998). 특히 팀원들의 자발적 참여와 상호 존중이 전제될 때 프로젝트의 성과는 극대화된다. 이 절에서는 효과적인 팀 프로젝트 수행을 위해 필요한 전략을 '아이스 브레이킹' '팀 빌딩' '명목집단법' '상호작용 활성화' '성찰 활동' 다섯 가지로 제시하고자 한다.

1) 아이스 브레이킹

아이스 브레이킹(ice-breaking)은 그룹 활동, 업무회의, 교육 세션 등에서 참여자 간의 어색함을 해소하고 친밀감을 형성하며, 참여 분위기를 조성하기 위해 사용하는 간단한 활동이나 게임이다. 특히 자기소개는 가장 기본적인 아이스 브레이킹 유형 중 하나이다. 같은 팀으로서 서로를 알고 관심을 갖는 것은 팀 프로젝트를 시작하기 전에 해야 할 가장 중요한 일이다. 이를 통해 초기 모임의 서먹하고 어색한 분위기를 풀고, 자연스럽게 대화를 시작할 수 있다.

아이스 브레이킹의 주요 목적은 긴장감을 해소하는 것이다. 활동 초반에 서로 잘 알지 못해 긴장된 분위기가 형성될 수 있는데, 이때 간단한 자기소개 게임이나 가벼운 질문을 통해 친밀감을 형성할 수 있다. 이를 통해 참여자들이 심리적으로 편안함을 느끼고 자연스럽게 대화에 참여할 수 있게 된다.

팀워크 강화도 아이스 브레이킹의 중요한 목적 중 하나이다. 초기 단계에서 팀워크를 다질 수 있는 활동을 통해 서로의 성격, 강점, 약점을 이해한다면, 이후 의사소통과 협력에 긍정적인 영향을 미칠 수 있다.

마지막으로, 아이스 브레이킹은 에너지와 집중력 향상을 목표로 한다. 팀 활동이 시작되기 전에 참여자들이 집중하지 못하거나 산만한 상태일 수 있는데, 이때 손뼉 치기 게임과 같은 간단한 신체 활동을 통해 집중력을 높이고 분위기를 전환할 수 있다([그림 10-3] 참고). 요약하자면, 아이스 브레이킹은 단순히 어색함을 해소하는 것을 넘어, 팀 활동에 대한 참여 동기를 부여하고, 협력과 소통의 기반을 마련하는 중요한 도구이다.

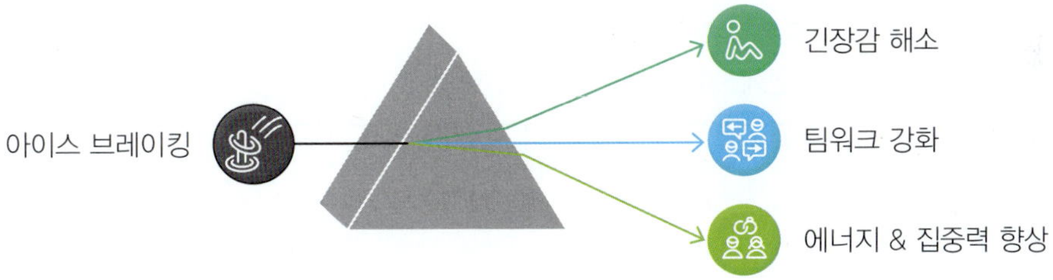

[그림 10-3] 아이스 브레이킹의 주요 목적

아이스 브레이킹을 효과적으로 진행하려면 팀의 특성과 상황을 충분히 고려해야 한다. 불필요한 활동과 부담스러운 진행은 오히려 어색한 분위기를 조성하거나 참여를 방해할 수 있기에 신중한 접근이 필요하다. 아이스 브레이킹 진행 시 유의해야 할 점은 다음과 같다.

첫째, 자발적인 참여를 유도해야 한다는 것이다. 자연스럽게 참여하도록 해야 한다. 강제적으로 참여를 강요하면 부담감이나 거부감을 줄 수 있다. 내성적인 성향의 사람도 편안하게 참여할 수 있도록 안내해야 한다.

둘째, 적절한 시간 배분이다. 아이스 브레이킹은 짧고 간결하게 진행하는 것이 중요하다. 모임 전체 시간의 10%를 넘지 않도록 하며, 보통 3~5분 이내로 진행하는 것이 바람직하다. 혹 지나치게 길거나 복잡한 활동은 오히려 피로감을 유발할 수 있다.

셋째, 팀의 현재 에너지 수준과 분위기에 맞는 활동을 선택해야 한다. 갑작스럽게 높은 에너지 수준을 요구하면 부담을 줄 수 있으므로, 상황에 맞는 적절한 활동을 선택하는 것이 좋다(〈표 10-6〉 참고).

〈표 10-6〉 아이스 브레이킹 진행 시 유의사항

- 자발적인 참여를 유도하기
- 시간 낭비라는 생각이 들지 않도록 3~5분 이내로 진행하기
- 참석자들의 분위기, 지위, 성격 특성에 어울리도록 준비하기
- 활동의 에너지가 너무 낮거나, 높지 않게 적합한 에너지 수준 선택하기
- 인원 수, 장소, 시간 등을 고려하여 선택하기
- 교육 및 회의 내용과 연계성이 있는 아이디어 선택하기

2) 팀 빌딩

팀 프로젝트에서 팀워크는 매우 중요하다. 팀 빌딩(team building)이란 팀워크를 강화하기 위한 활동으로, 팀원 간의 신뢰를 형성하고 협력과 소통을 증진하며 공동의 목표를 달성할 수 있는 환경을 조성하는 것을 의미한다. 팀 빌딩은 팀 프로젝트 시작 단계에서 특히 중요하며, 팀원들이 서로를 이해하고 효과적으로 협력할 수 있도록 돕는다.

팀 프로젝트를 수행함에 있어서 가장 기본적인 팀 빌딩 활동은 팀 이름과 팀 규칙(〈표 10-7〉 참고)을 만드는 것이다. 특히 팀 규칙은 팀원으로서 최종 결과물을

도출하기까지 서로 어떻게 행동할 것인지를 약속하고 협력적인 분위기를 조성하는 활동이다. 이 팀 규칙은 교수자가 정해 주는 것보다 팀원들이 서로 상의하여 각 팀에 필요한 규칙을 자발적으로 정하는 것이 바람직하다. 이렇게 자발적으로 정한 규칙은 팀원들이 서로를 격려하며 활발한 참여를 촉진할 수 있고, 무임승차를 방지하는 효과도 있다.

〈표 10-7〉 팀 규칙 예시

- 타인을 비판하지 말고 칭찬하자.
- 타인의 의견을 적극적으로 경청하고 집중하자.
- 서로에게 존칭을 사용하고 예의를 지키자.
- 발언의 기회는 공정하게 배분하자.
- 회의 시간과 약속을 잘 지키자.
- 사전 공지 없이 회의에 불참할 경우, 팀원들에게 사과의 표시를 하자(예 커피 쿠폰 등).

또 다른 팀 빌딩 방법은 팀원의 역할을 배정하는 것이다. 팀원들이 서로의 강점과 전문성을 공유하고, 이를 바탕으로 역할을 배정하는 것이 효과적이다. 역할은 프로젝트 과제에 필요한 활동과 팀원의 능력을 고려해서 배정해야 하며, 각 역할에 대한 기대치와 책임을 명확히 정의해야 한다. 역할 배정은 교수자/관리자가 지목하는 방식보다는 팀 내에서 자발적으로 정하는 것이 바람직하다. 역할 분담의 장점으로는 중복 작업을 방지하고, 팀원 모두가 책임감 있게 과제에 참여할 수 있다는 점이다. 한편, 프로젝트 과제 수행 중 필요에 따라 역할을 유연하게 재조정할 수도 있다. 벨빈(Belbin, 2010)의 연구에 따르면, 팀원들에게 다양한 역할을 부여해 팀 성과를 비교한 결과, 역할의 균형이 중요하다는 것이 확인되었다. 〈표 10-8〉은 벨빈이 제시한 아홉 가지 팀 역할이며, 팀 차원에서 이 아홉 가지 역할이 조화롭게 구성되도록 역할을 분담하도록 한다. 즉, 팀원 각자 자신의 강점을 살려 1~3가지 역할을 수행하도록 한다.

〈표 10-8〉 아홉 가지 팀 역할

역할	특성
전문가 (Specialist)	• 전문 분야의 지식과 기능을 잘 알고 있음 • 한 가지 일에 전념하고 솔선하며 헌신적임
완결자 (Completer)	• 근면 성실하고 매우 열심히 참여함 • 제시간에 일을 성취해 낼 수 있음
실행자 (Implementer)	• 엄격하고 신뢰성이 있으며 보수적이고 능률적임 • 실행력이 있어 아이디어를 잘 실천함
창조자 (Plant)	• 창의성과 상상력이 풍부하여 전통이나 인습에 얽매이지 않음 • 상대적으로 어려운 문제를 잘 해결함
분위기 조성자 (Team Worker)	• 협력적이고 온화하며 상대방을 잘 이해함 • 경청을 잘하고 조직을 평온하게 만듦
자원 탐색가 (Resource Investigator)	• 외향적이고 열정적이며 말하기를 좋아함 • 다양한 기회를 발굴하고 탐색하며 친교 활동에 능숙함
지휘/지도자 (Coordinator)	• 성숙하고 자신감이 넘치는 훌륭한 지도자 • 목표를 명확히 이해하고 의사결정과 위임을 잘함
추천자 (Shaper)	• 도전적이고 활기 넘치며 곤경 속에서도 번성함 • 어려움과 장애를 극복하는 추진력과 용기를 지님
냉철판단자 (Monitor Evaluator)	• 냉정하고 전략적이며 총명함 • 모든 사안을 살피고 정확히 판단함

출처: Belbin (2010).

3) 명목집단법

명목집단법(Nominal Group Technique: NGT)은 팀 프로젝트나 회의에서 아이디어를 효과적으로 수집하고 공정하게 의사결정을 내리기 위한 집단 의사결정 기법이다. 1970년 델벡(Delbecq)과 반 드 벤(Van de Ven)이 개발한 방식으로, 참가자의 개별 아이디어 도출과 집단 토론을 결합하여 편향과 집단사고(groupthink)를 방지하는 것이 특징이다(송아름이, 지현경, 정다은, 2016). 교육 환경은 물론, 기업과 조직의 업무 현장에서도 폭넓게 활용된다. 다음은 명목집단법의 진행 절차이다.

① **명확한 주제(질문) 안내하기**: 교수자 또는 진행자는 해결하고자 하는 주제나 질문을 구체적으로 제시한다. 질문은 초점이 명확해야 하며, 참여자들이 충분히 이해할 수 있도록 문서나 자료 형태로 제공하는 것이 효과적이다.

② **개별 아이디어 도출**: 팀원들은 조용한 환경에서 자신만의 아이디어를 정리한다. 이때 우리에게 익숙한 포스트잇(post-it)을 활용할 수 있는데, 한 장에 하나의 아이디어만 작성하는 것을 원칙으로 한다. 여러 아이디어가 있다면 각각 서로 다른 포스트잇에 나눠 적어야 한다. 이렇게 하면 이후 아이디어를 범주화할 때 효율적이다. 일반적으로 3~5분의 제한 시간을 두고 개별적으로 작성하며, 다른 사람의 생각에 영향을 받지 않도록 독립적으로 진행한다. 오프라인 환경뿐만 아니라 패들렛(Padlet), 미로(Miro), 잼보드(Jamboard) 등 협업 플랫폼을 사용하여 디지털 공간에서 아이디어를 개별적으로 작성하고 공유할 수도 있다. 이러한 툴은 원격 근무나 분산된 팀의 협업에 유용하며, 실시간으로 아이디어를 시각화하고 정리하는 데 도움이 된다.

③ **아이디어 발표 및 공유**: 작성된 포스트잇을 화이트보드 혹은 협업 툴에 게시하여 팀원들과 공유한다. 이 단계에서는 평가나 비판 없이 모든 아이디어를 동등하게 나열하는 것이 원칙이다.

④ **아이디어 명확화 및 토론**: 모든 아이디어가 공유된 후, 유사하거나 중복된 내용을 그룹화하고, 필요시 간단한 설명이나 토의를 통해 아이디어를 명확하게 정리한다. 이 과정에서도 아이디어의 우열이나 타당성에 대한 논쟁은 피하며, 객관적으로 정보를 구조화하는 데 초점을 둔다.

⑤ **투표 및 우선순위 결정**: 구체화된 아이디어에 대해 팀원들이 각자 중요도를 평가하고 우선순위를 결정한다. 이때 익명 투표 방식을 사용하면 특정 의견에 대한 편향이나 압력을 줄일 수 있다. 투표 결과는 집단의 합의를 기반으로 최종 의사결정이나 실행 계획 수립에 반영한다.

4) 상호작용 활성화

팀 프로젝트가 성공적으로 진행되기 위해서는 팀원 간 원활하고 활발한 상호작용이 필수적이다. 상호작용이 부족할 경우 팀 내 갈등이 증가하고, 그로 인해 협업 참여도가 낮아지며 결과물의 질도 저하될 수 있다. 팀원 간 신뢰를 형성하고 효과적인 상호작용을 이루기 위해 여러 요소가 고려되어야 한다. 이 절에서는 실천적인 접근법으로 칭찬하기, 경청하기, 질문하기의 세 가지 전략을 중점적으로 살펴보고자 한다.

(1) 칭찬하기

팀 프로젝트에서는 긍정적이고 협력적인 분위기를 조성하는 것이 중요하다. 이를 위해 팀원 간 서로의 기여를 인정하고 칭찬하는 태도가 필요하다. 칭찬은 동기를 높이고 자신감을 강화하며, 팀 전체에 긍정적인 에너지를 불어 넣는다. 사소한 일이라도 팀원이 기울인 노력을 인정하고 구체적으로 피드백을 주는 것이 효과적이다. 단순히 "잘했어."라고 말하기보다는 "이번 자료 조사를 정말 철저하게 해 줘서 프로젝트 방향이 명확해졌어." "회의 때 제안한 아이디어 덕분에 논의가 훨씬 풍부해졌어."처럼 구체적인 내용을 포함하면 더욱 긍정적인 영향을 준다.

또한 결과뿐 아니라 그 과정에서 보여 준 태도와 노력을 강조하여 칭찬하는 것이 효과적이다. 예를 들어, "팀원들의 의견을 조율하는 역할을 잘해 줘서 프로젝트가 순조롭게 진행됐어."와 같이 구체적으로 언급하는 것이 바람직하다. 〈표 10-9〉는 팀원 간 칭찬하기 원칙을 정리한 것이다.

〈표 10-9〉 팀원 간 상호작용의 원칙-칭찬하기

- 칭찬할 일이 생겼을 때 즉시 칭찬하라.
- 결과보다는 과정을 구체적으로 칭찬하라.
- 긍정적인 눈으로 보면 칭찬할 말이 보인다.
- 가끔씩 자기 자신도 칭찬하라.
- 재능이 아니라 노력을 칭찬하라.

(2) 경청하기

팀 프로젝트 수행 시 팀원 모두의 다양한 의견과 정보를 존중하고 수용하는 자세가 중요하다. 열린 마음으로 다양한 시각을 존중하고 수용하는 분위기를 조성해야 팀 내 커뮤니케이션이 원활해진다.

경청은 단순히 듣는 것 이상의 의미를 가지며, 상대방의 말을 진지하게 이해하고 공감하는 적극적인 태도를 포함한다. 효과적인 경청을 위해서는 상대방의 말을 집중하여 듣고, 비언어적 신호로 반응을 보이며, 적절한 피드백을 제공하는 것이 필요하다. 예를 들어, 발언하는 팀원을 향해 눈을 맞추고 고개를 끄덕이거나 "좋은 의견이야." "그 부분 다시 설명해 줄래?"와 같은 반응을 통해 경청하고 있음을 보여 줄 수 있다. 이는 팀원 간 신뢰를 쌓고, 불필요한 오해나 갈등을 방지하는 데 효과적이다. 〈표 10-10〉은 팀원 간 경청하기 원칙을 정리한 것이다.

〈표 10-10〉 팀원 간 상호작용의 원칙-경청하기

- 이야기하는 사람을 향해 몸을 돌려 앉아 듣는다.
- 이야기하는 사람의 눈을 바라보며 집중해서 듣는다.
- 이야기를 들으면서 반응이 필요할 때 고개를 끄덕인다.
- 공감을 위해 "아~" 하는 등의 진심 어린 표현을 한다.
- 묻고, 생각하고, 적으면서 듣는다.

(3) 질문하기

질문은 정보를 얻는 것 이상의 역할을 한다. 질문은 팀원이 제시한 아이디어를 심화하고, 논의를 발전시키며, 팀원 간 상호 이해를 높이는 효과적인 도구이다.

특히 열린 질문을 통해 창의적인 사고와 적극적인 토론을 유도할 수 있다. 예를 들어, "이 아이디어를 발전시키기 위해 어떤 방법을 더 시도해 볼 수 있을까?" "해결책을 실행할 때 예상되는 어려움은 뭐가 있을까?"와 같은 질문은 사고의 폭을 넓히고 실질적인 문제해결에 기여한다.

질문은 논의를 명확하게 하고, 팀원 간 의견 차이를 좁히는 데도 효과적이다.

질문을 통해 팀원들이 더 깊이 생각하도록 유도하고, 참여를 장려하는 것이 바람직하다. 〈표 10-11〉은 팀원 간 질문하기로 얻을 수 있는 효과를 정리한 것이다.

〈표 10-11〉 팀원 간 상호작용의 원칙-질문하기

- 질문을 하면 답이 나온다.
- 질문은 생각을 자극한다.
- 질문을 하면 정보를 얻는다.
- 질문을 하면 통제가 된다.
- 질문은 마음을 열게 한다.
- 질문은 귀를 기울이게 한다.
- 질문에 답하면 스스로 설득이 된다.

5) 성찰 활동

성찰(Reflection)은 프로젝트 수행 과정과 결과를 되돌아보고, 개선점을 찾는 과정이다. 문제해결에 몰입했던 시간에서 잠시 벗어나, 진행 과정 전반을 돌아보며 놓친 부분이나 보완할 점, 향후 개선 방향을 점검할 수 있다. 이러한 성찰은 학습 환경뿐만 아니라 업무 현장에서도 프로젝트 품질을 높이고 팀워크를 강화하는 데 큰 역할을 한다. 팀 프로젝트 수행 중에는 개인과 팀 차원의 성찰이 지속적으로 이루어져야 하며, 이를 통해 각자의 기여와 협업 방식을 객관적으로 평가하고, 향후 더 나은 결과를 도출할 수 있다(Hernandez-Ramos & De la Paz, 2009).

(1) 개인 성찰

각 팀원은 프로젝트를 마무리하면서 프로젝트 수행 과정에서 자신의 역할과 기여를 되돌아보고, 배운 점과 향후 개선해야 할 점을 스스로 분석해야 한다. 이를 통해 자기 주도성을 강화하고, 개인 역량을 향상시킬 수 있다. 예를 들어, 일정 관리의 어려움을 느꼈다면 차기 프로젝트에서는 시간 관리를 개선할 방법을 스스로 계획할 수 있다.

개인 성찰일지

• 팀 명칭: 팀명은 DM으로 부탁드려요.
• 이름: 권○○

담당했던 일	발표자의 역할을 맡아 몇 주간에 걸쳐 진행한 팀 프로젝트의 결과물을 PPT와 함께 발표하였습니다. 또한 발표를 위해 제작한 영상에 조연으로 출연하여 영상을 제작하는 데 도움을 주고, 팀 프로젝트 과정에서 다양한 의견을 제시하며 팀이 가장 좋은 방향으로 나아갈 수 있도록 기여하였습니다.
가장 어려웠던 점	생각했던 것보다 팀 프로젝트 기간이 짧아서 더 퀄리티 있고 수준 있는 결과물을 내는 데 다소 어려움이 있었던 것 같습니다. 또한 다들 바쁘다 보니 추가 회의를 비대면으로만 진행할 수밖에 없었던 점이 조금 아쉬웠습니다. 하지만 이러한 상황에도 불구하고 끝까지 함께 노력하여 최선의 결과물을 도출해 낼 수 있었습니다.
배운 점	학번도 다양하고 과도 서로 제각각이었기 때문에 공통된 부분이 없어서 팀 프로젝트를 잘 진행할 수 있을까 걱정을 하였는데 생각보다 너무 성공적으로 끝낼 수 있어서 뿌듯했습니다. 이번 팀 프로젝트를 통해 오히려 각 개인의 다양성이 좋은 과정을 거쳐 함께 어우러지면 최고의 시너지를 낼 수 있다는 점을 배우게 되었습니다.
느낀 점	대학에 처음 진학하여 선배들께서 '팀플(팀 프로젝트)은 피할 수 있으면 피하는 것이 좋다.'라고 하시는 말씀을 너무 많이 들어 왔지만 그래도 나에 대한 또 하나의 도전이라고 생각하고 이 과목을 신청하였습니다. 하지만 이번 팀플을 통해 팀플에 대한 제 생각은 완전히 바뀌었습니다. 너무 좋은 분들과 함께 팀플을 진행하면서 혼자 어떠한 결과물을 낼 때보다 함께할 때 더욱 좋은 결과물을 산출해 낼 수 있음을 배웠고, 다양한 사람을 만날 수 있어 너무 행복한 시간이 되었던 것 같습니다. 이와 더불어 결국 좋은 결과물을 만들어 냈기에 많은 것을 배울 수 있던 경험이 된 것 같습니다.
향후 팀 프로젝트에 대한 실행 다짐	아직 1학년이기 때문에 앞으로도 많은 팀 프로젝트 과정이 기다리고 있을 것이라고 생각합니다. 이번 경험을 발판 삼아, 추후 팀 프로젝트 과정에서 내가 기여할 수 있는 만큼 최선을 다해 참여하며, 팀원들과 올바른 의사소통을 통해 최고의 결과물을 만들어 내는 경험을 할 것입니다. 이를 통해 또 한번의 성장을 도모하고 싶습니다.

[그림 10-4] 개인 성찰일지 예시

개인 차원의 성찰은 각자가 수행한 일, 배운 점, 느낀 점, 개선해야 할 점 등을 작성한 후 팀원들과 공유하거나, 교수자가 1:1 피드백을 제공하는 방식으로 진행할 수 있다. 이를 통해 자신의 역할과 기여도를 평가하며 자기주도적인 태도를 강화할 수 있고, 자신의 강점과 약점을 분석하여 개인 역량을 향상시킬 수 있다. [그림 10-4]는 개인 성찰일지 예시이며, 프로젝트 관리자나 교수자는 이와 같은 양식을 제공하여 팀원들의 성찰을 유도하고 지원할 수 있다.

(2) 팀 성찰

팀 차원의 성찰은 프로젝트 단계별로 각 단계 종료 후 팀원들과 함께 수행하며, 프로젝트 목표 달성 여부뿐만 아니라 팀원 간 신뢰와 소통이 원활했는지 평가하는 과정이다. 협력 과정, 의사소통, 역할 분담에 대한 분석을 통해 팀워크를 강화하고, 다음 단계나 차기 프로젝트에서 협업의 효율성을 높일 수 있다. [그림 10-5]는 팀 단위 성찰일지 예시이다. 프로젝트 관리자나 교수자는 이러한 양식을 제공하여 팀 성찰을 촉진하고, 프로젝트 전 과정에서 성찰이 체계적으로 이루어지도록 지원할 수 있다.

팀 프로젝트 [2] 단계 그룹 성찰일지

- 1팀, 팀 이름: 일조라도 안보이면
- 참석자 이름: 최OO / 박OO / 신OO / 이OO / 김OO
- 지각 및 결석자 이름: 최OO
- 작성자 이름: 김OO
- 작성 일자: 2025. 3. 14.

한 일	매체 정하기 → 영상 찍기 *상황 배경 → 알바를 하면서 발생하는 갈등 상황 1–1. 직원 간의 갈등 제시 # 오픈 / 마감 알바 사이의 재료 준비로 인한 갈등(영상 제시) 1–2. 직원 간의 갈등 해결책(영상 제작) # 소통 시 '나 전달법' 사용 # 제삼자를 통하지 않는 대화 2–1. 직원과 손님 간의 불통 제시(영상 제작) # 마스크 착용으로 인한 물리적인 문제 # 에어팟 착용으로 인한 물리적인 문제 # 줄임말로 인한 문제(아샷추, 자허블) 2–2. 직원과 손님 간의 불통 해결책(영상 제작)
배운 점	• 서로의 의견을 잘 수용하면서 회의를 진행하니까 갈등 없이 원활하게 진행됨 • 팀원들 모두가 의견 제시를 잘 하여 무임승차하는 팀원 없이 잘 진행됨
개선할 점	• 문제의식과 해결 방안의 비율을 비슷하게 해야 함 • 일정에 맞춰 진행할 것 • 메신저로 추가 촬영 일정 정하기 및 준비물 확인 예정

[그림 10–5] 팀 성찰일지 예시

PART 3 참 / 고 / 문 / 헌

강석원(2018). 창의를 창의하다: 스캠퍼(SCAMPER) Ⅰ. 세계와나.

김영채(2001). 창의적 문제 해결: 창의력의 이론 개발과 수업. 교육과학사.

박재현(2004). 한국의 토론 문화와 토론 교육. 국어교육학연구, 19, 289-318.

송아름이, 지현경, 정다은(2016). 역할연기(role-play)를 위한 사례개발 방법론 탐색: 명목집단법(NGT)을 활용하여. 한국교육공학회 학술대회발표자료집. 2016권 2호, 188-201.

송창석(2011). 새로운 민주시민 교육방법. 백산서당.

신재한, 김현진, 윤영식(2013). 창의인성교육을 위한 토의 · 토론교육의 이해와 실제. 한국학술정보.

이종연(2024). 대학 교양수업에서 프로젝트 기반 학습의 팀 성취도 및 학습만족도에 영향을 미치는 요인 규명. 학습자중심교과교육연구, 24(6), 475-495.

이종연, 구양미(2007). 창의적 문제해결력 신장을 위한 온 · 오프 연계수업의 전략적 운영방안 탐색: 초등학교 사회과 수업을 중심으로. 한국교육, 34(3), 129-160.

이종연, 구양미, 진석언, 서정희, 고범석(2007). 창의적 문제해결(Creative Problem Solving) 모형 기반 초등학교 사회과 수업의 효과성 분석-학습자의 창의적 문제해결력 및 학업성취도에 미치는 영향 중심으로. 교육공학연구, 23(2), 105-133.

장경원(2023). 프로젝트기반학습으로 수업할까?. 학지사.

정문성(2022). 토의 · 토론 수업방법 99. 교육과학사.

정재찬, 이성영, 서혁, 박수자(1998). 국어과 토의 · 토론 학습의 수업모형 개발 연구(1). 선청어문, 26, 359-414.

최미리나, 이성준, 김지원, 조수지, 심혜민(2018). 톡?톡! 프로젝트 학습으로 배움을 두드리다. 맘에드림.

토론교육연구소(2007). 토론 교육. 민족사관고등학교.

한형석(2003). 학습자를 지적으로 단련시키는 토론수업의 기술 모색. 토론학습모형과 토론기술, 한국열린교육학회 2003년 동계학술대회 발표자료집.

Albrecht, S. L., Thomas, D. L., & Chadwick, B. A. (1980). *Social psychology*. Prentice-Hall.

Atwater, D. (1984). The 4-H debate project: Getting adults and children involved in communication, ERIC.

Barron, B. J. S., & Puckett, J. B. (2003). Assessing students' problem-solving assignments. In D. S. Knowlton & D. C. Sharp (Eds.), *Problem-Based Learning in the Information Age: New Directions for Teaching and Learning, No.95*. Jossey-Bass.

Barron, O. E., Kim, O., Lim, S. C., & Stevens, D. E. (1998). Using analysts' forecasts to measure properties of analysts' information environment. *Accounting review*, 421-433.

Baumgartner, E., & Zabin, C. J. (2008). A case study of project-based instruction in the ninth grade: A semester-long study of intertidal biodiversity. *Environmental Education Research, 14*(2), 97-114.

Belbin, R. M. (2010). *Team Roles at Work*. Routledge.

Blumenfeld, P. C., Soloway, E., Marx, R. W., Krajcik, J. S., Guzdial, M., & Palincsar, A. (1991). Motivating project-based learning: Sustaining the doing, supporting the learning. *Educational Psychologist, 26*(3-4), 369-398.

Brookfield, S. D. & Preskill, S. (2005). *Discussion As a Way of Teaching: Tools And Techniques for Democratic Classrooms*. John Wiley & Sons Inc.

Crockett, L., Jukes, I., & Churches, A. (2011). *Literacy is not enough: 21st-century fluencies for the digital age*. Corwin Press.

Dakahasi Makoto. (2007). ブレインライティング. 송수영 역(2010). 브레인라이팅: 종이 한 장으로 세계 최강의 기업을 만든 기적의 발상법. 이아소.

De Bono, E. (2017). *Six Thinking Hats: The multi-million bestselling guide to running better meetings and making faster decisions*. Penguin UK.

Gall, J. P. & Gall, M. D. (1990). Outcomes of the discussion method. In W. Wilen(ED). *Teaching and learning through discussion: the theory, Research and Practice of the Discussion Method*. Charles C Thomas Pub.

Hernández-Ramos, P., & De La Paz, S. (2009). Learning history in middle school by designing multimedia in a project-based learning experience. *Journal of Research on Technology in Education, 42*(2), 151-173.

Kilpatrick, W. H. (1918). *The project method: The use of the purposeful act in the educative process*. Education in UK. https://education-uk.org/documents/kilpatrick1918/index.html

Starko, A. J. (2010). *Creativity in the Classroom: Schools of Curious Delight* (4th ed). Taylor & Francis.

Swan, J. (2007). Designing educationally effective discussion. *Language and Education, 21*(4), 342-359.

Treffinger, D. J., Isaksen, S. G., & Dorval, K. B. (2000). *Creative problem solving: An introduction* (3rd ed). Prufrock Press.

Wilen, W. (1990). *Teaching and learning through discussion: the theory, Research and Practice of the Discussion Method*. Charles C Thomas Pub.

Wirkala, C., & Kuhn, D. (2011). Problem-based learning in K-12 education: Is it effective and how does it achieve its effects?. *American Educational Research Journal, 48*(5), 1157-1186.

Wurdinger, S., Haar, J., Hugg, R., & Bezon, J. (2007). A qualitative study using project-based learning in a mainstream middle school. *Improving schools, 10*(2), 150-161.

PART 4

디지털 대변환과 커뮤니케이션

디지털 대변환(Digital Transformation: DX)은 단순한 기술의 발전을 넘어, 우리의 소통 방식, 일하는 방식 그리고 개인의 삶까지 깊은 영향을 미치고 있다. 디지털 커뮤니케이션은 더 이상 선택이 아닌 필수이며, 일상 생활과 학업, 사회적 활동에서 디지털 기술을 어떻게 활용할 것인가가 중요한 시대이다. 이 책의 PART 4에서는 디지털 대변환 시대에 어떻게 효과적으로 커뮤니케이션 도구를 활용할 수 있을지에 대한 실용적인 안내를 제공하고자 한다.

Chapter 11에서는 디지털 커뮤니케이션 도구를 활용하는 다양한 방법을 소개한다. 첫째, '줌(ZOOM)'이라는 온라인 회의 프로그램을 사용하여 웨비나를 개최하고, 원활한 온라인 수업이나 세미나에 참여하는 방법을 상세히 다룬다. 둘째, '패들렛(Padlet)'이라는 협업 툴을 활용해 디지털 환경에서 아이디어를 공유하고, 그룹 프로젝트를 효율적으로 진행하는 방법을 설명한다. 마지막으로, '멘티미터(Mentimeter)'라는 툴을 이용해 실시간으로 설문조사를 진행하고, 팀원들의 의견을 즉시 수집하는 방법을 안내한다.

Chapter 12에서는 소셜 미디어를 활용하여 개인 브랜드를 구축하는 방법을 다룬다. 첫째, '카카오톡(Kakao Talk)'을 활용해 다양한 채팅방을 운영하고, 친구들과의 상호작용을 더욱 풍부하게 만드는 방법을 소개한다. 둘째, '인스타그램(Instagram)'을 사용하여 사진과 동영상 중심의 플랫폼에서 자신을 표현하고 소통하는 방법을 설명한다. 셋째, '유튜브(YouTube)'를 활용한 동영상 콘텐츠 제작 및 공유 방법에 대해 다룬다. 마지막으로, '링크드인(LinkedIn)'을 통해 구직과 경력관리를 효과적으로 할 수 있는 방법을 소개한다.

이를 통해 독자들은 디지털 커뮤니케이션 도구와 소셜 미디어를 활용하여 더 나은 학업 성과를 이루고, 사회적 네트워크를 확장하며, 자신만의 브랜드를 구축하는 방법을 배울 수 있을 것이다.

CHAPTER 11

디지털 커뮤니케이션 도구

1. 줌: 온라인 회의와 웨비나

1) 줌 소개 및 기본 기능

줌(Zoom)은 전 세계적으로 가장 널리 사용되는 화상회의 플랫폼 중 하나로, 비즈니스, 교육, 개인 소통 등 다양한 목적으로 활용된다. 특히 COVID-19 팬데믹 이후 온라인 학습과 원격 근무가 보편화되면서 줌은 실시간 커뮤니케이션의 필수 도구로 자리 잡았다. 사용자는 회의를 시작하거나 참여하고, 화면을 공유하며, 다양한 형태의 상호작용을 통해 실시간 협업을 진행할 수 있다. 줌의 강점은 간단한 사용자 인터페이스와 안정적인 연결, 다양한 보조 기능이다.

(1) 줌 기본 인터페이스 소개

줌은 처음 사용하는 사람도 쉽게 적응할 수 있는 직관적인 인터페이스를 제공한다. 프로그램을 실행하거나 웹 브라우저에서 접속하면 홈 화면과 설정 메뉴를 확인할 수 있다.

① 홈 화면

- **새 회의 시작**: 즉석으로 새로운 화상회의를 시작할 수 있는 버튼
- **예약**: 미래에 진행할 회의를 예약하고 초대 링크 생성

- 참가(참여하기): 다른 사람이 주최한 회의에 회의 ID 또는 초대 링크를 통해 참여
- 녹화(기록): 이전 회의 기록이나 녹화된 파일 확인

② **설정 메뉴**

- **오디오 설정**: 마이크와 스피커를 테스트하고 음소거 단축키 설정
- **비디오 설정**: 카메라 품질을 확인하고, 가상 배경[흐림(Blur) 효과 포함] 선택
- **화면 공유 옵션**: 화면 공유 시 다른 사용자의 편집 기능을 허용할지 여부 설정
- **보안 옵션**: 회의 비밀번호 설정, 참가자 관리 권한 부여, 대기실 활성화 등 가능

(2) 줌을 사용하는 이유

줌의 가장 큰 장점은 높은 접근성과 안정성이다. 인터넷 환경이 다소 열악한 상황에서도 비교적 끊김 없이 화질과 음질을 유지하며, 다양한 기기(데스크톱, 노트북, 태블릿, 스마트폰)에서 쉽게 사용할 수 있다. 또한 무료 버전에서도 충분한 기능을 제공하며, 유료 플랜으로 확장할 경우 대규모 웨비나, 더 긴 회의 시간 등 고급 기능을 활용할 수 있다.

이처럼 줌은 단순한 회의 도구를 넘어 학습, 협업, 네트워킹 등 여러 방면에서 디지털 커뮤니케이션의 핵심 역할을 하고 있다.

2) 줌을 활용한 회의 및 웨비나 설정 방법

줌을 활용한 회의와 웨비나는 서로 다른 목적과 상황에 맞게 설계된 주요 기능이다. 회의(Zoom Meetings)는 소규모에서 중규모 그룹이 참여해 서로 실시간으로 소통하는 데 적합하다. 모든 참가자가 비디오와 오디오를 사용할 수 있어 대화, 협업, 브레인스토밍 등의 상호작용이 가능하다. 회의에서는 발표자와 청중의 구분이 뚜렷하지 않으며, 참여자 모두가 화면 공유나 채팅과 같은 기능을 자유롭게 활용할 수 있다. 이는 팀 회의, 프로젝트 논의, 소규모 세미나 등에 활용된다.

반면, 웨비나(Zoom Webinars)는 대규모 청중을 대상으로 발표나 강의를 진행할 때 적합하다. 발표자와 패널리스트가 주도권을 가지며, 일반 참가자는 마이크와 비디오를 사용할 수 없다. 참가자는 Q&A, 채팅, 투표 등 제한된 기능을 통해서만 발표자와 상호작용할 수 있다. 웨비나는 주로 강연, 발표, 교육, 대규모 행사와 같이 발표자가 정보를 전달하고 청중은 이를 수동적으로 수신하는 형식으로 운영된다. 이러한 차이를 바탕으로 회의는 상호작용과 협업이 중요한 상황에, 웨비나는 정보 전달과 대규모 청중을 대상으로 하는 경우에 적합하게 활용된다.

〈표 11-1〉 회의와 웨비나의 주요 차이점

구분	회의	웨비나
참여 권한	모든 참가자가 자유롭게 발언하고 화면 공유 가능	발표자와 패널리스트만 주도권을 가지며 참가자의 역할은 제한적
참가자 수	최대 1,000명(유료 플랜 기준)까지 참여 가능	최대 10,000명 이상도 수용 가능(플랜에 따라 다름)
기능 사용	모든 기능을 자유롭게 사용 가능	발표 중심으로 설계되어 Q&A, 투표와 같은 특정 기능만 제공

3) 줌의 참가자 관리 및 상호작용 기능 활용

줌을 효과적으로 활용하기 위해서는 참가자 관리와 상호작용 기능을 적절히 활용하는 것이 중요하다. 특히 다수의 참가자가 참여하는 회의나 웨비나에서는 원활한 진행을 위해 관리자(호스트)와 참가자의 역할을 명확히 하고, 상호작용 기능을 통해 참여도를 높이는 것이 필요하다. 대규모 회의나 웨비나에서는 공동 호스트를 지정하여 참가자 관리의 부담을 분담할 수 있다. 브레이크아웃 룸과 투표 기능을 적극적으로 활용하면 참가자들의 집중력과 참여도를 높일 수 있으며, 회의의 목적에 따라 채팅과 반응 기능을 활성화하거나 제한하여 진행 흐름을 제어할 수 있다.

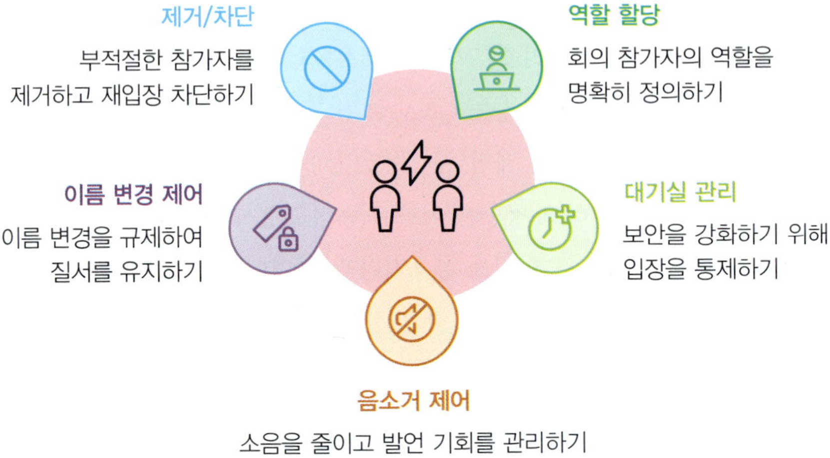

[그림 11-1] 온라인 회의에서 효과적인 참가자 관리

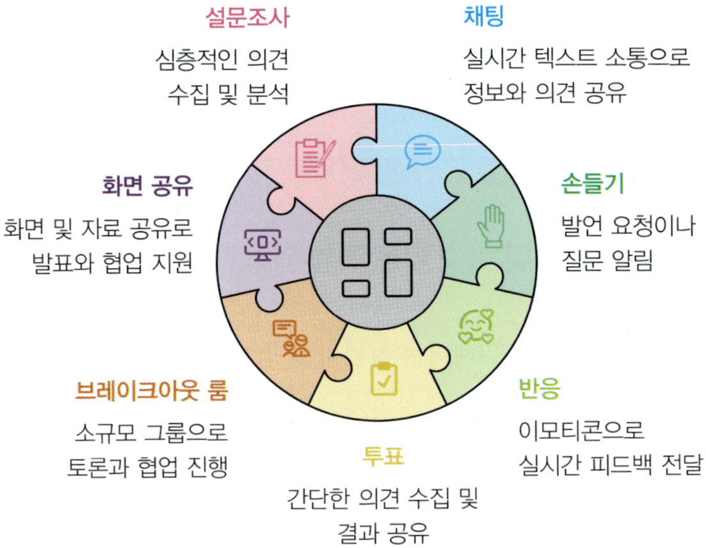

[그림 11-2] 온라인 회의에서 상호작용 기능 활용 팁

2. 패들렛: 디지털 협업과 아이디어 공유

1) 패들렛 소개 및 기본 기능

(1) 패들렛 소개

패들렛(Padlet)은 디지털 게시판 도구로, 사용자가 다양한 형태의 콘텐츠를 생성하고 공유할 수 있도록 설계된 온라인 플랫폼이다. 이 도구는 간단한 사용법과 직관적인 인터페이스를 제공하며, 다양한 콘텐츠 형식을 지원해 그룹 프로젝트, 브레인스토밍, 학습 활동 등에 널리 활용된다. 사용자들은 텍스트, 이미지, 동영상, 링크 등을 게시판에 추가할 수 있으며, 필요에 따라 실시간으로 업데이트된 내용을 확인할 수 있다. 간단하면서도 강력한 기능을 통해 사용자들이 아이디어를 시각적으로 정리하고 효과적으로 협업할 수 있도록 지원하기에 교육, 업무, 개인적인 용도로 다양하게 활용할 수 있다.

이 플랫폼은 웹사이트와 모바일 앱을 모두 지원해 언제 어디서든 접근이 가능하며, 무료와 유료 플랜을 제공한다. 무료 플랜은 기본적인 기능을 제공하며, 유료 플랜에서는 무제한 게시판 생성, 고급 디자인 옵션, 더 큰 파일 업로드 용량 등 다양한 추가 기능을 사용할 수 있다. 계정을 생성한 후 사용 목적에 맞게 플랫폼의 다양한 기능을 탐색하며 활용 방법을 익히는 것이 중요하다. 기본 기능에 익숙해지면 프로젝트와 학습 환경에서 더욱 창의적이고 효율적인 도구로 활용할 수 있다.

(2) 패들렛 기본 기능

패들렛은 사용자들이 아이디어를 정리하고 협업할 수 있도록 다양한 기본 기능을 제공한다. 사용자는 게시판을 쉽게 생성하고, 목적에 맞는 다양한 레이아웃을 선택할 수 있다. 글이 벽돌처럼 배열되는 게시판(Wall), 자유형 게시판(Canvas), 글이 상자처럼 배열되는 게시판(Grid), 비디오 토론 게시판(Stream) 등 다양한 형식의 게시판 레이아웃은 콘텐츠 배치와 구성을 더욱 편리하게 해 준다.

게시판에 콘텐츠를 추가하는 과정도 간단하다. '+' 버튼을 클릭하거나 더블 클릭만으로 텍스트, 이미지, 동영상, 링크 등 다양한 포맷의 콘텐츠를 게시판에 업로드할 수 있다. 캔버스(Canvas) 레이아웃을 선택하면 드래그 앤 드롭 기능을 사용해 콘텐츠를 자유롭게 배치할 수 있으며, 다른 레이아웃에서는 자동 정렬 기능으로 깔끔한 구성을 유지할 수 있다.

협업 기능은 패들렛의 핵심적인 장점 중 하나이다. 사용자는 링크, QR 코드, 이메일 초대를 통해 협업자를 게시판에 초대할 수 있으며, 초대받은 사용자의 권한을 세부적으로 설정할 수 있다. 읽기 전용, 작성 가능, 편집 가능 권한을 부여해 게시판의 관리와 보안을 효과적으로 유지할 수 있다. 실시간 업데이트 기능도 제공되며, 이를 통해 참가자 간의 빠른 소통과 피드백이 가능하다.

패들렛은 게시판의 디자인을 커스터마이징할 수 있는 다양한 옵션을 제공한다. 사용자는 배경색, 패턴, 폰트, 테마 등을 자유롭게 변경할 수 있으며, 이를 통해 프로젝트나 개인의 스타일에 맞는 독창적인 게시판을 제작할 수 있다. 또한 필요에 따라 게시판을 PDF, 이미지 또는 CSV 파일로 내보낼 수 있어 자료의 저장과 공유가 용이하다. 게시판 내에서는 댓글과 '좋아요' 버튼을 통해 참여자 간 피드백을 주고받을 수 있다. 이를 통해 패들렛은 단순한 콘텐츠 저장소를 넘어, 소통과 협업의 도구로 활용될 수 있다. 패들렛의 이러한 기본 기능들은 사용자들이 아이디어를 체계적으로 정리하고, 협업 과정에서 효율성을 극대화하도록 돕는다.

2) 패들렛을 활용한 콘텐츠 관리와 협업 전략

(1) 콘텐츠 추가 및 협업 기능 활용법

패들렛은 그룹 프로젝트와 아이디어 공유에서 뛰어난 효율성을 제공하며, 이를 최적화하기 위한 다양한 전략을 활용할 수 있다. 프로젝트를 성공적으로 수행하려면 게시판의 목적과 구조를 명확히 설정하는 것이 중요하다. 먼저, 프로젝트의 주제와 목표를 게시판 상단에 표시하고, 작업의 흐름을 보여 줄 수 있는 섹션을 설정한다. 예를 들어, 게시판을 '아이디어 수집' '초안 작성' '최종 검토'와 같은 단계로 나누면 참여자들이 작업 과정을 명확히 이해할 수 있다. 효과적인 협업을 위해 역할 분담과 책임을 명확히 지정하는 것도 중요하다. 참가자별로 할당된 작업을 게시판에 기록하고, 이름을 태그(tag)하거나 관련 포스트에 작업 항목을 표시하면 혼란을 방지할 수 있다. 또한 패들렛의 댓글과 '좋아요' 기능을 활용해 아이디어에 대한 피드백을 주고받고, 실시간 업데이트 기능을 통해 빠르게 의견을 공유할 수 있다. 브레인스토밍을 위해 별도의 '아이디어 게시판'을 생성하면 창의적인 아이디어 제시를 장려할 수 있다.

[그림 11-3] 패들렛의 협업 강화 기능

패들렛의 시각적 도구를 사용하면 아이디어를 더욱 명확히 표현할 수 있다. 캔버스 레이아웃을 사용해 마인드맵을 만들거나, 이미지와 멀티미디어 콘텐츠를 추가해 프로젝트의 이해도를 높이고, 그래프, 표, 다이어그램과 같은 자료를 게시판에 추가해 정보를 한눈에 파악할 수 있도록 한다. 또한 그리드(Grid) 혹은 타임라인(Timeline) 레이아웃을 활용해 작업의 진행 상황과 마감일을 시각적으로 표현하면 팀원 모두가 작업 상태를 쉽게 확인할 수 있다. 작업이 완료된 후 게시판을 PDF나 이미지로 저장해 참고 자료로 활용하면 이후 프로젝트에도 유용하게 사용할 수 있다. 이러한 전략을 통해 패들렛은 그룹 프로젝트와 아이디어 공유의 도구로써 팀워크를 강화하고 결과물의 품질을 향상시킬 수 있다.

(2) 그룹 프로젝트와 창의적 협업 사례

패들렛은 체계적인 자료 관리와 실시간 협업 환경을 제공한다. 패들렛을 활용하여 다양한 멀티미디어 자료를 통합적으로 관리하고, 실시간으로 의견을 주고받아 작업 속도를 높이며, 시각적으로 명확한 학습 환경을 조성할 수 있다. 특히 조별 과제나 발표 준비, 학습 자료 관리 등 협업이 필요한 상황에서 창의적이고 효과적인 방식으로 활용할 수 있다.

조별 과제를 준비할 때 패들렛의 캔버스 레이아웃을 사용하면 브레인스토밍 과정을 시각적으로 표현하고, 각 팀원이 실시간으로 아이디어를 추가하거나 의견을 나눌 수 있다. 발표 준비 과정에서는 발표 주제를 선정한 후 관련 자료와 아이디어를 패들렛 게시판에 공유하며 발표 내용을 구성할 수 있다. 발표 자료 준비 단계에서 이미지, 동영상, 그래프 등 시각적 자료를 추가하면 청중의 이해를 도울 수 있다. 발표가 끝난 후에는 패들렛을 활용해 청중의 질문을 정리하거나 피드백을 수집할 수 있다.

강의 중에도 패들렛을 통해 학습 자료를 정리하고 공유할 수 있다. 강의에서 배운 내용을 요약하여 게시판에 기록하고, 텍스트뿐만 아니라 이미지, 동영상, 참고자료 링크를 첨부함으로써 학습 자료를 더욱 풍부하게 구성할 수 있다. 또한 질문과 답변 게시판을 만들어 조원들 간의 토론을 진행하거나 수업 내용을 복습할 수 있다. 이는 특히 온라인 강의 환경에서 공동 학습 커뮤니티를 형성하는 데 효과적이다.

패들렛을 개인 학습 포트폴리오 제작에도 활용할 수 있다. 학기 중 수행한 과제나 프로젝트, 발표 자료를 게시판에 체계적으로 정리하여 교수나 동료와 공유한다. 이렇게 구성된 포트폴리오는 학습 과정을 시각적으로 정리할 수 있을 뿐 아니라, 취업이나 인턴십 지원 시에도 활용할 수 있는 자료로 발전시킬 수 있다.

동아리나 커뮤니티 활동에서도 이벤트 계획을 관리하거나 아이디어를 제안하는 데 패들렛을 활용할 수 있다. 동아리 활동 결과물을 게시판에 정리해 활동 기록으로 남기거나 투표 기능을 사용하여 의견을 수렴하고 결정을 내릴 수 있다.

3. 멘티미터: 실시간 서베이

1) 멘티미터 소개와 기본 기능

(1) 멘티미터 소개

멘티미터(Mentimeter)는 실시간 상호작용을 통해 청중과의 소통을 촉진하는 디지털 도구이다. 강의, 세미나, 워크숍, 팀 미팅 등 다양한 상황에서 활용할 수 있으며, 설문조사, 퀴즈, 피드백 수집 기능을 제공한다. 간단한 사용자 인터페이스를 갖추고 있어 기술에 익숙하지 않은 사용자들도 쉽게 접근할 수 있다.

멘티미터의 가장 큰 장점은 실시간으로 참여자들의 의견을 수집하고 시각화할 수 있다는 점이다. 이 도구를 활용하면 강의나 발표를 단순한 정보 전달이 아닌 청중과의 쌍방향 소통으로 전환할 수 있다. 참여자들이 자신의 스마트폰, 태블릿, 노트북 등 다양한 기기에서 별도의 소프트웨어 설치 없이 브라우저를 통해 접속할 수 있어 접근성이 뛰어나다.

(2) 멘티미터 기본 기능

멘티미터는 실시간 상호작용을 촉진하기 위해 다양한 기능을 제공하며, 이를 통해 강의나 발표의 질을 한층 높일 수 있다. 멘티미터를 활용하여 청중의 적극적인 참여를 유도하고 실시간으로 데이터를 수집함으로써 발표와 강의를 보다 역동적이고 효과적으로 만들 수 있다. 멘티미터의 기본 기능은 크게 세 가지가 있다.

첫째, 실시간 설문조사 및 투표 기능은 청중의 의견을 즉시 수집하고 시각적으로 표현할 수 있다. 객관식, 순위 매기기, 워드 클라우드(Word Cloud), 척도형 질문 등 다양한 설문 형식을 제공하며, 참여자들은 간단한 방법으로 응답할 수 있다. 설문 결과는 실시간으로 화면에 표시되어 청중과 강연자 모두가 즉각적인 피드백을 받을 수 있다.

둘째, 퀴즈 제작 및 게임화 기능은 교육과 학습 현장에서 활용도가 높다. 사용자는 퀴즈를 만들어 참여자들이 실시간으로 답변하도록 할 수 있으며, 정답을 맞히는 속도와 정확도에 따라 점수를 부여할 수 있다. 이를 통해 강의나 세미나에 재미와 경쟁 요소를 더해 학습자들의 몰입도를 크게 향상시킬 수 있다.

셋째, Q&A 세션 기능은 청중과 발표자가 원활하게 소통할 수 있도록 돕는다. 참여자들은 발표 중 실시간으로 질문을 제출할 수 있으며, 다른 참여자들이 제출한 질문에 투표해 우선적으로 논의할 내용을 결정할 수 있다. 이 기능은 발표자가 청중의 관심사에 따라 강연의 흐름을 조정하는 데 효과적이다.

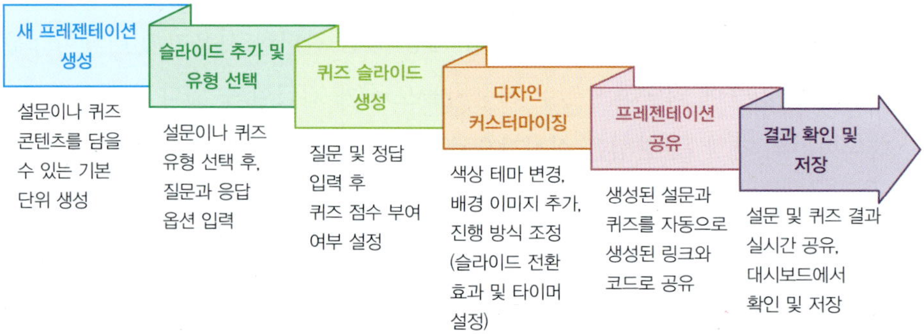

[그림 11-4] 멘티미터 설문 및 퀴즈 생성 기능

2) 실시간 상호작용을 위한 멘티미터 활용법

(1) 데이터 분석 및 결과 공유 방법

멘티미터는 설문이나 퀴즈를 통해 수집된 데이터를 실시간으로 분석하고 시각화하며, 이를 다양한 방식으로 공유할 수 있는 기능을 제공한다. 사용자들은 이 기능을 발표, 프로젝트, 스터디 그룹, 토론 등에서 활용할 수 있다.

먼저 데이터를 분석하는 방법에 대해 알아보면, 멘티미터에서는 설문 및 퀴즈 응답 결과를 실시간으로 그래프와 차트로 확인할 수 있다. 막대그래프, 원형 차트, 워드 클라우드 등 다양한 방식으로 데이터를 시각화하여 모든 참여자가 한눈에 결과를 이해할 수 있도록 다양한 결과물을 산출할 수 있다. 이렇게 제공되는 결과물 외에 별도의 데이터 분석을 진행하고 싶다면 멘티미터에서 결과 데이터를 다운로드해 활용하면 된다. CSV 또는 Excel 파일 형식으로 결과 데이터를 저장할 수 있으며, 이를 과제 보고서나 프로젝트 발표 자료에 적합한 형태로 가공하여 사용하면 된다.

결과 공유 또한 매우 간단하다. 멘티미터는 결과를 PDF 파일로 저장하거나 발표 슬라이드에서 직접 시각화된 결과를 공유할 수 있는 옵션을 제공한다. 시각적으로 중요한 데이터는 스크린샷으로 저장해 슬라이드 자료에 삽입하거나 소셜 미디어에 게시할 수 있다. 결과 화면이 발표 슬라이드의 일부로, 실시간으로 포함되기에 결과를 즉시 보여 주고 논의할 수 있다. 이러한 기능을 발표 시 활용한다면 청중과의 소통을 강화하고 발표 내용을 더욱 풍부하게 할 수 있다.

다음으로 멘티미터는 설문 결과를 공유하는 다양한 방식을 제공한다. 프레젠테이션 링크를 통해 실시간 결과를 다른 사람과 공유하거나 결과를 PDF 파일로 저장하여 과제 제출물이나 강의 자료로 활용할 수 있다. 멘티미터의 데이터 분석 및 결과 공유 기능은 단순한 설문 도구 이상의 가치를 제공하며, 사용자들이 다양한 활동에서 실질적인 데이터 기반의 결정을 내릴 수 있도록 지원한다.

(2) 실시간 피드백과 상호작용 기능 활용팁

멘티미터는 사용자들이 강의, 발표, 그룹 프로젝트와 같은 다양한 활동에서 실시간으로 의견을 모으고 소통할 수 있도록 돕는 유용한 도구이다. 실시간 투표와 퀴즈 기능은 참여를 강화하고 학습 과정을 더욱 흥미롭게 만들 수 있는 효과적인 방법이다. 멘티미터의 투표 및 퀴즈 기능을 학업에 맞게 활용하는 방법은 여러 가지가 있다.

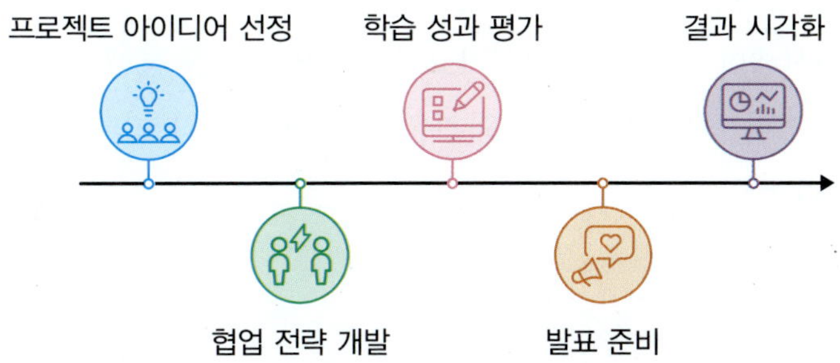

[그림 11-5] 학습 및 협업을 위한 멘티미터 데이터 활용 팁

첫째, 실시간 투표로 팀 의견을 모을 수 있다. 멘티미터를 활용하면 팀 프로젝트를 진행할 때, 특정 아이디어나 방향성에 대해 팀원들의 의견을 빠르게 수집할 수 있다. 예를 들어, "가장 기발하고 독창적인 발표 주제는 무엇인가요?"와 같은 질문을 투표로 설정해 실시간으로 합의점을 찾을 수 있다. 결과는 즉시 시각화되므로 시간 낭비 없이 팀의 방향을 정할 수 있다.

둘째, 아이디어 브레인스토밍을 진행할 수 있다. 워드 클라우드(Word Cloud) 기능을 활용하면 그룹 활동에서 나온 각자의 의견이나 아이디어를 한눈에 볼 수 있다. 예를 들어, 발표 제목을 정하거나 문제해결 방안을 논의할 때, 팀원들이 제출한 단어가 시각화되면 창의적인 아이디어를 떠올리기 쉽다.

셋째, 퀴즈로 학습 점검과 재미를 더할 수 있다. 스터디 모임이나 그룹 학습 시간에 퀴즈를 활용하면 학습 내용을 복습하고 이해도를 점검할 수 있다. 예를 들어, "이 과목에서 가장 중요한 개념은 무엇인가요?"와 같은 퀴즈를 통해 학습 상태를 확인하고, 여기에 점수와 순위를 부여해 학습 동기를 높이는 재미 요소를 추가할 수 있다.

넷째, 결과 분석과 토론을 진행할 수 있다. 투표와 퀴즈의 결과가 실시간으로 화면에 나타나기에 이를 바탕으로 토론이나 추가 논의를 진행할 수 있다. 예를 들어, 설문 결과에 따라 논의 주제를 정하거나, 다수 의견과 소수 의견을 서로 공유하면 학습 효과를 높일 수 있다.

다섯째, 피드백 수집으로 학습을 개선할 수 있다. 팀원들과 진행하는 스터디나 프로젝트가 끝난 후, 팀원들에게 "이번 스터디에서 가장 유익했던 점은 무엇인가요?" 또는 "개선해야 할 점은 무엇인가요?"와 같은 질문을 통해 실시간으로 피드백을 받을 수 있다. 이렇게 수집된 의견은 다음 활동을 더 효과적으로 계획하는 데 도움을 준다.

CHAPTER 12

소셜 미디어와 개인 브랜드

1. 카카오톡: 실시간 채팅과 다기능 소셜 플랫폼

1) 기본 기능 소개

카카오톡(Kakao Talk)은 한국에서 가장 널리 사용되는 메신저 애플리케이션으로, 일상적인 소통과 학업 및 협업 활동에 활용할 수 있는 도구이다. 기본적으로 메시지 송수신, 파일 공유, 그룹 채팅 등 다양한 기능을 제공하며, 간편하고 직관적인 인터페이스를 갖추고 있다. 카카오톡에서 자주 사용하는 기본 기능으로는 메시지 송수신, 음성 메시지, 무료 통화, 파일 공유 등이 있다.

〈표 12-1〉 카카오톡 주요 기본 기능

기본 기능	기능 설명
메시지 송수신	텍스트 메시지, 이모티콘, 이미지, 동영상을 손쉽게 주고받을 수 있음
예약 메시지	대화방에서 메시지 작성 후 예약 아이콘을 선택하여 날짜와 시간을 설정하면 특정 시간에 메시지를 자동으로 보낼 수 있음
음성 메시지	빠르게 생각을 전달하거나 글로 작성하기 번거로운 내용을 공유할 때 텍스트 입력 대신 음성 메시지를 녹음하여 상대방에게 보낼 수 있음
무료 통화	음성 및 영상 통화를 무료로 제공하며, 그룹 통화도 지원하여 팀원들과 원격으로 소통할 수 있음

채팅방 검색	특정 키워드나 메시지를 검색해 필요한 정보를 빠르게 찾을 수 있음
파일 공유	문서, PDF, 사진 등 다양한 파일을 채팅방에서 전송할 수 있어, 과제나 프로젝트 자료를 손쉽게 공유할 수 있음
일정 관리	대화방 내 일정을 추가하여 참가자들과 공유 가능한 일정을 생성할 수 있음(날짜, 시간 장소 등 세부 정보와 알림 설정)
캡처	대화창 내 '캡처하기' 기능을 통해 대화 내용을 손쉽게 저장하거나 공유할 수 있음

2) 채팅방 설정 방법: 일반채팅, 팀채팅, 오픈채팅

카카오톡의 채팅방 설정은 사용자들이 다양한 상황에 맞게 소통 방식을 조정할 수 있도록 일반채팅, 팀채팅, 오픈채팅 기능을 제공한다. 각 기능은 목적에 따라 효율적으로 활용할 수 있다.

일반채팅은 가장 기본적인 기능으로, 주로 친구나 지인과 자유롭게 대화할 수 있는 사적인 채팅방으로 사용된다. 과제와 관련된 정보를 빠르게 주고받거나 일정 조율, 개인적인 의사소통에 적합하다. 일반채팅방에서는 사진, 동영상, 문서 파일 등 다양한 유형의 자료를 손쉽게 공유할 수 있으며, 대화 내용 검색 기능을 통해 중요한 정보를 빠르게 찾을 수 있다.

팀채팅은 그룹 프로젝트와 같은 공동 작업을 진행하는 데 최적화된 채팅방 형태이다. 팀원들 간의 효율적인 소통과 협업을 지원하며, 역할 분담, 일정 관리, 파일 공유와 같은 기능을 활용할 수 있다. 팀채팅에서는 필요에 따라 알림 설정을 조정하거나 관리자(방장) 권한을 부여해 채팅방을 체계적으로 관리할 수 있다. 팀채팅 기능을 활용하면 팀워크를 강화하고 프로젝트 진행 속도를 높일 수 있다.

오픈채팅은 특정 주제에 기반해 공개적으로 대화를 나누는 채팅방이다. 친구로 등록되지 않은 사람들과도 소통할 수 있어 학과나 학교 외부의 사람들과 연결되거나, 관심사 기반의 소셜 네트워크를 구축할 때 유용하다. 오픈채팅방은 익명으로 참여가 가능하며, 필요에 따라 비공개 설정이나 입장 조건을 추가해 특정 그룹만 초대할 수도 있다. 이를 통해 학습 자료를 공유하거나 과제 협력 팀을 구성하는 등 학업적으로 다양하게 활용할 수 있다.

〈표 12-2〉 카카오톡 채팅방 종류별 주요 차이점

구분	일반채팅 (1:1, 그룹채팅)	팀채팅	오픈채팅
대화 대상	친구, 지인	팀원	누구나 (친구 등록 불필요)
목적	개인적 소통	협업 및 과제 진행	주제 기반 네트워킹
대화 접근성	비공개	반공개(팀원 간 공유)	공개(익명 참여 가능)
주요 활용 사례	과제 질문, 친구와 대화	팀 프로젝트, 스터디 모임	취미 모임, 정보 교류

3) 카카오톡을 활용한 그룹 커뮤니케이션과 네트워킹 전략

(1) 카카오톡을 활용한 효과적인 커뮤니케이션 전략

그룹채팅 혹은 팀채팅을 효과적으로 운영하려면 명확한 소통 방식과 체계적인 관리가 필요하다. 특히 학업, 과제, 팀 프로젝트와 같은 협업 상황에서는 채팅의 구조와 규칙이 협업의 성공 여부를 크게 좌우할 수 있다.

먼저, 채팅방의 목적을 명확히 설정하고 규칙을 정하는 것이 중요하다. 예를 들어, 과제 진행을 위한 채팅방이라면 사적인 대화는 자제하고, 중요한 일정과 작업 진행 상황을 중심으로 대화를 나누는 규칙을 정할 수 있다. 이를 통해 채팅방이 산만해지지 않고 목적에 맞게 활용될 수 있다. 또한 팀원 간 역할을 명확히 나누는 것이 효과적이다. 각자 담당할 주제를 설정하거나, 팀 리더를 지정해 논의 방향이 분산되지 않도록 한다. 이렇게 역할이 명확하면 책임감이 생기고 작업 효율이 높아진다.

메시지 전달 방식도 간결하고 명확해야 한다. 중요한 내용은 '@전체' 또는

'@특정인' 태그를 활용해 필요한 사람들에게 알림을 보낼 수 있다. 긴 문장은 번호나 항목으로 나눠 가독성을 높이고, 논의 중인 사항을 쉽게 이해할 수 있도록 돕는다. 파일이나 자료를 공유할 때는 파일 혹은 자료 이름을 명확히 작성하여 업로드하는 것이 좋다. 특히 클라우드 스토리지(예 Google Drive, OneDrive) 링크를 활용하면 파일에 대한 접근성을 높이고 효율적으로 관리할 수 있다.

채팅 도구 내 다양한 기능을 활용하는 것도 도움이 된다. 예를 들어, 투표 기능은 설문을 통해 의견을 빠르게 수집하는 데 유용하며, 복잡한 주제는 음성 메시지나 통화 기능을 활용하면 오해를 줄이고 효율적으로 전달할 수 있다. 알림 관리는 생산성에 큰 영향을 미친다. 불필요한 알림은 최소화하고, 작업 시간 외에는 알림을 꺼 두는 것도 좋은 방법이다. 대화 내용이 길어지면 주요 논의 사항을 정리해 팀원들과 공유하고, 고정 메시지로 설정해 누구나 쉽게 확인할 수 있도록 하면 좋다.

무엇보다도 팀원들 간의 열린 소통 분위기를 조성하는 것이 중요하다. 각자의 의견을 존중하고, 문제 상황이 발생하면 빠르게 의사소통하여 갈등을 해결해야 한다. 이러한 채팅 전략은 학업 및 협업 상황에서 생산성을 높이고, 팀워크를 강화하는 데 유용하다.

(2) 카카오톡을 활용한 네트워킹과 정보 공유

카카오톡은 네트워킹을 확장하고 정보를 효과적으로 공유할 수 있는 강력한 도구로 활용할 수 있다. 이 앱을 통해 친구, 동료, 선배, 교수 등과 연결될 수 있으며, 학업과 개인 성장에 필요한 다양한 기회를 얻을 수 있다.

우선, 카카오톡을 동아리, 학회 그리고 팀 프로젝트와 같은 그룹 활동에서 중요한 소통 수단으로 사용할 수 있다. 그룹채팅이나 팀채팅방을 활용하면 구성원들과 실시간으로 소통할 수 있고, 동아리 행사나 학회 일정 등의 정보를 신속하게 공유할 수 있다. 오픈채팅 기능은 같은 관심사를 가진 사람들과의 새로운 네트워킹 기회를 제공하며, 취업이나 인턴십에 관심이 있는 경우 선배나 전문가와의 연결을 가능하게 한다. 또한 카카오톡은 정보 공유의 효율성을 극대화할 수 있는 다양한 기능을 제공한다. 문서, 링크, 이미지 등 필요한 자료를 간단히 공유할 수 있으며, 중요한 내용은 고정 메시지 기능을 활용해 그룹 구성원들이 쉽게 확인하게 할 수 있다. 시험 일정, 과제 마감일, 학과 공지 등 중요한 정보를 공유할 때는 실시간 알림 기능이 유용하다.

소규모 네트워크를 통해 친밀한 관계를 유지하거나, 정기적인 소통을 통해 학업 및 팀 프로젝트에서 협업을 강화할 수도 있다. 예를 들어, 정기적인 온라인 모임에서 카카오톡을 통한 메시지 교환으로 팀워크를 유지하며, 활동이 끝난 후에는 감사를 표현하거나 피드백을 주고받는 방식으로 관계를 발전시킬 수 있다.

그러나 카카오톡을 효과적으로 활용하려면 몇 가지 사항을 주의해야 한다. 개인정보를 안전하게 관리하며, 오픈채팅방에서는 익명성을 적절히 활용하는 것이 중요하다. 또한 메시지를 보낼 때는 상대방이 확인하기 좋은 시간을 선택하고, 대화 내용이 많아질 경우 정보를 요약하거나 정리해 관리하는 습관을 들이는 것이 좋다.

2. 인스타그램: 사진과 동영상 중심의 플랫폼

1) 인스타그램의 기본 기능 및 계정 설정

인스타그램(Instagram)은 사진과 동영상을 기반으로 콘텐츠를 공유하고 소통할 수 있는 소셜 미디어 플랫폼이다. 인스타그램을 통해 개인의 관심사나 활동을 공유하며, 네트워크를 확장하고 창의적인 아이디어를 표현할 수 있다. 인스타그램을 효과적으로 활용하려면 기본 기능과 계정 설정에 대해 이해하는 것이 중요하다. 인스타그램의 기본 기능으로는 피드, 스토리, 릴스, DM 등이 있다.

〈표 12-3〉 인스타그램의 주요 기본 기능

기본 기능	기능 설명
피드(feed)	친구나 팔로우하는 계정의 게시물을 볼 수 있는 공간으로, 사진이나 동영상을 공유하고 좋아요, 댓글 등을 통해 상호작용할 수 있음
스토리(story)	24시간 동안만 표시되는 게시물로, 사진과 짧은 동영상을 공유하거나 실시간으로 일상을 업데이트할 수 있음
릴스(reels)	짧은 동영상을 제작하고 공유하는 기능으로, 창의적인 콘텐츠를 제작해 다른 사용자들과 소통할 수 있음
DM(Direct Message)	친구나 팔로워와 1:1 대화를 나누거나 그룹 대화를 할 수 있음
검색 및 탐색	관심사에 따라 추천 콘텐츠를 탐색하거나 새로운 계정을 발견할 수 있음
하이라이트	스토리 중 중요한 게시물을 모아 프로필 상단에 고정할 수 있음

인스타그램 계정을 설정하는 과정은 간단하지만, 이를 효과적으로 활용하려면 각 설정 항목을 잘 이해하고 자신의 목적에 맞게 최적화하는 것이 중요하다. 먼저, 인스타그램에 계정을 생성하면 프로필 설정으로 넘어간다. 이 과정에서 프로필 사진을 추가하고 사용자 이름과 간단한 소개글을 작성하여 자신만의 개성을 표현할 수 있다. 또한 인스타그램은 개인 계정과 비즈니스 계정 중 선택할 수 있는 옵션을 제공한다. 개인적인 소통과 기록이 주 목적이라면 개인 계정을 선택하는 것이 적합하며, 창작 활동이나 브랜딩을 목표로 한다면 비즈니스 계정을 선택하는 것이 유리하다. 비즈니스 계정은 게시물 성과를 분석할 수 있는 도구와 광고 기능을 추가로 제공한다.

계정 설정에서는 공개 범위를 설정할 수 있다. 계정을 비공개로 설정하면 사용자가 승인한 팔로워만 콘텐츠를 볼 수 있어 개인 정보를 보호할 수 있다. 반면, 공개 계정은 모든 사용자에게 콘텐츠를 공개하여 더 넓은 도달 범위를 확보할 수 있다. 마지막으로 알림 설정을 통해 인스타그램 활동을 효율적으로 관리할 수 있다. 좋아요, 댓글, 팔로워 요청, DM 등의 알림을 필요에 따라 활성화하거나 비활성화하여 앱 사용 경험을 개인화할 수 있다. 계정 설정은 인스타그램 사용의 첫걸음으로, 목적에 맞게 세부적으로 조정하면 더 나은 사용자 경험을 제공받을 수 있다.

2) 사진과 동영상 콘텐츠의 기획과 업로드

인스타그램에서 사진과 동영상을 공유할 때는 단순히 이미지를 게시하는 것을 넘어, 체계적으로 기획하고 시각적 매력을 더하는 과정이 중요하다. 왜냐하면 콘텐츠는 사용자의 개성을 반영하는 동시에 팔로워와의 소통을 돕는 매개체가 되기 때문이다.

콘텐츠를 기획할 때는 게시물의 목적을 명확히 해야 한다. 예를 들어, 일상 기록, 특정 프로젝트 홍보, 개인 브랜드 강화 등의 목적에 따라 콘텐츠의 톤과 주제가 달라질 수 있다. 게시물을 노출하고 싶은 대상의 관심사를 분석하여 그들이 흥미를 가질 만한 주제를 선정하고, 이를 스토리텔링 방식으로 구성하면 더 많은 공감을 얻을 수 있다.

촬영 단계에서는 사진과 동영상의 품질이 중요하다. 자연광을 활용하거나 조명을 사용해 밝고 선명한 이미지를 얻는 것이 좋으며, 구도와 초점을 신경 써 시각적으로 매력적인 결과물을 만들어야 한다. 촬영한 사진과 동영상은 인스타그램의 기본 필터를 활용하거나, 추가적인 편집 앱을 사용해 더욱 세련된 이미지로 완성할 수 있다. 동영상 콘텐츠는 짧고 강렬한 메시지를 전달하도록 기획하며, 필요한 경우 음악이나 자막을 추가해 몰입감을 높인다.

업로드 시에는 적절한 해시태그를 사용하여 콘텐츠의 공개 범위를 확대할 수 있다. 예를 들어, 특정 이벤트나 트렌드에 맞는 해시태그를 추가하면 새로운 사용자가 게시물을 발견할 가능성이 높아진다. 또한 태그 기능을 활용해 친구나 브랜드를 언급하고, 게시물에 위치를 추가하면 상호작용을 증진시킬 수 있다.

마지막으로, 업로드 시간도 중요하다. 팔로워가 가장 활발히 활동하는 시간대를 분석하여 게시물을 게시하면 더 많은 '좋아요'와 댓글을 받을 수 있다. 캡션 작성 시 콘텐츠와 관련된 흥미로운 설명, 질문 혹은 메시지를 추가하면 팔로워들의 참여를 유도할 수 있다.

이처럼 기획, 촬영, 편집, 업로드의 과정을 거쳐 체계적으로 콘텐츠를 준비하면 인스타그램에서 더 많은 관심을 끌고 효과적으로 소통할 수 있다. 해시태그와 팔로워 관리는 단순히 계정을 꾸리는 것을 넘어, 더 많은 사람과 의미 있는 소통을 가능하게 한다. 사용자들은 이를 통해 학업, 프로젝트, 개인 일상을 공유하며 네트워크를 확장하고 창의적인 표현의 기회를 얻을 수 있다.

3) 인스타그램을 통한 개인 브랜드 구축 및 창의적인 소통

인스타그램은 개인 브랜드를 구축하고 마케팅 전략을 실행하는 데 매우 효과적인 플랫폼이다. 자신의 관심사, 강점, 역량을 기반으로 브랜드 이미지를 형성하고, 이를 통해 학업, 커리어, 네트워킹의 기회를 확장할 수 있다. 이를 위해 몇 가지 주요 전략을 실행하는 것이 중요하다.

먼저, 개인 브랜드 구축의 기본 전략으로 명확한 목적 설정이 필요하다. 예를 들어, 학업 정보를 공유하거나 창작 활동을 알리는 등 자신의 계정이 어떤 목표를 가질지 구체적으로 정해야 한다. 또한 프로필을 최적화해 첫인상을 효과적으로 전달할 수 있도록 해야 한다. 프로필 사진과 사용자 이름, 바이오에는 자신의 관심 분야와 전문성을 명확히 드러내는 것이 좋다. 계정에서 공유할 콘텐츠의 주제를 정하고, 비주얼 스타일과 톤을 일관되게 유지하면 팔로워들에게 신뢰감을 줄 수 있다.

효과적인 콘텐츠 마케팅 전략도 중요하다. 정기적인 게시물 업로드는 팔로워들의 관심을 유지하는 핵심 요소다. 업로드 주기를 설정하고, 팔로워들이 꾸준히 방문할 수 있는 루틴을 만드는 것이 필요하다. 스토리는 24시간 동안 유지되는 특성을 가지고 있어 부담 없이 일상적인 순간을 공유하기에 적합하고, 실시간 소통을 원한다면 라이브 방송을 통해 이벤트를 진행하거나 자료를 공유할 수도 있다. 릴스는 15~90초 길이의 영상을 제작할 수 있어 짧고 강렬한 메시지를 전달하는 데 적합하고, IGTV는 최대 60분까지 영상을 업로드할 수 있어 긴 영상 콘텐츠를 제작하기에 적합하다. 또한 적절한 해시태그를 활용해 더 많은 사용자에게 노출될 수 있도록 해야 한다. 인기 있는 해시태그뿐 아니라 고유의 해시태그를 만들어 브랜드 정체성을 강화할 수도 있다.

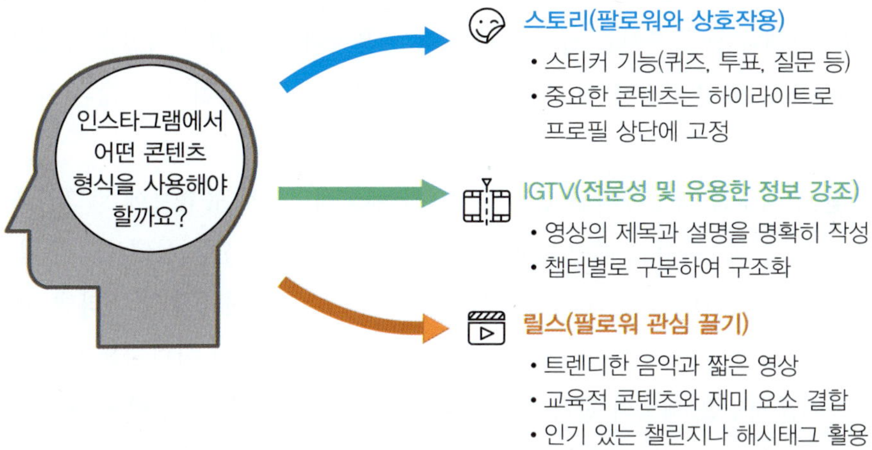

[그림 12-1] 인스타그램 콘텐츠 활용 전략

팔로워와의 상호작용 또한 개인 브랜드를 강화하는 데 중요한 요소이다. 팔로워들이 남긴 댓글이나 메시지에 적극적으로 응답함으로써 신뢰를 형성할 수 있다. 설문조사, 퀴즈, 챌린지와 같은 이벤트를 통해 팔로워의 참여를 유도하고 관계를 돈독히 하는 것도 효과적인 방법이다.

마지막으로, 데이터를 분석하고 이를 기반으로 성장 전략을 세우는 것이 필요하다. '인스타그램 인사이트(Instagram Insights)' 기능을 활용해 게시물의 도달 범위, 팔로워 증가율, 참여도를 분석하고, 가장 효과적인 콘텐츠를 파악해야 한다. 이러한 데이터를 바탕으로 개선 방향을 설정하고, 더 나은 콘텐츠 전략을 수립할 수 있다. 또한 유사한 관심사를 가진 사용자들과의 협업이나 인기 계정과의 네트워킹을 통해 자신의 영향력을 넓히는 것도 좋은 전략이다.

3. 유튜브: 동영상 공유 플랫폼

1) 유튜브 채널 생성과 기본 설정

유튜브(YouTube)는 동영상을 제작하고 공유할 수 있는 플랫폼으로, 학습 자료를 제작하거나 관심 분야를 알리는 데 매우 유용하다. 자신만의 채널을 체계적으로 운영하고, 학업 자료를 제작하거나 개인 프로젝트를 공유하며 더 많은 사람과 소통할 수 있는 기회를 만들 수 있다.

유튜브 채널을 생성하려면 먼저 구글(Google) 계정으로 유튜브에 로그인해야 한다. 로그인 후, 유튜브 메인 페이지에서 '채널 만들기' 옵션을 선택하여 채널 생성 과정을 시작한다. 채널 이름은 콘텐츠 주제나 개인 브랜드를 잘 나타낼 수 있는 이름으로 선정하는 것이 좋다. 이후, 프로필 사진과 배너 이미지를 업로드한다. 프로필 사진은 채널의 정체성을 나타내는 요소로, 시청자들이 쉽게 기억할 수 있는 이미지를 선택하는 것이 좋다. 배너 이미지에는 업로드 주기나 콘텐츠 주제를 간단히 포함하면 채널을 효과적으로 표현할 수 있다. 채널 설명에는 채널의 주제와 콘텐츠 방향, 시청자를 대상으로 한 메시지를 포함하고, 필요하면 이메일 주소나 소셜 미디어 링크를 추가하여 시청자에게 소통 경로를 제공할 수도 있다.

채널을 생성한 후에는 기본 설정을 통해 채널 운영의 기반을 다질 수 있다. 우선, 채널 레이아웃을 구성하여 방문자가 쉽게 콘텐츠를 탐색할 수 있도록 한다. 추천 동영상, 인기 업로드, 재생목록 등을 배치하여 채널의 핵심 콘텐츠를 강조하고 시청자들의 관심을 끌 수 있다. 프로필 사진, 배너 이미지, 워터마크 등 브랜딩 요소를 통일감 있게 설정하면 채널의 정체성을 강화할 수 있다.

기본 설정 단계에서는 업로드 기본값을 지정할 수 있다. 이를 통해 반복적으로 입력해야 하는 제목 형식, 설명, 태그 등을 미리 설정하여 콘텐츠 업로드 시간을 절약할 수 있다. 댓글 허용 여부와 자막 기능 활성화와 같은 접근성 설정도 중요한 부분이다. 특히 자막 기능은 글로벌 시청자와의 연결성을 높이는 데 큰 도움이 된다.

2) 동영상 콘텐츠 기획과 촬영, 제작 팁

유튜브 채널을 성공적으로 운영하기 위해서는 콘텐츠의 기획과 촬영이 중요하다. 동영상 콘텐츠는 단순히 정보를 전달하는 것을 넘어 시청자와의 소통을 강화하고, 재미와 가치를 제공해야 한다. 따라서 체계적인 기획과 효과적인 촬영 방법을 통해 더욱 완성도 높은 영상을 제작할 필요가 있다.

동영상 콘텐츠를 기획할 때 가장 먼저 고려해야 할 것은 주제 선정이다. 시청자들이 관심을 가질 만한 주제를 선정하고, 명확한 목표를 설정해야 한다. 단순히 조회수를 높이기 위한 콘텐츠보다는 자신의 강점이나 관심사와 연결되는 콘텐츠를 제작하는 것이 중요하다. 예를 들어, 학업 팁, 과제 발표 방법, 전공 지식 공유 등과 같은 주제를 선택할 수 있다. 동영상을 제작하기 전에 스토리보드를 작성하여 영상의 흐름을 미리 계획하는 것도 좋은 방법이다. 스토리보드는 인트로, 본 내용, 클로징 순으로 구성하며, 각 단계에서 필요한 메시지와 시각적 요소를 정리해 두면 촬영 과정이 수월해진다.

[그림 12-2] 효과적인 동영상 촬영을 위한 촬영 팁

영상 콘텐츠를 제작할 때 편집 과정은 메시지를 효과적으로 전달하고 시청자들에게 더 나은 경험을 제공하기 위한 필수 단계이다. 특히 발표 자료나 프로젝트 결과물을 영상으로 제작할 경우, 편집 도구를 적절히 활용하면 콘텐츠의 완성도를 한층 높일 수 있다. 편집 도구는 사용자의 수준과 필요에 따라 다양하게 선택할 수 있다.

편집 과정에서는 몇 가지 요소를 고려해야 한다. 영상을 시작할 때는 짧고 임팩트 있는 인트로로 시청자들의 관심을 끌고, 영상의 마지막 부분에는 아웃트로를 추가하여 구독, 좋아요, 댓글 요청이나 다음 콘텐츠 예고를 통해 시청자와의 연결을 이어갈 수 있다. 채널의 로고나 슬로건을 인트로에 활용하면 브랜드 정체성을 확립하는 데도 도움이 된다. 영상 편집의 첫걸음은 바로 컷 편집이다. 이때 불필요한 장면은 과감히 제거하고, 핵심 메시지를 강조하는 방식으로 영상을 구성하는 것이 중요하다. 텍스트와 자막을 추가하면 주요 메시지를 강조하고 시청자들이 내용을 더 쉽게 이해할 수 있다.

배경 음악(BGM)은 콘텐츠의 주제에 맞게 선택해야 하며, 사운드 효과를 통해 영상을 더 생동감 있게 만들 수 있다. 다만, 음성 내레이션과 배경 음악이 겹치지 않도록 음량 조절에 신경 써야 하고, 시청자들이 주 메시지를 명확히 들을 수 있도록 최종 점검을 해야 한다.

편집 시 색보정과 필터 사용도 중요하다. 일관된 색감을 유지하면 영상이 더욱 전문적으로 보이며, 프로젝트나 발표 영상의 완성도가 높아진다. 편집이 완료된 후에는 최종 검토를 통해 자막 오류나 사운드 불균형이 없는지 확인하고, 시청자 입장에서 영상을 다시 살펴보며 불필요한 장면이 없는지, 메시지가 명확히 전달되는지 점검해야 한다.

3) 유튜브를 활용한 자기 표현과 취업 준비

유튜브는 단순한 영상 공유 플랫폼을 넘어 개인의 개성과 역량을 드러낼 수 있는 강력한 자기 표현 도구이다. 유튜브 채널을 통해 자신만의 스토리를 전달하고, 전문성을 부각하여 취업 준비 과정에서 차별화된 포트폴리오를 만들 수 있다. 유튜브를 활용한 자기 표현과 취업 준비 전략은 크게 세 가지로 구분할 수 있다.

첫째, 유튜브 채널을 나만의 포트폴리오로 활용할 수 있다. 유튜브 채널은 이력서나 자기소개서를 보완할 수 있는 디지털 포트폴리오의 역할을 한다. 학습 프로젝트, 발표 영상, 개인 관심 분야에 대한 콘텐츠를 업로드하여 자신의 역량을 구체적으로 보여 줄 수 있다. 예를 들어, 디자인 전공자는 본인이 제작한 작품을 영상으로 소개할 수 있고, 마케팅 전공자는 실무적인 사례 분석이나 캠페인 아이디어를 영상으로 공유할 수 있다. 또한 유튜브에 자기소개 영상을 올려 자연스러운 말투와 태도를 보여 줄 수 있다. 자기소개 영상은 경력, 성격, 목표 등을 짧고 명료하게 담되, 시청자(채용 담당자)의 관심을 끌 수 있는 요소를 포함해야 한다. 이런 자기소개 영상은 업로드한 후 지원서에 링크를 첨부하거나, 면접 시 참고 자료로 활용할 수 있다.

둘째, 자신이 지원하고자 하는 분야와 관련된 전문 콘텐츠를 제작하는 것도 취업 준비에 도움이 된다. 예를 들어, IT 분야에 관심이 있다면 최신 기술 트렌드나 코딩 튜토리얼을 제작하고, 마케팅 분야에 관심이 있다면 성공적인 마케팅 사례 분석 영상을 올릴 수 있다. 전문 콘텐츠를 제작하면 자신의 관심 분야에 대한 깊이 있는 이해와 열정을 보여 줄 수 있고, 구독자와의 소통을 통해 실무적인 피드백을 받을 수도 있다. 특히 채널에서 다룬 콘텐츠가 많아질수록 채용 담당자에게 자신의 문제해결 능력과 지속적인 학습 의지를 강조할 수 있다.

셋째, 유튜브의 네트워킹 기회를 활용할 수 있다. 유튜브는 단순한 영상 플랫폼이 아니라 네트워킹 도구로도 활용될 수 있다. 댓글, DM, 커뮤니티 게시글 등을 통해 같은 분야에 관심이 있는 사람들과 연결되고, 업계 전문가와의 소통도 가능하다. 또한 자신의 콘텐츠가 널리 공유되면 개인 브랜드가 형성되어 더 많은 기회를 얻을 수 있다. 유튜브 채널을 통해 산업 전문가와의 협업 기회를 모색하거나, 구독자와 함께 프로젝트를 진행하여 협업 능력을 키울 수 있다. 이를 통해 자연스럽게 자신의 네트워크를 확장하고, 다양한 취업 기회를 만들 수 있다.

다만 유튜브를 활용한 자기 표현과 취업 준비 과정에서는 유의해야 하는 점도 있다. 첫째, 부적절한 콘텐츠는 채널에서 제외해야 한다. 지원한 기업에서 지원자의 온라인 활동을 주의 깊게 살펴볼 수 있기에 자신을 긍정적으로 보여 줄 수 있는 콘텐츠만 남기는 것이 좋다. 둘째, 일관된 콘텐츠 테마를 유지한다. 취업 준비에 활용할 채널이라면 주제에 집중하고, 불필요한 개인적인 영상은 별도의 채널로 관리한다. 마지막으로, 저작권과 개인정보 보호에 주의한다. 타인의 콘텐츠를 사용할 때는 반드시 출처를 표기하고, 개인정보가 노출되지 않도록 주의한다.

4. 링크드인: 구직 및 경력관리 플랫폼

1) 링크드인 계정 생성과 프로필 최적화

링크드인(LinkedIn)은 전 세계적으로 많은 전문가가 사용하고 있는 대표적인 비즈니스 소셜 네트워크 플랫폼이다. 링크드인을 활용해 다양한 산업 분야의 인사 담당자 및 전문가와 연결되고, 자신의 경력과 역량을 효과적으로 홍보할 수 있다.

(1) 링크드인 계정 생성 방법

링크드인 계정을 만드는 과정은 비교적 간단하지만, 처음 계정을 설정할 때부터 프로필을 전문적으로 구성하는 것이 중요하다. 먼저 링크드인 웹사이트나 모바일 앱에 접속한 후, 이름, 이메일 주소, 비밀번호를 입력하여 가입을 시작한다. 가입 시에는 본인을 잘 나타낼 수 있는 공식적이고 신뢰할 수 있는 이메일 주소를 사용하는 것이 바람직하다. 예를 들어, 학교 이메일 주소나 본인의 이름이 포함된 이메일을 사용하는 것이 좋다.

기본 정보를 입력할 때는 이름, 현재 소속 학교 및 전공, 관심 직무 분야, 거주 지역을 정확하게 기재해야 한다. 특히 관심 분야나 직무를 명확히 입력하면 링크드인이 추천하는 네트워크와 콘텐츠가 보다 적합하게 제공되므로 신중하게 선택하여야 한다.

가입이 완료되면 프로필 페이지로 이동하게 된다. 이때 링크드인은 프로필 사진 추가, 헤드라인 작성, 경력 및 학력 정보 입력을 단계적으로 안내한다. 프로필은 링크드인 사용자가 다른 사람들과 네트워킹을 형성하는 데 중요한 역할을 하므로 프로필의 각 항목은 자세히 작성하여야 한다.

계정을 생성한 후에는 알림 설정과 개인정보 보호 설정도 확인하는 것이 좋다. 불필요한 알림을 줄이고, 본인의 프로필이 의도치 않게 노출되지 않도록 공개 범위를 조정하는 것이 도움이 된다.

(2) 링크드인 프로필 최적화 전략

링크드인 프로필은 단순한 이력서가 아니라 자신을 온라인에서 효과적으로 홍보할 수 있는 개인 브랜드의 핵심 도구이다. 최적화된 프로필은 취업 준비 과정에서 중요한 네트워킹 도구로 활용될 수 있으며, 기업 인사 담당자나 전문가들이 검색할 때 더 잘 노출될 확률이 높아진다. 프로필을 최적화하려면 몇 가지 핵심 요소를 신경 써야 한다.

먼저 프로필 사진은 첫인상을 결정짓는 요소이기에 전문적인 느낌을 주는 사진을 사용하는 것이 좋으며, 사진 속 얼굴이 잘 보이고 배경이 깔끔해야 한다. 너무 캐주얼한 사진은 피하고, 단정한 복장을 입고 찍은 사진을 사용하는 것이 바람직하다.

다음으로 헤드라인은 이름 아래에 표시되는 짧은 소개 문구를 작성하는 칸이다. 프로필에서 가장 눈에 띄는 부분으로 자신의 정체성과 목표를 간결하게 나타내야 한다. 단순히 "대학생"이라고 적기보다는, 관심 분야와 목표를 구체적으로 표현하면 더 좋은 인상을 줄 수 있다.

요약(About) 부분은 자신을 소개할 수 있는 짧은 에세이 같은 공간이다. 이 부분에는 자신의 전공, 강점, 관심 분야, 경력 목표 등을 간결하고 매력적으로 서술하는 것이 중요하다. 요약문을 작성할 때는 내가 누구인지, 어떤 역량을 갖추고 있는지, 어떤 분야에 관심이 있는지, 어떤 목표를 추구하는지 등이 명확히 나타나도록 작성하면 좋다. 예를 들어, "마케팅과 데이터 분석에 관심이 많은 경영학과 학생입니다. 현재 다양한 프로젝트에 참여하며 실무 경험을 쌓고 있으며, 글로벌 기업에서 마케팅 전문가로 성장하는 것을 목표로 하고 있습니다."와 같이 작성할 수 있다.

학력 및 경력 항목은 기존의 이력서 작성 방식과 비슷하지만, 링크드인에서는 프로젝트, 자격증, 수상 내역 등을 추가로 작성할 수 있다. 팀 프로젝트, 인턴 경험, 봉사활동 등을 상세히 적고, 구체적인 성과와 역할을 강조하는 것이 좋다.

기술 및 자격증(Skills & Endorsements) 섹션은 자신의 역량을 강조할 수 있는 중요한 부분이다. 자신의 관심 분야와 직무에 맞는 기술을 추가하고, 친구나 교수 등에게 해당 기술을 인증받는 것이 좋다. 관심 있는 직무와 연관성이 높은 기술 및 자격증을 제일 먼저 배치하면 자신의 신뢰도를 높이고, 프로필 방문자에게 전문성을 어필하는 데 도움이 된다.

마지막으로, 맞춤형 링크(URL) 설정은 프로필 최적화의 중요한 요소이다. 복잡한 숫자와 문자가 포함된 기본 링크 대신 자신의 이름을 포함한 맞춤형 링크(예 linkedin.com/in/yourname)를 설정하면, 링크를 공유할 때 더 깔끔하고 전문적인 느낌을 줄 수 있다.

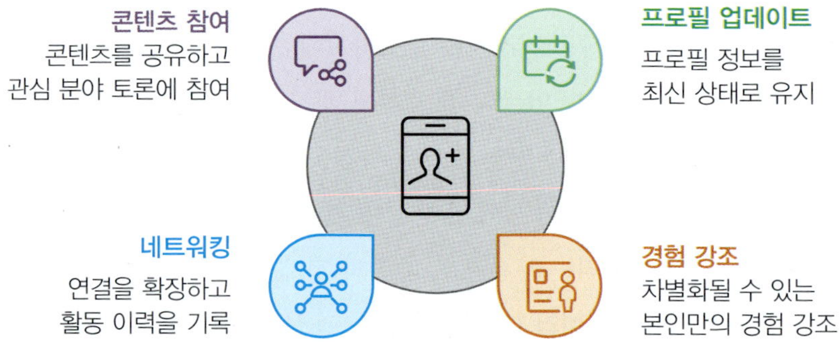

[그림 12-3] 프로필을 돋보이게 하는 팁

2) 링크드인을 활용한 구직과 경력관리

링크드인은 구직 활동과 경력관리에 있어 유용한 플랫폼으로, 단기적인 취업준비뿐만 아니라 자신의 커리어를 지속적으로 발전시키고 개인 브랜드를 구축하는 데 도움을 준다. 링크드인을 통해 기업의 채용 공고를 쉽게 확인하고, 채용 담당자에게 자신의 전문성을 어필할 수 있을 뿐만 아니라, 네트워킹을 통해 예상치 못한 취업 기회를 얻을 수도 있다.

링크드인을 효과적으로 활용하기 위해서는 먼저 자신의 프로필을 최적화하는 것이 중요하다. 링크드인 프로필은 구직자에게 이력서와 포트폴리오 역할을 하며, 채용 담당자가 후보자를 검토할 때 가장 먼저 확인하는 부분이므로 구체적이고 명확하게 작성해야 한다. 프로필 작성의 핵심은 자신의 업무 경험과 성과를 꾸준히 기록하는 것이다. 인턴십, 프로젝트, 자격증, 수상 이력 등 자신이 지속적으로 성장하고 있음을 보여 줄 수 있는 모든 경력 사항을 프로필에 추가해야 한다. 이와 함께, 자신의 직무와 관련된 주요 스킬을 추가하고, 주변 동료나 교수 등에게 이를 인증받으면 프로필의 신뢰도를 높일 수 있다. 더불어, 과거에 함께 일했던 사람들에게 추천서를 요청해 추가할 수도 있다. 추천서 작성을 요청할 때는 구체적인 사례(예 OO프로젝트에서 역할과 활약)를 포함해 줄 것을 부탁하는 것이 좋다. 추천서는 채용 담당자에게 신뢰감을 줄 수 있는 요소로 작용하며, 취업 시장에서 자신을 돋보이게 하는 데 도움이 된다.

프로필을 최적화했다면, 구직 활동을 시작하기 전, 자신이 관심 있는 직무와 기업의 프로필을 꼼꼼히 탐색하는 것이 중요하다. 링크드인에서는 '채용(Jobs)' 탭을 통해 관심 있는 직무나 기업의 채용 공고를 탐색할 수 있다. 키워드 검색과 필터 기능을 통해 자신이 원하는 직무에 적합한 공고를 빠르게 찾을 수 있으며, 새로운 채용 공고가 게시될 때 알림을 받을 수 있도록 설정할 수 있다. 특정 기업이나 직무에 관심이 있다면 해당 기업의 채용 공고 페이지를 팔로우하거나, 관련 분야의 전문가와 연결해 채용 정보를 보다 빠르게 얻을 수 있다.

지원할 기업이나 직무를 선택한 후에는 공고마다 지원하는 이력서를 맞춤형으로 업로드하는 것이 중요하다. 기업에서 배포한 직무 설명과 요구 역량을 면밀히 분석한 후 자신의 프로필과 일치하는 부분을 강조하는 방식으로 이력서를 수정할 수 있다. 일부 공고는 '간편 지원(Easy Apply)' 기능을 통해 링크드인 프로필만으로 간편하게 지원할 수 있다. 지원 시, 단순히 이력서를 제출하는 것에 그치지 않고, 기업 담당자에게 인메일(InMail) 메시지를 통해 직접 관심을 표현하고 연결을 요청하는 것도 좋은 전략이다. 이는 지원자의 열정을 보여 줄 뿐 아니라, 자신을 더 돋보이게 할 수 있는 기회가 된다.

마지막으로, 링크드인을 통해 지속적으로 학습하고 전문성을 개발할 수 있다. '링크드인 러닝(LinkedIn Learning)'을 통해 다양한 직무와 관련된 강의를 수강하고, 새로운 기술과 트렌드를 익힐 수 있다. 이렇게 학습한 내용을 프로필에 추가하면 자신이 변화하는 직무 환경에 빠르게 적응하고 있다는 점을 강조할 수 있다.

3) 링크드인을 활용한 네트워킹과 개인 브랜드 강화 전략

구직 활동 외에도 링크드인은 네트워킹을 통해 취업 기회를 발굴하는 데 큰 역할을 한다. 네트워크 확장은 단순히 연결 수를 늘리는 것 이상으로, 예상치 못한 인맥을 통해 새로운 기회를 얻을 수 있는 중요한 방법이다. 링크드인은 전 세계 전문가들과 소통하고 협력할 수 있는 플랫폼으로, 네트워킹과 개인 브랜드를 강화하는 데 중요한 도구로 활용할 수 있다. 링크드인을 잘 활용하면 자신이 관심 있는 분야의 전문가(멘토)나 기업 인사 담당자와 연결될 기회를 얻을 수 있다. 이 과정에서 중요한 것은 단순히 연결 수를 늘리는 것이 아니라 의미 있는 관계를 형성하고 유지하는 것이다.

링크드인에서 네트워킹을 시작할 때는 연결 요청을 보내는 메시지의 중요성을 인식해야 한다. 단순히 연결 버튼을 누르는 것이 아니라, 상대방이 왜 연결 요청을 수락해야 하는지 구체적인 이유를 담아 개인화된 메시지를 작성하는 것이 효과적이다. 연결 요청 메시지는 자신을 간단히 소개하고(예 ○○대학교 ○○학과 재학생입니다), 상대방과 연결하고 싶은 이유를 명확히 밝히며(예 ○○님이 작성하신 ○○ 게시물을 보고 관심을 갖게 되었습니다), 서로에게 도움이 될 수 있는 부분을 언급하는 방식(예 ○○ 분야의 프로젝트를 해 본 경험이 있어)으로 작성하는 것이 좋다. 이렇게 작성된 메시지는 상대방에게 진정성을 전달할 수 있으며, 요청이 승인될 가능성도 높아진다.

새로운 사람과 연결된 후에는 감사 메시지를 보내고 관계를 유지하는 것이 중요하다. 연결 후 꾸준히 해당 인맥과 소통하며 관계를 이어 나가는 것이 네트워킹의 핵심이다. 예를 들어, 상대방이 새로운 직무를 시작하거나 성과를 올렸을 때

축하 메시지를 보내거나, 게시물에 댓글을 남기는 방식으로 지속적인 관계를 유지할 수 있다. 관심 분야의 전문가와 연결을 시도하고, 그들이 작성한 게시물에 '좋아요'나 댓글을 남기면 좋은 관계를 형성할 수 있다. 또한 다양한 그룹에 가입해 최신 업계 동향을 파악하고 관련 논의에 참여하면 자신의 전문성을 더 널리 알릴 수 있다. 링크드인은 일부 직무에서 멘토링 프로그램을 제공한다. 이를 통해 경력자와 상담하며 자신의 커리어 목표를 구체화하고 실질적인 조언을 받을 수 있다.

개인 브랜드를 강화하기 위해서는 링크드인에서 정기적으로 콘텐츠를 관리하는 것도 중요하다. 관심 있는 분야의 뉴스나 트렌드를 공유하고, 자신의 의견을 덧붙이거나, 인턴십 경험이나 학교에서 진행한 프로젝트를 사례 중심으로 소개하는 것이 좋다. 또한 업계 전문가들의 글에 댓글을 달거나 유용한 게시물을 공유함으로써 네트워크를 구축하고 소통을 활발히 유지할 수 있다. 예를 들어, 학기 중에 진행한 프로젝트 결과물을 공유하거나, 관심 분야에 대해 더 깊이 공부하고 싶다는 의지를 담은 게시물을 작성하는 것은 좋은 콘텐츠 관리 전략이 된다.

이처럼 링크드인을 단순한 구직 플랫폼이 아니라 장기적인 네트워킹과 개인 브랜드 관리 도구로 활용한다면, 관심 있는 전문 분야에서 두각을 나타내고 더 많은 기회를 얻을 수 있다.

PART 4 참 / 고 / 문 / 헌

권지숙(2022). 아는 만큼 재미있는 카카오톡. 시대인.

김민경(2022). 링크드인 취업 혁명. 라온북.

김정은(2022). 인스타그램 브랜딩 레시피. 위키북스.

김혜주(2024). 된다! 김메주의 유튜브 채널&영상 만들기: 10만 조회수를 만드는 영상 · 쇼츠의 비밀(개정 3판). 이지스퍼블리싱.

이언주(2024). 당장 써먹는 인스타그램. 이은북.

정지영(2022). 맛있는 블렌디드 러닝을 위한 에듀테크 활용 레시피. 내하출판사.

탁진규, 김용진(2020). 줌(zoom)을 활용한 최적의 온라인 교육방법 zoom 스마트 러닝. 지식플랫폼.

홍상원(2021). 링크드인(LinkedIn) 아직도 안 하세요?. 페스트북.

홍영일(2021). 줌(Zoom)으로 강의하라!. 성안당.

Cannell, S., & Travis, B. (2018). *YouTube Secrets: The Ultimate Guide to Growing Your Following and Making Money as a Video Influencer*. 이용준 역(2019). 유튜브 시크릿. 더봄.

Google LLC. (2024. 12. 19.). YouTube 고객센터. 크리에이터 팁. https://support.google.com/

Kakao Corp. (2024. 12. 16.). 카카오톡 설명서. https://talktips.kakao.com/

LinkedIn Corporation. (2025. 1. 3.). 고객 센터. https://www.linkedin.com/help/linkedin

Mentimeter. (2024. 11. 29.). Mentimeter Education. Bring engagement to every class. https://www.mentimeter.com/education

Mentimeter. (2024. 11. 30.). All Collections. Getting started with Mentimeter. https://help.menti

Meta Platforms Inc. (2024. 12. 17.). 고객 센터. https://help.instagram.com/meter.com/en/collections/75492-getting-started-with-mentimeter

Padlet. (2024. 11. 28.). Padlet Help. Get Started with Padlet. https://padlet.help/l/en/article/9j9aadt8tn-how-do-i-get-started-with-padlet

Padlet. (2024. 11. 28.). Get Started. https://padlet.help/l/koyoutube/answer/11616410?sjid=1685183617391589934-AP&visit_id=638720859285690876-509238598&rd=1

Zoom Video Communications. (2024. 11. 22.). ZOOM 지원. 주제별 지원. https://support.zoom.com/hc/ko

찾 / 아 / 보 / 기

저자 소개

이종연(Lee Jong Yeon)

The University of Iowa 교육공학 박사(Ph.D.)

The University of Iowa 교육공학 전문가(Ed.S)

이화여자대학교 교육공학 석사과정 수료

이화여자대학교 영어영문학 학사

전 건국대학교 교수학습지원센터 센터장

　국립 공주대학교 사범대학 컴퓨터교육과 교수

　삼성SDS 컨설팅사업부 책임 컨설턴트

　한국전자통신연구원 선임연구원

현 건국대학교 사범대학 교육공학과 교수

〈연구분야〉

교수설계, 에듀테크, 디지털 의사소통, 창의적 문제해결

박상훈(Park Sang Hoon)

건국대학교 교육공학 박사

현 서원대학교 교육혁신원 교수

　서원대학교 교육혁신원 부원장

〈연구분야〉

AI 활용 교육, 디지털 의사소통

채민정(Chei Min Jung)

건국대학교 교육공학 박사

전 한남대학교 교육과정혁신센터 조교수

현 서울시립대학교 자유전공학부 대학혁신전문교수

　한국에듀테인먼트학회 평생교육 이사

〈연구분야〉

학습자 유형화, 학습 경험, 학습 성과

최솔(Choi Sol)

건국대학교 교육공학 박사

현 경희사이버대학 교수학습지원센터 특임교수

안양대학교 강사

〈연구분야〉

팀 기반 학습, 프로젝트 기반 학습, 정서지능

김주리(Kim Juri)

건국대학교 교육공학 석사

현 한국기술교육대학교 데이터성과센터 부센터장

〈연구분야〉

에듀테크 활용 교수법, 데이터 성과관리

실전 커뮤니케이션

디지털 시대의 실전 소통 기술

Technical Communication

2025년 8월 20일 1판 1쇄 인쇄
2025년 8월 30일 1판 1쇄 발행

지은이 • 이종연 · 박상훈 · 채민정 · 최솔 · 김주리
펴낸이 • 김진환
펴낸곳 • ㈜학지사
• 04031 서울특별시 마포구 양화로 15길 20 마인드월드빌딩
대표전화 • 02-330-5114 팩스 • 02-324-2345
등록번호 • 제313-2006-000265호

홈페이지 • http://www.hakjisa.co.kr
인스타그램 • https://www.instagram.com/hakjisabook

ISBN 978-89-997-3393-2 03370

정가 20,000원